东南大学史

A History of Southeast University

第一卷
1902—1949

（第3版）

朱 斐 主编

东南大学出版社
南京

东南大学

止於至善

编 委

主 编

朱 斐

主 审

管致中

编写者

黄一鸾　吴人雄　朱 斐

六朝松,六朝遗株,历千余载风霜,数遭雷击,傲然挺立。
据林学家马大甫、黄宝龙鉴定,该树属圆柏类,又称桧柏,系东南大学之瑰宝与标志。在诸校友的回忆文章中,多有"魂系六朝松,难忘母校情"之句,表达了他们对母校的深沉眷恋。

张之洞关于创办三江师范学堂的奏折

李瑞清手书"两江师范学堂"校牌

李瑞清,两江师范学堂监督(1905—1911)

江谦,南京高等师范学校校长(1914—1919)

郭秉文,南高校长,东南大学校长(1919—1925)

张乃燕,第四中山大学、江苏大学及中央大学校长(1927—1930)

朱家骅，中央大学校长（1930—1931）

罗家伦，中央大学校长（1932—1941）

顾孟余，中央大学校长（1941—1943）

蒋介石，中央大学校长（1943—1944）

顾毓琇，中央大学校长（1944—1945）

吴有训，中央大学校长（1945—1947）

周鸿经，中央大学校长（1948—1949）

齐国庆烈士,东南大学学生,后曾任中央大学党支部书记,1928年壮烈牺牲。

王崇典烈士,东南大学学生,后曾任中央大学党支部书记、中共南京市委委员,1928年壮烈牺牲。

程履绎烈士,中央大学物理系学生,在1949年"四·一"惨案中英勇牺牲。

成贻宾烈士,中央大学电机系学生,在1949年"四·一"惨案中英勇牺牲。

南京高等师范学校校歌

中央大学校歌

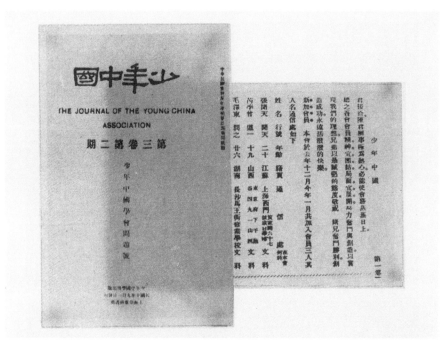

著名现代教育家、青年运动的先驱杨贤江在南高师任职期间主办的《少年中国》杂志。

成吴二烈士碑（成律、吴光田，均为东南大学学生，同于1927年反军阀斗争中被捕而英勇就义），1929年建于梅庵。

烈士亭，建于梅庵，1933年摄。

梅庵，南高师时期为纪念李瑞清（号梅庵）而筑，原系茅屋，国学大师柳诒徵题匾。1933年改建。20世纪20年代这里曾是共产党、社青团经常活动的地方。1923年中国社会主义青年团第二次全国代表大会就在此召开，瞿秋白、邓中夏等同志均参加。中央大学时期音乐系就设在这里。

国立东南大学毕业证书。张佩英,女,东南大学的首届毕业生,也是全国大学男女同校后的首届毕业生。张佩英于东大毕业后,毕生从事教育工作。

口字房,两江师范学堂主楼,1909年落成,1923年毁于火灾,后在此建科学馆。

一字房,1909年落成,后改名南高院,1933年扩建,1963年拆除重建。

国立东南大学、南京高等师范学校大门。

中一院，1919年落成，后原址建东南院。1982年拆除重建，次年落成。

中二院，1922年落成，后改名中山院。1982年拆除重建，次年落成。

1933年国立中央大学女生宿舍（当时吴健雄就住于此）。

重庆沙坪坝松林坡的国立中央大学校景图，单淑子教授画。

前工院，1929年落成，1987年拆除重建。

大礼堂，1931 年落成。

老图书馆，1923 年落成。

体育馆，1923 年落成。

中大院，原称生物馆，1929年落成。

健雄院，原科学馆、江南院，1927年落成。

总序

胡凌云

今年是东南大学建校120周年,按传统说法恰逢"双甲子"生日。中国素有"人生难逢两甲子"的说法,躬遇盛世,抚今追昔,东大人在满怀喜悦地庆贺120周年生日的时候,也需要好好回顾一下自己的历史,鉴往而知来,温故以知新,知道我们从哪里来,要往哪里去,从而不忘初心使命,励精图治,接续奋斗,把我们的事业不断推向前进。习近平总书记指出,历史是最好的教科书,是一个民族、一个国家形成、发展及其盛衰兴亡的真实记录。"要全面宣传党的历史,充分发挥党的历史以史鉴今、资政育人的作用",做到"学史明理、学史增信、学史崇德、学史力行"。值此120周年校庆之际,《东南大学史》第三卷编撰完成,并与再版的第一、二卷合集出版,形成一部较为完整的《东南大学史》(1902—2012),这是学校文化建设的一项重要成果,不仅为校庆献上一份厚重的贺礼,也为东大师生员工学习重温学校历史,坚定我们创建世界一流大学的决心和信心,提供了一份很好的教材。

东南大学的前身三江师范学堂创建于1902年,迄今已经120年了。作为中国最早建立的第一批具有现代意义的大学,伴随着中国近现代化历程和高等教育的发展,它经历了晚清、民国和新中国三个不同的历史时期,见证了中国由曾经的风雨飘摇、战乱频仍、积弱积贫、任人欺侮,到今天站起来、富起来、强起来的全过程;见证了中国高等教育从弱小幼稚、艰难起步,到曲折前行、逐步发展壮大,在为中国经济社会发展进步作出巨大贡献的同时,日益走向世界科教舞台中央的全过程。在120年的历史中,东南大学曾屡经更迭、十易校名,数度合分、几落几起,在每一个历史时期,东大都守其初心、艰辛探索,走在中国大学前列;一代代东大人,始终艰苦奋斗、用志不分,担负起历史的责任,为学校发展建设作出自己的贡献。东大的历史是苦难辉煌的国家历史的一部分,也是中国近现代高等教育艰难曲折发展的一个缩影。如何正确地看待学校丰富深邃的历史,如何真实客观地记述和保存这段历史,如何通过历史总结经验教训,把握办学规律,如何通过校史教育在师生中绵延传承学校精神和文化传统,增强我们不断开拓前进的勇气和力量,都是这部校史应该关注和回答的问题。

盛世修史,以史鉴今,资政育人。一部好的校史,应该具有"留史、资政、育人"的功能。

首先是"留史"——比较真实客观全面地记叙和保存学校的历史。编写校史,要用史实说话,坚持用唯物史观来认识历史，反对历史虚无主义，既不盲目自大，也不妄自菲薄。要有通贯的历史观，把学校的历史放在中国和世界历史发展的大背景下加以考察，放在中国高等教育发展的不同历史阶段对其实事求是地进行分析评述，从中看到学校发展的来龙去脉，梳理出重大事件的产生背景和发展逻辑，说清楚学校发展战略和奋斗目标的演进及重要决策形成的过程，如实评价为学校做出贡献的历史人物和一代代师生的奋斗成果，以及分析总结办学过程中的成败得失和经验教训等，也就是说，校史应该使人们能够了解东南大学的历史，知道我们是怎样一路走过来的，不忘记过去；说清楚我们做了什么，为什么要这么做，从而使人们牢记自己肩负的使命责任。真实性是校史的生命和存在的价值，只有较为全面记叙和留存下来的"信史"，才能起到以史鉴今，启迪后人的作用。

校史的作用不仅仅是"留史"，其"资政"作用也非常重要。东南大学在120年的办学历程中，经历了无数艰难困苦，取得了辉煌成绩，也遭遇许多挫折，走过不少弯路。在这一过程中，东大人摸索积累了丰富的办学经验和良好的办学传统，形成了自己的办学特色和深厚的文化底蕴，这些都是办好学校的宝贵财富，我们要把它总结出来，传承下去。同时，校史中也保存了大量珍贵的档案数据、生动鲜活的史实故事，把它们梳理汇集起来，可便于查阅传播，教育后人。对学校的各级领导者来说，从校史中可以汲取这些"饱含着成败和得失，凝结着鲜血和汗水，充满着智慧和勇毅"的历史经验，对不断提高治校理政的本领，提高应对风险、迎接挑战的能力也是十分有益的。

校史亦是"育人"的有效方式，是学校文化传承的重要途径。历史是最好的老师，校史是对师生进行爱校教育最生动、最有说服力的教科书。学习学校的历史，可以使我们不忘走过的路，牢记初心使命，传承红色基因；可以使我们了解学校发展的历史，追寻先辈的足迹，继承光荣传统。校史也是学校精神和文化的重要载体，是凝聚师生员工的纽带、维系校友情感的桥梁，重温这部深沉厚重、波澜壮阔的校史，会使每一个东大人更加热爱我们的国家、我们的党和我们的学校。

应该说，放在我们面前的这部《东南大学史》基本达成了这个目标，也体现了习近平总书记提出的通过党史（历史）教育做到"学史明理、学史增信、学史崇德、学史力行"的要求。

　　编撰校史是一件十分严肃和艰巨的工作，作为学校正式组织编写的"官史"，要做到事出有据、论从史出，具有权威性、准确性、可读性，要求还是很高的。东南大学120年的历史跨越了漫长的历史时空，涉及办学育人、建设发展的方方面面，是如此丰富多彩又繁难复杂，要在有限的篇幅中做到面面俱到、叙事周全，脉络清晰、详略得当，是不容易的。这三卷校史分别记叙不同历史时期，成书于不同年代，史料档案的欠缺（尤其是新中国成立前）、时代的局限性、认识水平的差异及社会主流意识形态的变化，导致材料取舍、知人论世、臧否评价和讲述重点的不同，也是可以理解的。要做到实事求是地通贯还原历史，写出其发展的本然性和必然性，还要防止肤浅化和碎片化，不是只停留在简单讲故事或单纯记事层面，更是殊为不易。加之文出多人，数易其稿，书中文字数据及编辑上有这样那样的差错、遗漏和不足恐怕就更加难免了。可喜的是，校史编写组的同志在学校党委的领导下，在各级部门和许许多多老领导、老同志的支持和帮助下，克服种种困难，付出巨大努力，面对浩如烟海的史料，爬梳剔抉、披沙沥金、博采众长、统一条理，最终完成了这样一部明白晓畅、丰富翔实，基本立论严谨，有着东大鲜明特色又可读性较强的校史，非常不容易！我谨向他们表示真诚的感谢和祝贺！

　　我是1977年恢复高考后第一批考入南京工学院即今天的东南大学的，后毕业留校工作，至2011年调任北京航空航天大学，在东大校园里学习工作整整33年。东大朴实严谨的校风、优良的办学传统和深厚的文化底蕴给了我长久和深远的影响。作为这一时期学校改革建设的亲历者，我经历了校史第三卷记述的那段难忘岁月，参与了改革建设发展的全过程，目睹了学校发生的翻天覆地的变化。我有幸与班子里的同事和全校师生一道，坚持改革，团结奋斗，突出体制机制创新，排除万难，抢抓发展机遇，把学校各项事业不断推向前进。虽然每一步都不容易，但每一天也都过得丰富而充实，这是我人生中一段最宝贵最值得记忆的经历。我在东大时常翻看校史，从中汲取不少经验和启示。到北航工作后也首先是了解他们的历史，了解学校的光荣传统和前辈留下的宝贵经验，这对自己的工作非常有启发和帮助。在阅读校史第三卷书稿的过程中，再一次重温过去，往事历历在目，看到许多熟悉的人和事也倍感亲切，常有新的认识和对那段历史更深刻的感悟。从改革开放到今天，东南大学的历史就是在党的领导下，全体师生员工在改革中探索一流大学建设发展的奋斗历史，这也是学校120年的历史贯穿始终的一条主线：办中国最好的大学，通过一代代人的接续奋斗，让学校一步一步地走向世界大学前列。现在，学校提出的奋斗目标是到2035年前后，把东南大学建设成为世界一流大学，这是一项宏伟的目标，是东大人矢志不渝的追求，也是东南大学必须担负起的对国家、对民族、对中国高等教育事业的历史责任。我相信，这是一个一定能够实现的目标。

  放在我们面前的《东南大学史》难免会有这样那样的不足，但毕竟有了一个很好的基础，我希望东大的校史研究工作能够持续进行下去，扩大领域，深入开掘，不断有新成果问世。这部校史只写到2012年，过去的十年学校又发生很大变化，有了更大进步，我相信故事也会更加精彩。我还希望有可能的话，校史研究室的同志能够组织力量，结合最新研究成果和学校发生的新变化、取得的新成就，再编写一本篇幅适中、精炼权威的《东南大学简史》，以使校史传播更加普及，更便于师生学习了解学校的历史，毕竟这部三卷本的"东大通史"对于普通读者长了一些。

  《东南大学史》（1902—2012）出版了，是一件值得庆贺的事，写了以上的话，是为序。

（作者系东南大学、北京航空航天大学原党委书记，现为东南大学校史编纂委员会主任）

2022年2月

序

东南大学是一所历史悠久、规模恢宏、学风良好的高等学府。学校位于明国子监原址，街名"成贤"，桥称"文昌"，系培育贤才、昌明文化之意。明清以还，相沿为学府胜地。

东南大学的校史，堪称中国高等教育发展史的一个缩影。

自三江、两江优级师范学堂至南京高等师范学校，废科举，改学堂，兴学校，以培育师资为先，是谓起点。

自东南大学、第四中山大学至中央大学，由设立5科到增至7个学院，学科渐臻完备，是中国现代综合大学的创建和发展时期，可谓转折点。

新中国成立后，中央大学更名为南京大学。为适应经济建设的需要，经院系调整，在南大工学院及有关院校工科基础上建立起来的南京工学院，迅速发展成为教育部直属的重点多科性工科大学，是高等工程教育的蓬勃发展时期，可谓新的转折点。

为适应国家建设的全面需要，为适应教育和科学的发展，1988年经国家教委批准，学校又更名为东南大学，成为一所工、理、文、管相结合的新型综合大学，进入了新的历史发展阶段。

我于1918年考进南京高等师范商业专修科，一年后转工业专修科，再一年后转数理化部，5年才毕业南高，同时又是1921年开办的东南大学第一批毕业生[1]。1927年我留法归来，在沪三个大学任教，同时参加中央研究院筹备工作，每两周去南京一次，于星期六和星期日整个上午在母校讲课8个小时，此时母校改称第四中山大学。时过60余年以后，我于1988年6月重返母校参加校庆活动，看到校园中的六朝松，依然苍劲挺立；图书馆、科学馆、体育馆等原有建筑，维护完好，仍在使用；原东南大学民族的、民主的、科学的精神，诚朴、勤奋、求实的校风，得到了继承和发展，感到十分欣慰。我愉快地接受了韦钰校长聘请我担任东南大学校务委员会名誉主任一职。

---

[1] 东南大学于1921年夏招生，学制四年，至1925年方有第一届毕业生。唯校制规定，凡南京高等师范毕业学生，修满一年大学课程，即承认其东大毕业生。严济慈先生1923年南高毕业后进东大进修，1924年获东大毕业证书，遂成为东大最早毕业的学生之一。

现在,东南大学校史第一卷即将面世,相信海内外的校友将与在校师生同样感到高兴。借此机会,祝愿母校师生坚持社会主义的办学道路,贯彻德智体美全面发展的教育方针,发扬爱国爱校的光荣传统,继承和发展优良的学风校风,努力提高办学水平,不断提高育人质量,为社会主义祖国的繁荣昌盛作出新的贡献。

严济慈

目录

总　序	024
序	028
绪　言	032

第一章　三江、两江优级师范学堂（1902—1912年）　　037
  第一节　三江师范学堂的创建　　038
  第二节　三江、两江师范概况　　044
  本章结语　　051

第二章　南京高等师范学校（1915—1923年）　　053
  第一节　南高的诞生　　054
  第二节　南高的教育思想　　056
  第三节　南高的基本情况与体制机构　　063
  第四节　南高的科系组建与教育改革　　069
  第五节　南高精神与校风　　075
  第六节　南高师生的革命活动　　083
  本章结语　　087

第三章　20年代的东南大学（1921—1927年）　　089
  第一节　东南大学的崛起　　090
  第二节　东大的基本情况与体制机构　　095
  第三节　东大的办学方针与主要业绩　　102
  第四节　教学、研究与学科建设　　115
  第五节　20年代中期的东大易长风潮　　127
  第六节　东大师生的革命活动　　135
  本章结语　　144

第四章	第四中山大学至中央大学（1927—1949年）	**147**
第一节	第四中山大学与江苏大学（1927—1928年）	148
第二节	抗日战争前的中央大学（1928—1937年）	155
第三节	抗日战争时期的中央大学（1937—1945年）	177
第四节	抗日战争时期的南京中央大学（1940—1945年）	187
第五节	抗战胜利后的中央大学（1945—1949年）	195
第六节	百年树人　郁郁葱葱	209
第七节	中大师生的爱国民主革命运动	214
本章结语		231

附　录	**233**
后　记	**256**
再版后记	**257**

绪言

东南大学于1902年建校以来,几经风雨,几番离合,几度兴衰,其间十易校名,凡26任校院长,经历了漫长的曲折的道路,现在已进入了新的历史发展阶段。

编写校史,应以史实为依据,还学校原来的历史面貌;去伪存真,去芜存菁,写出特色;以史为鉴,总结过去办学的经验,探索并坚持社会主义条件下的办学道路。

【一】

东南大学的校史,是中国高等教育发展的缩影。百年校史,大体可分为四个历史时期:

第一个历史时期(1902—1921年),自三江师范学堂至国立南京高等师范学校。废科举,办学堂,兴学校,以培育师资为起点。从学习日本到学习欧美,从"忠君,尊孔,习经""中学为体,西学为用"到以资本主义国家的教育制度、教育内容为模本,是教育体制的转轨时期。

第二个历史时期(1921—1949年),自国立东南大学至国立中央大学。国立东南大学仿美国教育体制,设文理、工、农、商、教育五科,是中国现代综合大学的创建时期。1927年仿法国"大学区制",以国立东南大学、河海工科大学等九所高校,组建为国立第四中山大学,至1928年更名为中央大学,内设七个学院,规模不断扩大,学科更臻完备,是综合大学的迅速发展时期。

第三个历史时期(1949—1978年),自国立南京大学至党的十一届三中全会前的南京工学院。批判欧美的教育制度、内容和方法,一度以苏联为蓝本。坚持以培养有社会主义觉悟的、有文化的劳动者为目标,培养德智体全面发展的人才。贯彻教育部"以培养工业专门人才和师资为重点"的方针,南京工学院迅速发展成为教育部直属的重点多科性工科大学,并衍生和援建了一批新的工科院校。后因"左"的路线干扰和"文化大革命"的破坏,学校事业一度陷于停顿状态。但总的来讲,这是高等工程教育的蓬勃发展时期,它为今天的东南大学奠定了坚实的基础,也是社会主义高等教育探索前进的时期。

第四个历史时期(1979年迄今),自党的十一届三中全会后的南京工学院至复更名的东南大学。坚持四项基本原则,坚持改革开放,坚持教育为社会主义建设服务;拨乱反正,全面整顿教学秩序,进行系列改革,努力使学校成为教学、科研的中心;结合国情校情,关注学科建设,调整、提高工科,加强理科,发展文科,开拓新兴边缘学科。如今的东南大学已成为一所以工科为主要特色,理学、工学、医学、文学、法学、哲学、教育学、经济学、管理学等多学科协调发展的综合性、研究型大学。2006年夏季起,学校主教学区迁至九龙湖校区,由此掀开东南大学发展史上崭新的一页。今日的东南大学将秉承百年优良传统,践行"止于至善"

校训，按照"开拓创新、争先进位"的跨越式发展思路，凝心聚力，集成创新，团结奋进，坚持快速发展、特色发展、内涵发展、和谐发展，力争在2020年前后建设成为国际知名高水平研究型大学、2035年前后跻身世界一流大学行列。

【二】

教育的发展，受到了众多因素的制约；大学的命运，与民族的、国家的命运息息相关。纵观历史，近百年来，我国经历了旧民主主义革命、新民主主义革命和社会主义革命三个历史时期，遭遇了多次国内战争、民族战争及帝国主义战争，革命同反革命的斗争，正义同非正义的战争，无有已时。制度之更替，经济之起落，政权之更迭，政潮之起伏，接踵而至，莫不直接关系学校的兴衰。环顾世界，资本主义国家的存在和影响，帝国主义的军事、政治、文化入侵，乃至苏联的十月革命、苏联的政治路线和苏联的办学模式，都曾在一段时期内影响我国的教育体制和办学方针。故在编写校史中，应注意和时代背景的紧密结合。

经济是基础，政治与教育是上层建筑，唯政治又是经济的集中表现，故教育既要为经济服务，又要为政治服务。鸦片战争后我国开始沦为半殖民地半封建的社会，统治阶级对外乞赖投靠帝国主义，对内热衷于政争军斗，致国家几度濒临危厄，而把学校视为维护自身统治、扩大势力的工具，对教育思想、教育内容、学校管理等方面，横加干预，严加统制，而对学校经济上的种种困难，置若罔闻，不屑一顾，致教育不振，学校长期陷于困境。

按照马克思主义的观点，历史又具有继承性。列宁指出："无产阶级文化并不是从天上掉下来的，也不是那些自命为无产阶级文化专家的人杜撰出来的，如果认为是这样，那完全是胡说。无产阶级文化应当是人类在资本主义社会、地主社会和官僚社会的压迫下创造出来的全部知识合乎规律的发展。"（《列宁选集》第4卷，《青年团的任务》）中华民族，历经磨难，几临倾覆，然而却一次又一次地衰而复兴，蹶而复振，易险为安，巍然屹立，这是中华儿女英勇奋斗的结果，也缘由我国几千年历史的、文化的积累。国蹙患深，国难当头，知识分子多具有较强的忧患意识和爱国热情。当年南高、东大的教师，半多数曾漂洋过海，负笈异邦，探求救国的道路和本领，学成后鲜有不回归祖国的。他们或呼吁"教育救国"，或倡导"科学救国"，或要求"教育独立，保持学府纯洁！"他们的善良愿望如一石落水，激起几圈涟漪，瞬即无声无踪。他们的努力未达到目的，也不可能达到目的。但不能因而简单地下结论说这些口号完全是错的，它客观上促进了教育、科学的发展，有助于社会的进步。故对于那些凭良知毕身致力于教育事业的先师，对那些悉心哺育了数代菁英的先哲，后生缅怀他们，校史应予以肯定。

马克思主义还认为，文化遗产是人类认识和改造世界的共同成果。知识无国籍，科学无国界，语言无阶级性，科学管理可借鉴，人类的物质文明和精神文明，不是某一阶级所独有的，也不是只为某一阶级服务的，它可以为不同的社会形态服务。在中西历史的发展过程中，在改造自然、治政兴业、昌明文化、提高人的素质等方面，所积累的许多物质和精神财富，是不同时代、不同阶级的人都可以接受、利用、借鉴的。

教育不仅反映、服务和受制于经济基础，还能反过来促进和推动经济基础。实行四个现代化，科技是关键，教育是基础，随着科学技术的迅猛发展，随着高校进一步贯彻教育、科研、生产三结合的方针，生产力将出现新的发展和突破，经济基础亦将因此而得到强化。所以教育必须为社会主义经济服务，社会主义经济必须依靠教育，教育的根本任务还在提高全民族的素质。

【三】

教育又是一门独立的科学。大学还有其自身的任务和特点，有其自身建设和发展的规律。

能否把学校办好，主要取决于两方面的因素：一是外部条件即社会条件，一般不以办学者的意志为转移，只有力求适应、协调、联合和争取；二是内部条件即自身建设，则可自绘蓝图，自做文章。回顾我校的兴衰史，总结其经验教训，觉得以下几方面的问题深值关注。

一是需要明确的教育思想。它是兴学育才的指导思想，决定办学的方针、方向，规定教育的宗旨、内容，是治校建校之纲。在现阶段，坚持育人为本、德智为先，实施素质教育，提高教育现代化水平，培养德智体美全面发展的社会主义建设者和接班人，办好人民满意的教育，这是学校的首要任务。大学生感情炽烈，思维敏捷，思想活跃，渴求新知，好奇好胜，既有理想又多幻想，缺少实际锻炼，对舶来思潮缺少鉴别能力，思想未定型，世界观未确立，可塑性很大，怎样使学生树立为社会主义献身的理想，是根本的问题。解放以来几经反复，已累有成功的经验和失误的教训，面临新形势，已到了系统总结和认真规划之时。

二是需要一个好的学风校风。学风，主要指师生授业育人，植身治学的精神和态度；校风，泛指学校的各项教化和风气，两者融会穿透，共生共长，难以截然分开。优良学风校风的形成，非一日之功，教育贵乎熏习，风气有赖浸染，需要办学者的奋力提倡和精心培育，有赖全体师生的共信共守和继承发扬，是一个长期涵濡、孕化的过程。经过几代人的努力，东南大学已形成爱国爱校、崇尚科学、追求真理的风尚，培育了"严谨求实、团结奋进"的校风。好的学风校风一旦形成并得以坚持，就能扶正祛邪，蔚绿成荫，成为学子健康成长的肥沃土壤。

三是需要一支学行兼备、乐于育人的师资队伍。教师是振兴学校、培养人才的主导力量，肩负业师、人师的全责，又要担起学科建设和科学研究的重任。名师出高徒，古今皆然。学科建设成绩卓著，往往就成为学校某方面的特色。一个学校的学风校风、学术地位、作用贡献、学校声誉等，也主要取决于教师。东大、中大时期，人才济济，盛极一时，乃因占天时地理之利，可以择优而聘。50年代前中期，友校教师向往南工，是因为南工贯彻党的知识分子政策的工作做得好。现在全国大学逾千所，一个城市也有好几所重点大学；"文化大革命"以后，各校都在尊重知识、尊重人才，出现了人才竞争的局面。良禽择木而栖，孔雀未必"东南"飞。故当今学校领导，一方面固应在海内外广延人才，但立足点宜放在自力更生的基点上，努力改善教师的工作条件和生活环境，大力培养提高现有教师的思想、业务水平，充分发挥他们的聪明才智，这是办学育才、振兴校业的长远之计。

四是需要一个好的领导体制和校长，这是办好学校的关键所在。党的路线和方针，有赖学校领导和相应的体制来贯彻执行；又有民主又有集中、又有自由又有纪律的生动活泼的局面，亦赖相应的体制来保证。学校的工作林林总总、千头万绪，东大首任校长郭秉文的办法是"问大政而不亲细务，知人善任"。今天更可以发挥党、政、工、团、民主党派、学术团体等各类各级组织的作用。大学系所林立，大小学科上百个，熟悉也难，遑论精通，高明的校长，在于延聘和造就一批优秀的学科带头人。学校不同于政权机关，权力失去监督，易导致腐败，故政权机关宜实行任期制，并在一定时间后易地任职。大学是教育学术机构，育人周期长，谚云：十年树木，百年树人。东南大学历任校长26位，多数都能恪尽职守，奋力创业，但其中大部分校院长任期为一至二年，来去匆匆，身不由己，为时苦短，难有较大建树。解放前业绩卓著的两位校长是郭秉文（自1915年任南高师教务主任始）和罗家伦，任职均达十年之久。解放后不计代理及"文革"中的军、工宣队，曾任正职的计14人，只有汪海粟、刘雪初两位任职在五年以上，他们能较好地贯彻党的路线、方针、政策，有事业精神，建树较多，为南京工学院奠定基础，打开局面。以上四位校长的卸任，皆出自社会的政治的原因，至今仍常引起教职工的深深怀念。故对大学校长的选拔，必须持审慎态度，相对稳定，且宜连选连任，任期稍长亦不必过虑。

综上所述，学校的兴衰，在相当的程度上决定于当时社会的经济、政治状况。但是在同样的历史条件下，各个学校的成败得失，比较起来有程度不同的差别，其原因就要看各个学校的自身建设了。

第一章

三江、两江优级师范学堂(1902—1912年)

东南大学是一所历史悠久、学科齐全、名师荟萃的高等学府。20 世纪 20 年代，系我国自然科学家集中之地；30—40 年代，是我国规模最大、学科最完备的大学之一；50 年代后，一直是教育部、国家教委直属的重点高校；其历史可追溯至 1902 年创建的三江师范学堂。

东南大学坐落在南京市四牌楼，处鸡鸣山南麓之六朝古宫、明国子监原址，东枕钟山，西邻钟鼓楼，北临玄武湖，珍珠河纵贯其间，山湖相映，万木竞翠，环境优美。百年来的艰苦创业，衍生了众多院校，培育了数代精英，对祖国作出了较大贡献。

1900 年，八国联军入侵北京，清政府与列强签订了丧权辱国的《辛丑条约》。在国家面临被瓜分、民族濒临危亡之际，中华志士，奔走呼号，要求革新、革命，清政府被迫稍图改良，废科举，兴学堂。三江师范学堂就是在这样的历史背景下创办的。

三江师范采取"中学为体，西学为用"的方针，以"忠君、习经"为本，同时引进西方的文化科技，延聘日本教席，模仿日本办学方式，是我国旧的书院教育体制走向新的学校教育体制的过渡时期。

第一节　三江师范学堂的创建

一、历史渊源、地理环境

南京，是我国著名的历史文化古都。自公元 229 年孙吴迁都建业以来，经东晋、宋、齐、梁、陈、南唐、明初、太平天国至民国，凡十朝立为国都、留都或陪都，故有"十朝都会"之称。其中自东吴至陈六个朝代，在吴都建业的基础上加以扩建，改名建康，兴文重艺，楼馆林立，培育了灿烂的六朝文化，故南京又称"六朝古都"。

在兴学方面，孙吴景帝年间，诏立五经博士。明太祖洪武十四年（公元 1381 年）诏建国学，旋改称国子监。永乐盛时，有弟子 9 900 余人，还接纳了来自日本、高丽、琉球、暹罗等国的留学生，建校舍 1 200 余间，堪称当时世界上规模最大的高等学府（在此前后，著名的意大利波伦亚大学仅有学生 5 000 人，世界闻名的巴黎大学、牛津大学、剑桥大学亦不过六七千人）。国子监的范围，东起小营，南至珠江路，西临进香河，北依鸡鸣山，修成贤街贯通南北，建文昌桥连接东西，盖寓"培育贤才，昌明文化"之意。因成贤街的南口、东侧、西侧及国子监的南门外各有一座大牌坊，故称"四牌楼"[①]。这些街名、桥名、地名沿用至今，未加更改。明

---

① 叶楚伧、柳诒徵主编：《首都志》，下册，教育篇，正中书局出版，1935 年，P645—649。

成祖永乐十八年（公元1420年）迁都北京后，随着国家政治、经济、文化中心的北移，乃有北、南国子监之分，北监渐兴，南监渐衰。清初设府学，顺治十七年（公元1660年）建文昌书院，清光绪二十八年（公元1902年）设三江师范，民国四年（公元1915年）建南京高等师范，至1921年东南大学在此诞生。千百年来，此地学风绵延不绝，人才辈出，故有"学府圣地"之称。

南京，北依千里长江，南濒百里秦淮，东是钟山龙盘，西有石头虎踞。四周丘陵起伏，岗峦重叠，山环水绕，形成自然屏障，故自古为东南军事重镇，明王朝在此筑起32.4公里长的"天下第一城"。南京地区，又物产丰富，轮轨四达，舟通八方，故是东南交通和货物集散的枢纽。

今日之南京，是江苏省省会所在地，副省级城市，辖11区2县，常住人口800余万人。经过60多年的建设，已经成为中国重要的综合性工业生产基地，交通及物流枢纽和通信中心。南京是全国四大科研教育中心城市之一，现有中科院、高等院校、自然科学研究和开发机构近600家，代表国家一流学术水平和科研水平的实验室和研究中心百余个，拥有体系完善、功能齐全的科技服务网络，其中科技推广、科技信息、科技服务机构百余家。各类科技协会、学会400余个，拥有科技人员近40万人，在宁中国科学院院士、中国工程院院士87人。全市拥有博物馆、图书馆、纪念馆、文化馆近百个，其中公共图书馆总藏书量1 214.79万册，14个综合档案馆向社会开放档案27.1万卷。

目前，南京人民正按照"率先全面建成小康社会，率先基本实现现代化"的要求，大力弘扬改革创新的时代精神，更加重视铸造新时期的城市精神，齐心协力、团结奋斗，建设更加美好新南京[①]。

二、三江师范的历史背景[②][③][④]

清初教育沿习明制，中央设国子监，地方设书院。国子监既是全国最高学府，又是全国教育的管理机构。清朝设国子监是为了开科举士，学生进国子监是为了应试入举，地方书院实际是科举的预备机关。

1840年的鸦片战争使中国开始沦为半殖民地半封建国家。清王朝自此一蹶不振，国势日蹙，迭遭帝国主义的侵略。清政府及洋务派人物认为外国之强盛，多赖其炮利船坚；中国之常蒙欺骗，多因不谙西语，故自19世纪60年代始，先后开办了一批外语学校和军事学校，如1862年恭亲王等奏请在北京设立同文馆，1863年江苏巡抚李鸿章奏请在上海设立广方言馆，

---

① 《百度百科》http://baike.baidu.con/view/4026.htm
② 陈景磐编：《中国近代教育史》，第五章第二部分，清末教育制度的建立，人民教育出版社，1980年，P168—184。
③ 任宇著：《高等教育学选讲》，清末中国的高等教育，高等教育出版社，1986年。
④ 何炳松：《三十五年来中国之大学教育》，刊于《最近三十五年来之中国教育》，商务印书馆，1931年，P77—85。

接着广东亦开办了广方言馆，1893年湖广总督张之洞在湖北设立自强学堂等，均以学习英法俄德等国外语为主。在军事及军事技术学校方面，1866年沈葆桢在福建省马尾建立船政学堂，1880年李鸿章奏请在天津设立水师学堂，1885年李鸿章在天津创办武备学堂，1886年张之洞在广东设立陆师学堂，翌年设广东水师学堂，1895年后又相继开办了湖北武备学堂及南京陆师学堂。这是中国近代教育的开端。

1894年中日甲午战争，清军溃败，北洋水师覆没。民族危机迫在眉睫，改良维新思潮高涨。在康有为的影响下，1895年在京应试的1300余名举人联名上书光绪帝要求变法。一些有识之士认为西学重于西语，人才重于一技一艺。1895年6月，清德宗谕各省将军督抚："当此创巨痛深之日，正我君臣卧薪尝胆之时。"限月内覆奏悉心筹度之办法。天津海关道盛宣怀认为"自强之道以作育人才为本"，率先奏请在天津设立西学学堂（北洋大学之前身），1896年，又奏请在上海设立南洋公学（上海交通大学之前身）。京师大学堂，首倡于1896年，因"戊戌政变"之故，实开办于1900年。

1901年8月清政府谕各省督抚学政"切实通筹认真举办大学堂"以后，各地举办大学有风起云涌之势[①]，两年中先后办起了宏道大学堂（陕西省）、晋省大学堂、山西大学堂、河南大学堂、两湖大学堂、湖南大学堂、南菁高等学堂、浙江大学堂等。但由于一哄而起，多数是由书院改建而成，故至清末真正能巩固下来的，只有京师大学堂、南洋公学、山西大学堂、天津北洋西学学堂等少数几所。有的大学停建了一段时期，至民国又重建。1901年12月清政府又谕："着派张百熙为管学大臣，将学堂一切事宜责成经理。"张百熙就成为清政府正式任命管理全国学堂的第一任官员，他既是京师大学堂校长，又是教育部长，可谓我国最早的"大学区制"。

在此过程中，科举制度的废除还是经过一番激烈斗争的，清政府中一些顽固派仍坚持要保留科举制度，致洋务派中的实权人物如张之洞等对此亦观颜察色、踌躇不前。1901年，张之洞、刘坤一在"江楚会奏变法三折"第一折中还只是说"按科递减科举取士之额，为学堂取士之额"，即一面主张兴学堂，一面主张改良科举，未敢直言废止科举。后来由于各地学校纷纷设立，废科举之舆论势不可挡，粤督陶模认为："变法之道变其末而不变其本，变其名而不变其实，变其一而不变其二，非直无效，抑弊且甚焉。变法必自设学堂始，设学堂必自废科举始。"[②] 一些封疆大臣如袁世凯、赵尔巽、张之洞、端方等才联名上奏主停科举、推广学堂，清政府乃被迫于1905年颁行上谕："立停科举，以广学校。"至此，始于隋，备于唐，盛于明清，在中国延续了约1300年的科举制度才完全废止。

在各地兴学堂的同时，一些主张维新和关心教育之士，看到师资之紧缺，已成为办学中的最大问题，一个县中小学教师的缺额即达数百人，一省之缺额当可想见。1896年，梁启超

---

① ② 何炳松：《三十五年来中国之大学教育》，刊于《最近三十五年来之中国教育》商务印书馆，1931年，P77—85。

在上海《时务报》上发表《变法通议》一文中，就有一节"论师范"，其结论是"欲革旧习，兴智学，必以立师范学堂为第一义"。中国近代公立师范学校，始于1897年设立的南洋公学的师范院。京师大学堂的"师范斋"，倡于1898年，正式开办是1902年。在1902年颁布的"钦定学堂章程"中，已将师范教育正式列入其规程，但未将它作为独立的系统。在1903年颁布的"奏定学堂章程"中，才将师范教育单列，使之自成一个独立系统，而在此前一年，张之洞、袁世凯、张謇，已分别在武昌、保定、通州创办了师范学堂。

两江总督的辖区江苏、安徽、江西，本是文化较为发达的地区，兴学堂之际，中小学校发展迅速，尤感师资奇缺，遂由两江总督刘坤一奏请朝廷核准，继任总督张之洞于1902年开始筹办，于1903年正式开办了三江师范学堂。

三、张之洞和三江师范 [1][2][3][4]

（一）张之洞是三江师范的创始人

1901年（清光绪二十七年）8月，清政府令各省迅将书院改为学堂。1902年5月，两江总督刘坤一遵旨邀请了社会名流并学者张謇、缪荃孙、罗振玉等共商办学事宜。经讨论一致认为：兴办学堂的最大困难是师资缺乏和资金短缺；而办师范学堂，既可培养师资，又可比办普通高等学堂节省一半经费。刘坤一遂上奏"筹备师范学堂折"，不意于同年9月病逝。

张之洞继任两江总督，同意前任总督首先兴办师范学堂的主张，并就学堂的地址、经费、章程、师资等问题与有关方面进行磋商和筹办，于1903年2月5日（光绪二十九年正月初八日）给光绪皇帝呈上了《创建三江师范学堂折》，奏折中写道："查各国中小学堂教员，咸取材于师范学堂。是师范学堂为教育造端之地，关系尤为重要。两江总督兼辖江苏、安徽、江西三省，此三省各府州县应设中小学堂，为数浩繁，需用教员何可胜计……经督臣同司道详加筹度，唯有专力大举，先办一大师范学堂，以为学务全局之纲领。则目前之力甚约，而日后之发生甚广，兹于江宁省城北极阁前，勘定地址，创建三江师范学堂一所，凡江苏、安徽、江西三省士人皆得入堂受学。"奏文中对学额、学制等均有具体说明：三江师范定学额为900名，其中江苏省宁属250名、苏属250名、安徽省200名、江西省200名，另附属小学堂一所，学额200名。开学第一年，先招师范生600名，三年后，再行续招足额。学制分三种：一年速成科，二年速成科，三年本科，此三种皆为培养小学堂教员而设。第四年即设置高等师范本科，精研教育学

---

[1] 《山东教育》杂志编：《中外著名教育家小传》，张之洞栏，知识出版社，1982年，P75—78。
[2] 曾泽、张监佐、李榷主编：《中国教育史简编》，中编第8章第4节，洋务运动时期的教育，江苏教育出版社，1982年，P285—289。
[3] 吴忠民：《中体西用再认识》，刊于《东岳论丛》，1988年1月号。
[4] 《张文襄公全集》，第五十八卷奏议五十八。

理，以培养中学教员。

1902年，张之洞派缪荃孙和七位教习去日本考察。1903年聘任缪荃孙为总教习，以后又聘请江苏候补道杨觐圭、刘世珩为总办，又名监督。

至于筹备经费，张之洞也积极与各方磋商，江宁藩司于1903年先拨银一万两，以后每年筹银四万两；安徽、江西两省各按学生额数，每人每年协助龙银100元。筹措经费的困难仍很大，但张之洞认为：此举为三省学堂根本，虽江南财力支绌，仍需勉为其难筹足。

为了规划学堂规模及安排教学内容，张之洞聘请熟悉教育情形之人士精绘图式，详定章程，力求完备，并在省城设立三江学务处，派委司道等员，共同负责各项筹备事宜。1903年9月，三江师范学堂借江宁府公所挂牌开办，1904年冬正式招生开学。

由上可见，三江师范学堂的创建，自学堂的命名、校址的勘定、校舍的兴建、经费的筹措、校长的选聘、教员的聘请、学制和学堂章程的制定、学额的分配，直至派员赴日本考察等要务，张之洞均亲自运筹规划，做了大量实事，还凭借其地位和影响，做了许多协调统筹工作，因此可以说张之洞是三江师范学堂的实际创校人。

（二）张之洞的教育主张及实践

张之洞是洋务派主要代表人物，又是我国近代著名教育家，他一生办了许多所学校，并参与了清政府的教育决策，简述其教育主张和实践，有助于人们对中国近代教育的了解。

张之洞（1837—1909），字孝达，号香涛，河北南皮人。1863年中进士，授翰林院编修。1867年任浙江乡试副考官，继任湖北学政、四川学政，主管全省教育。1880年由翰林院司业升侍讲学士，后任两广总督、湖广总督。力主开办洋务，兴办学堂，先后开设了汉阳铁厂、湖北枪炮厂等一批兵工厂，举办了军事、矿冶、外语、师范等多类学校。1901年被加封太子少保，与刘坤一联名上书清廷，建议制定有关矿业、商业、铁路、教育等方面的法令。1902年署两江总督，1903年任经济特科阅卷大臣，并参与修订京师大学堂章程。1907年升内阁协办大学士、体仁阁大学士并担任军机大臣兼学部大臣，成为全国教育的最高长官。1909年逝世。张之洞的全部著作，后人集成为《张文襄公全集》。

马东玉在其所著《张之洞大传》一书中对张之洞的评价为："干大事、干实事""锐意改制""堪称中国近代企业家和教育家"。

张之洞教育思想的核心是他的著作《劝学篇》中所提出的"中学为体，西学为用"。"中体西用"论不仅是张之洞的主要教育思想，也是当时洋务派的指导思想，而张之洞对它作了系统阐述，并运用权力加以贯彻执行，因此，张之洞是"中体西用"论的代表人物。

张之洞要求将中国的经史之学，作为教学的根基，放在教学的首位，然后适当吸收"西学"中有用的东西来补"中学"之不足，吸取"西政"当中可以挽救时弊的东西作工具。张之洞既是民族利益的维护者，也是封建地主阶级中的成员（尽管属于开明派）。当时的"中体西用"

论，就其内容看自然具有明显的封建地主阶级属性，张之洞试图通过实行这种方案，改革清王朝的现状，达到维护清王朝统治的目的。可是，"中体西用"论毕竟是当时中西文化交流过程中的一剂催化剂，对于引进西方的科学技术和文化教育起了积极的作用。

张之洞在中国近代教育史上还有一个建树，就是于1903年11月26日会同荣庆、张百熙拟定颁布了《奏定学堂章程》，即"癸卯学制"。这是我国第一部正式颁行的近代学制，对于科举制度的废除起了重要作用。张之洞主持的学制改革，符合教育发展的需要，他博采外国学校的优点，对传统教育如科举、书院和私塾等进行改革，力图把"癸卯学制"制定得比较详密、严谨。

这个学制共分三段六级。第一段初等教育，共二级9年；第二段中等教育，一级共5年；第三段高等教育，共三级，第三级年限不限。在上述各级学校之外，还有师范学堂、实业学堂，均自成系统。

"癸卯学制"将大学本科分为八科46门（相当于专业），经学科，11门；政法科，2门；文学科，9门；医学科，2门；格致科，6门；农科，4门；工科，9门；商科，3门。

"癸卯学制"采用日本学制，将普通师范与普通中学堂分设，高等师范与高等学堂分设，师范分为优级、初级两等。初级师范学堂招收初等及高等小学学生入学，毕业后任初等及高等小学堂的教员；优级师范学堂招收初级师范及普通中学堂之学生。三江师范学堂就属于优级师范学堂。

"癸卯学制"比起旧教育制度前进了一步，它具有资本主义国家教育的内容、形式和方法，明确规定了各级学校的学习年限、学习目标。这个学制对当时中国的学校教育影响较大，清末民初制订的学校教育制度，主要以它为依据。按照这个新学制办起来的新学堂发展很快，1903年前，全国官办学校为数甚少，到1910年，全国新学堂发展到5.2万多所，学生达150余万人。

张之洞十分重视人才的培养，他认为科举制的主要弊端之一是只知道甄拔已有的人才，不知道培育未成的人才，而人才问题是国家强弱的根本。他说："自强之策，以教育人才为先""治术以培植人才为本。"人才从何而来呢？张之洞认为就是要办学校。他一生几乎没有中断过教育活动，在办洋务的几员大官僚中，以他办的学校为最多。除了广为兴办军事教育、职业技术教育、外国语教育、留学预备教育外，还对师范教育特别重视，他认为：师范学堂为教育造端之地，关系尤为重要，应首先急办师范学堂。他在江苏、江西、两湖创办了20多所师范学校，为近代师范教育的创设和发展，作出了一定贡献。

第二节 三江、两江师范概况 ①②③④⑤⑥

一、学堂名称及组织机构

三江师范学堂何以冠以"三江"二字?有几种说法:一说是因两江总督所管辖之江苏、安徽、江西三省,均处长江中下游,古称长江下游为"三江之地",故以"三江"命名。另一说认为历史上安徽属江南省,"三江"即江苏、安徽、江西三省之简称,学堂招生之范围亦限于此三省,故而得名。还有一种说法是兼采上述两种说法之意而命名。在现有校史资料中,没有直接答案。

1904年后,学堂内常因学生省界和经费问题而发生矛盾和纠纷。1905年周馥继任两江总督,遂以总督之称而将校名改为"两江师范学堂"。

从三江到两江,学堂的学制、教育内容、教育方法等均无多大变动,三江与两江实为一个学校,只是改换校名而已。

缪荃孙(字筱珊)、方履中(字玉山)、陈三立(字伯严)为三江师范学堂的总教习,又名总稽查。

总教习(总稽查)未任实事,系名誉之职。先后担任三江、两江监督(又名总办)的有:杨觐圭,字锡候(1903—1905年);刘世珩,字聚卿;徐乃昌,字积余(1905年);李瑞清,字仲麟(1905—1911年)。

其时无校长之名称,监督即校长。

行政机构设教务长、斋务长、庶务长,下设文案官、会计官等。

先后任教务长(提调)的有:吴獬、陈玉树、雷恒等。

先后任斋务长的有:何毓骏、张通谟。

庶务长:汪文绶。

学监:蒋与权、郭文辙、汪律本、戴汝定、李鸿才、汪秉忠。

---

① 南京大学校史资料编辑组:《从三江师范学堂到两江师范学堂》,刊于《南京大学校史资料选辑》,P1—20,1982年4月。
② 南京大学高教研究所编:《南京大学大事记》,P25—27,南京大学出版社,1989年。
③ 《南京高等师范学校文史地部第一级纪念刊》,卷首之校史部分,1923年3月。
④ 朱一雄主编:《东南大学校史研究》(第一辑),P32—39,"记两江师范监督李瑞清",东南大学出版社,1989年。
⑤ 中国第一历史档案馆,《宫中朱批奏折·文教类》八册,缩微1319—1326号。
⑥ 《南洋官报》旬报第13册、79册、91册,1905—1907年。

二、学制、学科及师资情况

学制分为：

最速成科，一年毕业；

速成科，二年毕业；

初级师范本科，三年毕业；

优级师范本科。

其中优级师范本科分为必修阶段与选修阶段。必修阶段学制一至三年，学习经学、文学、伦理、英文、体操等必修课程。选修阶段学制两年，分为理化科（后称理化数学部）、农学博物科（后称博物农学部）、历史舆地科、图画手工科，学生可选修其中一科或数科。后学校顺应社会需求，从1908年起停办初级师范本科，专办优级师范本科。从1906年起办优级本科公共科。1907年设优级本科分类科。1907年9月至1908年2月招考两个预科班和三个补习班。

三江、两江师范的教员，主要由两个方面组成：

一部分是中国教习，主要担任经学、文学、伦理、修身、历史、舆地、算学、英文、体操等课程的授课。其来源分为两种：一是直接向社会选聘德学兼备的学者；二是对各省推荐的人员经考试合格后加以培训。例如1903年第一批招考教员拟录取50名，后因各地推荐的名额不足和成绩不合乎要求，仅录取20名。又如对已录取的教员经一年训练后，经考核，仍有一部分教师的水平未达到理想的标准，1904年12月，经两江总督端方批准，挑选其中的21人和宁属各州县考选的师范生52人，一并由徐乃昌率领送日本留学深造。先后在三江、两江任课的教员有50人左右，其中较著名的有李瑞清、柳诒徵、雷恒、姚明辉、刘师培等。

一部分是日本教习，主要担任物理、化学、博物、生理、农学、图画、手工、日文等课程的授课。首批延聘日本高等师范教习12人，先后共延聘日本教习约30人。为使聘请日本教习的工作有章可循，张之洞于1903年致函日本东亚同文会会长公爵近卫，后者派该会干事长根津，会同江苏候补道、三江师范学堂监督杨觐圭、江苏候补道刘世珩、江南陆师学堂俞明震，共同制定了《三江师范学堂拟聘日本教习约章》，约计十二款，对各科教习的任务、要求、工资、福利、休假、探亲、奖惩等均作了明确规定，总的精神是：待遇从优，要求从严。1903年4月，首批日本教习到校时，因学堂房屋尚未竣工，也未正式招生，学堂乃令中国教习向日本教习学习日文、理化、博物等知识，令日本教习向中国教习学习中文、经学、文史等知识，彼此名为学友，又称"互换知识"，是相互促进和培训师资的一种渠道。

三、教学、招生及学生情况

按部（科）分述如下。

1. 优级本科理化数学部

1904年9月，考选入校的学生补习公共科，二年期满毕业，于1907年加入本科理化数学部学三年，于1909年11月毕业。

所授课程如下：伦理学、经学、教育、物理、化学、手工、图画、音乐、英文、文学、体操等。

2. 优级本科博物农学部

1904年9月，考选入校的学生补习公共科，二年期满毕业，于1907年初入本科博物农学部学三年，于1909年11月毕业。

所授课程如下：伦理学、经学、教育、动物学、植物学、矿物学、生理卫生学、农学、图画、英文、文学、体操。

3. 优级本科公共科

1906年考选一班，8月入堂；1907年考选四班，9月入堂，均照优级本科公共科章程办理，三年毕业，即一年预科，二年补习普通学程后入分类科。

所授课程如下：修身、教育、物理、化学、博物、手工、图画、法制、音乐、文学、数学、地理、历史、英文、东文、体操。

4. 优级选科预科

1906年考选两班，8月入堂；1907年考选两班，9月入堂，均照优级选科章程办理，一年毕业后入选科。

所授课程如下：修身、教育、物理、化学、博物、手工、图画、法制、音乐、文学、数学、地理、历史、英文、日文、体操、农学。

5. 初级本科

1904年9月，考选入校学生补习完全科目三年，于1907年10月毕业，此班毕业后不再设立。

所授课程如下：修身、教育、物理、化学、博物、法制、手工、图画、农学、音乐、英文、日文、文学、历史、地理、数学、体操。

由上可知，三江、两江优级师范学堂虽为我国施行师范教育的初期，无章可循，但其学制、招生及课程安排等，均比较正规；教学内容及形式，模仿日本；所安排课程除伦理学、经学、修身、历史等外，均参照日本师范学校所设课程而行。

在招生入学考试中，对于考生年龄、考生资格、报名考试方法等都有明确、严格的规定，并制定公布了正式的招考章程（共五款），录取的新生张榜公布。

三江师范学堂于1903年9月正式开学。1904年冬，招收最速成科学生一级58人，一年毕业；速成科学生20人，二年毕业。

学堂共招收师范生四次，每次300人。

历届之补习科、公共科及选科之预科毕业生，合计554人，经考试合格后，升入师范各本科。

学堂开办近十年，共培养学生2 000人左右，教学成绩卓著，学生考试成绩为江南各高等学校之冠。著名冶金学家周仁、国学大师胡小石及陈中凡、著名书画家和美术教育家吕凤子等，都是两江优级师范学堂毕业生中的佼佼者。

三江优级师范学堂还有过一次学生运动。1903年秋，学生300余人集会于北极阁，反对沙俄军队滞留东北。

四、经费、设施及停办情况

建校之初，张之洞曾协定学堂年经费为库平银11万两，由江宁藩司按时拨给。后户部限制江宁藩司铸铜元数额，兼之铜贵钱贱，余利寝微，且又分作十成，以四成充军费，三成拨还造币厂欠款，三成充地方新政之需，江宁藩司收入锐减，对学堂经费不能按时拨足，而皖、赣两省又累累不解应协之款，学校经济常陷于困境。几任总督多次奏请解决未果，也只能在职权范围内勉力支持。

学堂领导人在困难中力求发展学堂事业，1908年还开办了优级本科，同时，又添购了实验室的各种仪器药品，共花27 160银元，这笔款项系李瑞清申请江宁藩司暂垫。

学堂的主要建筑物有：三层的西式教学大楼；两层楼的口字房（日本式样，形如口字），内有60间房作办公室、图书室、实验室等用，1923年毁于火灾。另还有教习房（即教员宿舍，处校园西北角，1978年被拆除建成了留学生宿舍大楼）、学生宿舍和宽敞的运动场。

此外，还设置农场100余亩地，购置耕牛数十头，并设立各种实验室、工场，供学生实习用。图画手工科专门设有画室。整个学校各种设施均较齐全。

1911年12月南京光复，李瑞清即辞去学堂监督职务。此后，校园驻兵，种种校具、仪器、设备、书籍等用品散失损坏严重。幸有保管员李承颐尽职尽责，率领众工友尽力收罗保管，免遭巨损。不意兵事又起，乱兵土匪乘隙而入，肆意抢劫，斋夫夏得祥、陈升、王容等为保卫学堂财产身蒙重伤，更夫葛成年迈体弱，伤势尤重，因公殉职。

1912年初，两江优级师范学堂正式停办。

五、两江师范监督李瑞清①②③

（一）生平简历

李瑞清（1867—1920），字仲麟，号梅庵，又号梅痴、清道人，江西抚州府临川县人，是我国近代著名的教育家、美术家、书法家。

清同治六年（公元1867年）七月初九日，李瑞清诞生于一个三代为官的书香门第。他从小爱好书法、绘画、金石文字。光绪十九年（公元1893年）乡试中举人，光绪二十年中甲午进士，乙未年入选翰林院庶吉士；光绪三十一年（公元1905年）以候补道分发江苏，三署江宁提学使，并兼任两江优级师范学堂监督（即校长）。

1911年10月，武昌起义，各方响应，不少大官见大势已去，弃职逃遁，城内一片混乱，唯两江师范学堂在李瑞清主持下照常敲钟上课，总督张人骏遂任命李瑞清为布政使，李受命后即筹足粮食，饷助清军，救济难民，维持学校。1912年2月，清廷逊位，李瑞清坚持清王朝命臣的愚忠愚节，辞去监督职务，将学堂财产移交，并发钱给学生，让其返里回乡，然后隐姓埋名迁居上海，靠出售书画维持生计。

李瑞清被人称为近代书学之宗师，名声远扬海内外，登门求书画者络绎不绝，拜师学艺者也纷至沓来，著名国画大师张大千此时就是李的门生。日本书道界人士闻讯也特渡海来华，争付重金以求购得李瑞清的墨宝。李瑞清的书法融南北碑帖，博综汉魏六朝，上追周秦，尤工篆隶，其书学理论造诣颇深。李瑞清又善丹青，山水师法原济、八大山人，花卉宗恽南田，所绘松石及花卉的意境有独特之处，尤擅画佛。他以篆作画，以画作篆，熔书画于一炉，技艺达到了炉火纯青的地步。

李瑞清于民国9年（1920年）八月初一逝世，享年54岁。逝世后，同乡挚友曾熙、学生胡小石（后为中大、南大教授）共理丧事，其遗体葬于南京南郊牛首山雪梅岭罗汉泉，墓旁植梅花300株，筑室数间，名玉梅花庵。胡小石一生敬仰老师李瑞清，抗战前每年赴牛首山扫墓。后几经战乱，李墓已无处寻觅。新中国成立后，胡小石年迈有病，就委托学生侯镜昶寻访，侯教授经过多次查找，终于在"文革"后找到了李瑞清墓园，并撰文《清道人其人其墓》，介绍李瑞清的成就及与胡小石之间感人的师生情谊。

李瑞清遗著有《围城记》，门人整理其遗稿，出版了《清道人遗卷》，计四卷，第一卷为文，第二卷为诗，第三卷为题跋，第四卷为书论，于1939年由中华书局出版。

南京高等师范学校成立后，校长江谦为纪念李瑞清办学之功，在校园西北角六朝松畔造

---

① 周邦道：《近代教育先进传略》，李瑞清栏，台湾文化大学出版部，1980年。
② 侯镜昶：《清道人其人其墓》，系李瑞清侄女提供，复印件，出处不明。
③ 宋新桂：《两江师范学堂监督李瑞清》。刊于南京大学《校史研究专刊》，P21—23，1988年2月。

三间茅屋,取名"梅庵",由柳诒徵教授题匾。后来,茅屋拆除,建造了几间平房。数十载世事沧桑,六朝松依然苍劲挺拔,"梅庵"几经维修保存至今,仍是东南大学用以接待外宾和校友的佳地。

(二)办学业绩

李瑞清主持两江期间,悉心兴学育才。他的信条是:视教育若性命,学校若家庭,学生若子弟,始终不渝。

办学中,首从加强师资队伍、提高教学水平入手。他亲自到日本考察,并在日本聘任有经验的教师十余人到校任教,待遇从优,契约从严。他常亲临课堂,认真听课,随时检查教学质量。当时各学科中舆地科(即地理)是薄弱环节,学生意见很大,李瑞清获悉嘉定姚明辉先生专治地理,便聘请姚先生任教,姚除家学渊源外,更富现代知识,教学水平较高,终不负所望学生们对李瑞清聘任良师的苦心均甚感佩。

李瑞清提倡科学、国学、艺术不遗余力。他不仅重视延聘中外著名教师来校任课,还重视建筑校舍、增加设备、广设科目(如技能学科);重视劳动教育、生产教育,把原来的博物科改称为农博科,学生必须兼习农科,学校设农场,置地百余亩、耕牛数十头,供学生实地操作之用;创办了图画手工科,设置了画室及工场;设立实验室,购置了仪器、药品及必要的设备,供学生实验之用。

李瑞清是我国高校设美术系科的创始人,而且亲自讲授国画课,为我国培养了第一代美术师资,其中有著名书画家吕凤子等。

李瑞清着重鼓励学生自觉、自立、自强。除要求学生学好课堂知识外,还千方百计创造条件,提供学生课外练习的机会,增加生产实践、劳动实践的机会,使学生在课外各项丰富活动中,发挥聪明才智,培养想象力和创造力。

当时,著名教育家张謇在南通兴办各项教育事业,成绩斐然,他听说两江师范学堂的经费开支较大,心中不免有些看法,但当他实地考察后,感到李瑞清一心一意做实事,学校的各项设施安排适当,学生学习成绩优异,转而表示敬佩。

在这一时期,李瑞清三署江宁提学使(主管全省之教育),但始终兼任两江师范学堂监督,坚持每天到校视学,并常找学生晤谈,对学生关怀备至。

(三)为人品德

李瑞清的事业心甚强,为办教育呕心沥血、兢兢业业。学生对其人品十分敬重。某日课后适逢大雨,工友要为他撑伞遮雨,他拒之而与学生冒雨同行,坚持与学生同甘共苦。

江浙新军攻打南京时,清提督张勋下令:"剪辫者,杀无赦",众生极为恐惧,有一学生已剪辫,恰为清兵逮捕,为李瑞清所见,立即掩护该生离去。当时必须要有提督的符令才能出城，李瑞清时任布政使，设法取得许多令帜，安全地将学生们送到城外。

袁世凯篡权后，曾派人给李瑞清送去银子1 200两，请他复出。李瑞清当着使者，将银两摔在地下，拂袖而去。作为清王朝的命臣，他甘为封建帝制卫道。当革命浪潮汹涌而来清室大势已去之时，他以孤臣孽子的心情表示要坚守南京，与城共存亡。南京光复后，他决意"不就民国事"，拂袖而去，隐居上海，其封建思想之深，悖时代潮流之甚，不足为法。但历史地看李瑞清，仍不失为士中之秀，学有专长；仕中之廉，洁身自好。他视教育如生命、视学生如弟子的精神，他在主持两江师范期间的辛劳和业绩，应载入学校史册。

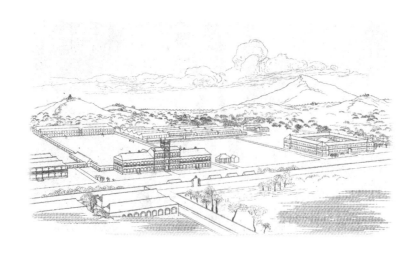

本章结语

一、20世纪初，是我国新旧教育体制的转轨时期，亦是中国近代高等教育的肇创时期。时国内无章可循，亦无现成的经验可供借鉴，于该时期创建的三江、两江师范学堂，遂以日本的高等教育为模本，多次派员赴日本考察教育，又派教员去日本留学深造，并先后延聘了30位日本教习到校任教，使学校在教育体制、教育计划、教育内容等方面，均较多地借鉴日本的办学经验。

二、三江、两江师范的创始人及历任校长皆清朝命官，他们既主张废科举、兴学堂，又主张维护清王朝的统治；既主张开出较多的理化、生物等自然科学方面的课程，又坚持以经学、伦理、修身等课为根本。他们以"中学为体，西学为用"为办学的指导思想，反映了中国高等教育的创始时期，中国仍处于半殖民地半封建的社会。

三、经过几年的实践和摸索，学堂对学生在品德、知识方面有了明确的要求，教育内容规范化，在招生、考试、学籍管理等方面均制定了规章制度，并重视劳动实践、体育训练及美育教育，逐渐形成了适应当时需要的教育制度、内容和方法。

四、两江师范监督（即校长）李瑞清以"视教育若性命，学校若家庭，学生若子弟"为信条，以"嚼得菜根，做得大事"为校训，要求教师德学兼备，具有热心、耐心、事业心强的美德，要求学堂管理者威慈皆备，通晓教育的原理和章程，他自己身体力行，率身示范，倡导和培育了"俭朴、勤奋、诚笃"的好校风。

第二章

南京高等师范学校(1915—1923年)

在中国近现代教育史上，南京高等师范学校（以下简称南高）占有光辉的一页。将清末三江、两江师范与南高相比较，前者主张忠君、尊孔、读经，实行"中学为体，西学为用"的方针，聘请日本教习，以日本教育为模本；后者崇尚共和，主张沟通、融和中西，德智体三育并重，广延留学欧美的师资，以欧美高等学校为蓝本。两者相比在教育体制、教育内容和教育方法等方面，都有显著的不同。南高厉行教学改革，重视学科建设，提倡民族、民主、科学精神，培育诚朴、勤奋、求实校风。经数年奋斗，学校事业日振，江南学子慕名来求。学界乃有"北有北大，南有南高"之说，校誉鹊起。

第一节 南高的诞生

一、共和方新，兴学风起

1911年10月10日，武昌首举义旗；同年12月2日，江浙新军浴血攻克南京。原两江师范学堂监督、江宁提学使李瑞清摄江宁布政使，助清王朝张勋辫军守城有过，但兴学、爱生、护校有功，故新军不咎其过，还希望他留校待职。但李瑞清却坚持"身为大清臣，不就民国事"的愚忠愚节，劝退学生，变卖所乘车马，给回乡学生发了盘缠，自己却蓄发顶结，去上海当了寓公，以字画营生。而此时学校又变为兵营，两江师范就此停办。

1912年元旦，孙中山先生自沪来宁就任临时大总统。中山先生十分重视教育，他认为："盖学问为立国之本，东西各国之文明，皆由学问购来。""今破坏已完，建设伊始，前日富于破坏之学问者，今当变求建设之学问。世界进化，随学问为转移[①]。"他就任大总统未久，即推举著名教育家蔡元培先生为中华民国第一任教育总长。1912年4月，蔡元培发表了《对于教育方针之意见》，并颁布了各项教育法令。一时间，全国各地广增学校，扩充学额，朝野咸图教育之鼎新。

江苏本文化之乡，时兵革甫息，共和方新，民心思治，各县市皆兴起了办学之风。但立即碰到了师资紧缺的困难，江苏省立第二师范学校校长贾丰臻等上书教育部和省公署，要求迅即建立一所高等师范学校以培养师资。1914年8月30日，江苏省巡按使（即省长）韩国钧委任江南硕儒、原江苏省教育司司长江谦为南京高等师范学校校长，并着其就两江师范学堂原址

---

① 孙中山：《民国教育家之任务》，刊于《中国近代教育史资料》下册，P1005，舒新城编，人民教育出版社，1982年再版。

详加勘察，期于一年内筹备完竣，1915年秋定期开学[①]。因省长更迭，韩国钧调赴安徽，江谦未即到任。江苏新任巡按使齐耀琳到职后，以维系教育为己责，重申前任已定之计划，复经教育部批准，正式任命江谦为校长。1915年1月8日，又饬江谦履职筹备，江谦遂于1月17日由皖来宁就职。

二、筚路蓝缕，创业维艰

江谦系清末书院出身，对办学堂、办普师有较丰富的经验，但于民国办新学、办高师则是生平第一回。为此，他把物色教育家和延揽著名学者教授的工作放在首位，一上任即聘定留美教育硕士、哲学博士郭秉文先生为教务主任，聘请留美教育学士陈容为学监（后任学监主任），并要他们在回国前赴欧美各国考察高等教育，一面学习其办学经验，一面罗致出国留学人才。归国后又着他们去京津地区考察教育。筹备之初，南高即聘请教育部视学袁希涛、江苏教育会会长沈恩孚、江苏教育会副会长黄炎培等三位先生为南高评议员，共商建校大业。三位先生皆为热心教育事业的教育家，从勘察两江原址、筹谋恢宏校业到争取朝野支持等方面都做了许多工作，并始终关心和支持学校的发展建设，故到1921年在南高的基础上筹建成立东南大学，其均被聘为东大校董会的董事。

筹备处初设于省议会，1915年1月29日迁入两江师范旧址。彼时人少事多，筹备工作千头万绪，其中大的困难有两个：一是迁出驻军，困难重重；二是修建房舍，工程浩大，时间紧迫。当时校内还驻有步兵一个团，另有雷电练习所的官兵，他们只听上级军官的命令，对地方人员前去洽谈不予理会，筹备人员不得已只有频频吁请地方军政首脑给予帮助。省公署乃训令驻军另觅营房，尽早迁出，以维教育。至5月29日，驻军才全部撤出学校。筹备人员又请警察厅封锁学校，以免其他军队或单位迁入，这才使各项筹备工作得以正常进行。

1913年后，南京两经兵事，学校数易驻军，房舍破坏已甚。换防间隙，乱兵土匪趁机纵火掠夺，损失惨重，共有192间校舍焚毁。除居中大楼和口字房受损较轻外，余皆门窗尽毁，四通六辟；断墙残壁，栋折柱倾；课具图书，演为薪炭；仪器标本，荡然无存；校园农场，满目荒芜。劫后景象，目不忍睹。总计损失达40余万银元之巨。按筹备处计划，开办费需10万元，因省财政拮据，又降为5万元，且须分期核发。筹备处只有撙节开支，排出轻重缓急，首先让用处较大的居中大楼和口字房加速修葺。至8月全校已修缮竣工的房间达670余间，耗资达58 000元。一般校具，凡能修理者尽量修理，必须购置者亦力求简朴，唯有对教室、自修室的课桌椅凳等物，因师生天天时时使用，均按东西洋现有款式置备。必不可少的仪器设备及

[①] 《江苏巡按使韩国钧委任江谦为校长筹备南京高等师范学校文》（1914年8月30日），刊于《南京大学校史资料选辑》，P25，1982年4月。

图书期刊，皆尽力尽速采办。

在江谦的精心筹划和全体筹备人员的努力下，各项工作均有序有效地进行。任课教师先后受聘到校，所需修缮添置事项相继办成，学校章程、招生简章、逐年经费预算、逐年招生计划等次第拟具。至1915年夏，所有筹备工作基本就绪，遂于8月11日公开招考，计划招收国文预科、理化预科及国文专修科各一班，每班40人，计120名。报考学生有534人，录取126人，实际到校110人。至此，南高继与北京高师、武昌高师、广东高师一起，成为我国成立最早的四所国立高等师范学校。

第二节　南高的教育思想

一、民初新旧教育思想的抗衡

蔡元培所著《对于教育方针之意见》，系统全面地阐明了他的新教育方针，批评了清政府"忠君、尊孔"的封建主义教育宗旨，提出了军国民教育、实利主义教育、公民道德教育、世界观教育和美育五种教育平均发展的方针。所谓军国民教育即体育，旨在强身、强兵、强国；实利主义教育即智育，旨在开发智力、振兴实业，以利国计民生；公民道德教育即德育，教育以道德为根本，若无德，虽体魄智力发达，适足助其为恶；世界观教育属于实体世界的教育，旨在培养人们对宇宙万物持客观的超然的态度；美育是进行世界观教育的重要途径，可以培养高尚的情操[①]。蔡元培认为：忠君与共和政体不合，尊孔与信教自由相违。孔子之学术，与后世所谓儒教、孔教当分别论之，两者是有区别的。但在孙中山被迫辞去临时大总统后，袁世凯大权独揽，无视教育部的存在，无视蔡元培的主张，径自下达尊孔令。蔡元培十分不满，觉得照此办理，教育部无法开展工作，中国教育毫无希望，上任仅半年，即辞职拂袖而去。继任教育总长范静生也是有理想、有主见的教育家，主张："盖一国之教育，凡以进民德，开民智，增民力而已。"并重申民初确定的教育宗旨，"注重道德教育，以实利教育、军国民教育辅之，更以美感教育完成其道德。"但袁世凯又另发布《尊崇伦常文》，强令全国恪循礼教，共济时艰。范静生十分愤慨，上任半年又挂冠而去。此后袁世凯又颁布《尊孔祀孔令》，要求学校行尊孔礼仪，把孔学列为必修课程。

此后袁世凯又乱命乱免教育总长，1913年1月，袁世凯任命海军总长刘冠雄兼署教育总长，

[①] 高奇主编：《中国现代教育史》第3章第2节，蔡元培的教育思想，P77—81，北京师范大学出版社，1985年1月。

3月农林总长陈振先兼署教育总长，5月董鸿祎代理教育总长，9月汪大燮任教育总长；1914年2月蔡儒楷暂署教育总长，5月特任武官汤化龙为教育总长，9月章宗祥兼代教育总长，10月张一麐任教育总长，一时走马灯似地换个不停①。

民国初的教育曾经一显生机，但好景不长。封建王朝退位，封建军阀继位，自袁世凯至各路诸侯，对于教育，或无知不懂，不屑一顾，视若敝屣；或沽名钓誉，安插亲信，挟教育以自恃；更多的情况是为钳制思想，把教育作为封建统治的工具。江谦就是在教育中枢首脑频频更换、朝令夕改，封建主义卷土重来，新旧教育思想斗争十分激烈的形势下出任南高校长的。

二、江谦的教育思想②

江谦字易园，安徽婺源（今属江西）人，清末曾受业于南京文正书院，为山长（即院长）张謇所赏识。后来张謇在南通创办我国第一所民办师范学校通州师范学校，邀江谦共事，不久任堂长、校长。江谦本知行合一之学，熏陶后生；以"能耕能学"为训，矫正空谈时弊，弘扬务实精神；辑"两汉学风"，倡俭朴学风，传"明德新民"之教。坚持不懈，持之以恒，培养了大批德才兼备的学生，通州师范校誉日隆，名声越省，苏皖教育当局争聘江谦为校长。江谦重师谊、校谊，悉婉言相谢。江谦又精于文字音韵之学，他由英文切音，发明阴阳声母通转规则，创设音标一案，实注音字母的先声。时学部设国语统一局，知他有此专才，征主其事，江谦又谢其位。后安徽学界公推江谦为安徽省教育会会长，江苏省复指命他为江苏省教育司司长。

江谦国学根底深厚，于孔学、阳明之学造诣尤深，唯值共和时代，而中央政令不一，一任教育总长一个令，南高究竟应执行哪一家的教育方针？究竟用什么来教育、培养学生？决策不当，不仅贻误学子，学校亦难以生存发展。江谦真谦谦好学之君子，他博览中外教育家的论著，虚心听取郭秉文等人的意见，顺应历史潮流，赞同蔡元培的主张，在南高推行德智体三育并重的方针；对孔学与孔教加以区别，择其善者而用之。江谦能迈出这一步是不容易的，也是可贵的，他使南高的教育一开始就有了比较明确的方向，并通过亲身实践，提出了不少自己的看法和做法。

在南高，江谦认为办学应以理想为先，以精神教育为前提。他认为训育（即德育）就是对学生的管理与训练，其要点有三：第一，目的，旨在养成国民模范人格。第二，方法，渐次扩张学生的责任感和服务观念，使自觉地向所定之目的进行。第三，程序，学生对自己之品性行为负修养之责任，对同学之品性行为负规劝之责任，对本校校风负巩固培养之责任，对本校之附中、附小等附属单位负协助责任。这些提法似无惊人之语，但非常实在，一目了然。江谦

---

① 陈学恂主编：《中国近代教育大事记》，1913—1914年，P236—260，上海教育出版社，1980年。
② 《江谦关于南京高等师范学校开办状况报告书》（1915年8月），刊于《南京大学校史资料选辑》，P34—37，1982年4月。

虽硕儒而非道貌岸然，严慈皆备，其施教反对单方面的"我教你学，我讲你听"，强调启发学生的自觉自悟，"以期自思、自行之效"。江谦说："过去对学生的教育，多采用消极的防范措施，虽属需要，效果并不理想，故拟作积极之改进。务须勉励学生用自己的言行来表示规则，勿使有限的规则去裁制学生的言行。"江谦倡导以"诚"为校训，"诚者自成"。总而言之，诚乃有信心、有信力。有信心，乃知非教育不足以救国；有信力，乃知非实行教育无以救国。以信心为体，以信力为用，此本校训育之主旨也，实为教育之根本。

在智育教育方面。江谦亦有值得称道之处。南高开办本以培养中等学校师资为目的，继之又增加了培养教育行政人员的内容。后来，江谦认为国家的富强有赖于科学、实业的发达，有赖于教育作基础，于是先后增设了农业、工业、商业三个专修科。在高等师范学校内提倡和重视实科教育，南高实开全国风气之先。对于教授（此处作教学和教学法解），江谦有两点意见：一是重视基础，南高学生来自苏浙皖赣等省，时军阀割据，各省各自为政，教育方面亦自行其是，学生间的水平相差悬殊，故南高在新生入校后，均令先入预科，打好基础。在预科内，又对程度较差的学生单独编班，予以特别辅导，以资补救，使一年后进入本科，都有较好的基础和起点。以后又实行成绩突出者可以跳级、不及格者可以重读等灵活办法，皆符合因材施教的原则，有利于调动学生学习的积极性。二是重视培养学生的自学能力，认为高等学校应以养成学生自力研究为主要目的，故因多备参考书籍，指导学生阅读，作为自力研究的辅导。知识浩瀚如烟海，然亦有门，唯有自学能力者，方如掌握其钥匙，得以启门而入。江谦很注重笔记，把笔记列入成绩计算，要求学生笔记时，务须记大意而少记词句，并要求课后通过阅读和自修，再记上自己的心得，用想象力阐述自己的感受，用判断力抉择要义，再或相互讨论，以资比较，或自行补缀，加强记忆，并要随时备教师查阅，给以打分。此种训练对提高学生的记忆力、想象力、判断力、文字表达能力等方面均大有好处。对比旧式书院学堂的填鸭式和死记硬背的教学方法，可谓是一大进步。

关于体育，江谦说："以强健的身躯行教育事业，这就是南高体育教育的宗旨。""教育事业是精神事业，有赖完全强健之躯干作基础。否则科学程度纵有可观，而孱弱的肢体不足以发展其文明之思想，而于应尽之义务，亦不能收到良好之效果，这种看不见的损失，对教育事业及其前途影响甚巨。""学生用脑过多，非教育之幸。"故南高从招生开始，就十分重视体格，对于考试成绩合格者，必请中西医作严格之体格检查，体格孱弱者概不录取，并以此引起社会和考生的警觉。在南高，不论何科系的学生，体育均列为必修。学生晨起后，一律要作米勒氏呼吸运动，这带有强制性，但可以不拘地点，不用统一号令，每人可就室外空气清新流畅之处，按各人体力，作自然动作，使各人之生理，作自然之发展，使之成为各种体操之基础，并养成终身晨起运动的习惯。学校设置各种体育会、队，开展各种运动、技艺、球类竞赛，增进学生对体育的兴趣。1916年南高开设了体育专修科，把体育列为科学和必修的学科，倡全国之先，自1918年始，率先为国家培养了几批体育干部和人才。重视体育之风，自南高、东大、中大、南工到现在，历久不衰，新中国成立后又多次被评为全国高校的体育先进单位。重视体育是我校的优良传统之一。

另外，在当时的历史条件下，江谦就提出了"调整师生关系"，应该说是教育观念、教育思想上的一个转折和进步。江谦说："眼下学校的主要弊病是师生关系隔离太甚，只是课堂见面，相见以文，无精神上之维系。而学校的各种规章制度，又带有强制性，无共同自然之趋向，致施教与被施教者之间似一种机械作用，无活泼之生气可以涵濡，长此以往，对教育事业甚为不利。"江谦又说，教师不仅要尽教的责任，还应关心学生之学、学生之理想，以及怎样做人等问题。师生相处有期，师生之情意自通，乃能起信仰之心，而行指导之法。为此，南高一方面要求教师改变只管授业的状况，倡导关心、接近学生，尽导师的全责；一方面要求学生尊敬老师，组织学生主动看望老师，"行种种之谈话，俾使教师知道学生过去之状况，眼下之想法，将来之理想。"由于师生的共同努力、持之以恒、情理相济，一种新型的"尊师爱生"风气逐步形成。这种看法和做法至今仍有现实意义。几位老校友著文回忆道："南高的师生情，如沐阳光、如润春雨，果实自成。""母校的师生情、校友的母校情，梅庵的六朝松将可永远作证。""南高的学校生活确乎是整体的，教授与同学的努力好像有完全的协调，有深切的内心的统一，这实在是南高教育的成功。"

三、郭秉文的教育思想

1918年3月，江谦因积劳成疾，离职休养，推荐教务主任郭秉文代理校务，经教育总长傅增湘批准，郭秉文任代理校长。继因江经年未愈，主动让贤，1919年9月，教育部委任郭秉文为校长。郭秉文，字鸿声，江苏江浦县人，1896年卒业于上海清心书院。1908年赴美留学，先攻读理科，1911年获乌斯特大学理学士学位；旋攻读教育学，1912年获哥伦比亚大学教育硕士学位；继续潜修，以《中国教育制度沿革史》一文，获哥伦比亚大学哲学博士学位，此文后由商务印书馆出版。1914年郭秉文尚未完成博士论文之际，南高已聘定他为教务主任。1915年自美归来，自始参加南高的筹建工作，悉心支持江谦恢宏校业。1918年郭秉文出任代理校长后，运用生理学、心理学、伦理学、社会学、教育学等方面的知识，进一步充实南高的教育思想，对德智体三育并重的方针作了较全面的阐述[①]。

（一）关于德育

南高的德育采取训练与管理兼重的原则，训练要注意启发，使学生知其所以然；管理要注意实践，使学生行其所以然。两者交相为用，以期知行合一。郭秉文在报告书中对德育的标

[①] 《郭秉文关于本校概况报告书》（1918年10月），原件存中国第二历史档案馆。

准、方法、程序及实施，作了具体说明。

德育的标准，是要养成对国家负责的国民的完善人格。人格的要素，包括坚强的体魄、充实的精神，以及道德、学术、才识三个方面。

所谓道德，含：品性，如智力、感情、意志，要趋于中正；行为，如仪容、言语、动作，要趋于和平。

所谓学术，含：知识，如基础知识、专门知识，要使之明确；技能，如应用、工艺、造型，要使之精熟。

所谓才识，含：计划，如全局、局部，要注意全面和长远；执行，如作业、协调，要期乎宽厚。

而道德、学术、才识之完善，均应本于至诚，诚则自成。

德育进行的方法，固不可抑制，亦不能放纵，唯宜启发学生的自觉，使之自立、自行。并采用利用天性、触发统觉、引起兴味、应用暗示、选择思想、养成习惯的原则，循循善诱。

德育的程序，按上述标准、方法，循序渐进，积久自可深造，勿求之过急，因不可一蹴而就。其过程为由己及人，由近及远，由学校而社会；以成己始，以成物终，至于自然。

德育的实施，主要抓两点：一是修养；二是服务。修养方面，于学生则重躬行与省察；于教职员则重感化与考查。有学生省察表，每周由学生自行记载，学监调阅，阅后须作诱导；有教职员考察册，择要记载，期末交学监处，用以评定学生的品行并勉励之。服务方面，于学生则重实践和研究；于教职员则重示范与检查。校内凡有学生服务的部门，均制订服务生规程，由服务生分期轮流实践其职务。如有新、难事项，教职员应先行示范，至习惯后由学生担任。学生服务的表现与成绩，由学监检查并记载在册。

（二）关于智育

南高以诚为智育之本，盖诚合成己、成物所言，故格物所以致知。其标准、方法及实施如下：

> 南高以养成思想及应用能力为智育的标准，要求学生能思想以探求知识之本源，能应用以求知识之归宿。明知识之本源，然后乃能取之无尽；明知识之归宿，然后乃能用之无尽。至于所思想、所应用之事物，则以适合于社会需要为本，总期所思所用，皆与社会生活有密切之关系。

为实现智育的标准，着重培养两种能力：一是欲养成思想的能力，必注重兴疑与试验，盖必使学者先有所愤悱，然后乃能启发其思想；又恐其凭空构思，不着边际，故设种种机会，俾能作实际之试验，亲临其境，使所思者皆有所依据。二是欲养成应用能力，必注重理想、理论与实际的联络，使所学者皆有所用，所用者皆本所学。

智育的实施，约而言之，分如下几个方面：

一是根据社会需要和学科建设需要而设科（即今日之学院），由科组织教学及研究工作的进行，充分发挥科的作用。

二是为培养独立思考的能力，故教学中重启发不重注入，重自修不重听讲。努力使校图书馆和各科资料室日益充实。

三是因为思想、理论有待证之实而后信，故各科皆十分重视实验和实验室的建设，一为学理之佐证，二为探求发明创造之途径。

四是为了培养科学研究的能力，除平时鼓励学生参加各种研究会的活动外，所有毕业班的学生，均要参加一项为期一年的研究课题，最后撰写成论文或报告，既作为成绩考核的依据，又作为学生留给母校的纪念。

五是为了养成应用的能力和技能，南高十分重视实习，平时在校实习，暑假派往各地条件较好的工厂、农场、商社实习，并精心组织好实地教授。

六是为了开阔眼界、思路，增长各种实际知识，学生在毕业前均有派往有关机关作详细参观的机会。

（三）关于体育

体育是德、智两育的基本。《中庸》言诚，包括智、仁、勇三达德。西谚云："健全之心寓于健全之身。"孱弱之身，难以任重道远，亦不足以表现优秀国民之完全人格，故南高对体育备极注重，其标准、方法及实施如下：

南高的体育，以养成坚强之体魄及充实之精神为标准。对于全校，则重体育之普及；对于个人，则注重全面之发育，务使人体各部分均得到平均操练，人人能得到健康之幸福。

体育的方法：一是重视养护，培养元气，御邪于未然；二是注重锻炼，操练筋骨，活血顺气，以强身耐劳；三是及时医治，矫正体格，使偏害者复其健全，罹病者复其强壮。

体育的实施：体育课列为必修，早操列为必行，辅以兵操、拳术、田径、球类等各种运动和竞赛。设卫生部，预防时症疫病。设中西医诊疗室，附以调养及一年一度之体检。膳食采用分食制，人各有食器。喜种植者，随时可莳花木；好音乐者，组织各种音乐会。凡此艺术上之修养、精神上之愉快、筋力与血气上之调节，皆在使学生得到全面的发展与培养。

总观南高办学者的教育思想，从首任校长江谦到后任郭秉文，他们所阐述的德智体三育并举的观点、内容、方法和措施，是连续一致的，并在实践过程中，不断得到充实和发展。南高摒弃了清王朝"忠君尊孔读经"的封建主义教育思想，吸取了诸子学说中合理的内容和有益的教育方法，倡导发扬中华民族的优良传统和优秀文化，采用了欧美国家的某些办学经验，提倡科学、民主，主张沟通中西、融会古今，比之"中学为体、西学为用"的改良主义教育思想是一个变革和进步。南高办学者的教育思想，基本上适合当时的国情和社会需要，基本上符合教育及学科发展建设的规律。但由于中国资产阶级民主革命不彻底，中国的政权迅速落入了军阀手中，民国名不符实，既非共和，亦非为人民所有，中国社会依然处于半殖民地半封建中，从中央到地方的教育行政管理权都掌握在大小军阀手里，他们或轻视、摧残教育，或擅自改变教育方针。因此，南高的教育思想在执行中经常会遇到各种干扰和阻力。然而历史地观察、分析问题，在当时的政治、经济背景下，南高始终能尽量坚持上述教育方针，尽力排除外来影响，努力发展教育事业，实非易事。

第三节 南高的基本情况与体制机构

一、基本情况

南高地处鸡鸣山南麓，面积约370余亩。南高的历史，自1915年9月成立，迄1922年12月归并于东南大学，计7年又4个月，若自1914年筹备算起，迄1926年6月最后一届学生毕业，则为12年有半。

南高在校学生情况：1915年，110人；1916年，204人；1918年，357人；1919年，399人；1920年，541人；1921年，564人。其各科各部招生、毕业情况见表2-1[①]：

表2-1 南高各科各部招生毕业情况

部　　　科	招生届数	招生人数	毕业届数	毕业人数
文史地部	5	169	6	155
数理化部	5	169	6	134
国文专修科	1	28	1	26
体育专修科	4	98	4	69
工艺专修科	4	93	4	54
农业专修科	3	76	5	75
英文专修科	3	67	4	47
商业专修科	3	93	3	82
教育专修科	3	107	5	117
合计		900		759

注①：表中有的部科毕业届数多于招生届数，原因是中途将一届学生分出两种学习年限。
注②：表中有的部科毕业人数超过了招生人数，原因是中途增加了转科转部学生。

教职员情况：1915年，约30人。1916年，30余人。1918年，职员41人，教员53人，其中，各科主任教员6人，教员38人，兼任教员9人；又教员中曾在国外留学者32人，占教员人数的60%。1921年，职员75人，教员102人，其中教授55人，外籍教授3人，其他教师54人，教授占教师人数的56.8%。著名教授有郭秉文、刘伯明、熊庆来、胡刚复、竺可桢、孙洪芬、王琎、陶行知、陈鹤琴、俞子夷、廖茂如、陆志韦、秉志、邹秉文、过探先、柳诒徵、王伯沆、

---

① 陈训慈：《南高小史》，刊于《国风》第七卷第二号，南京钟山书院出版，1925年9月。

梅光迪、陈中凡、徐则陵、张巨伯、胡先骕、叶元鼎、涂羽卿、杨杏佛、张士一、张志高、白眉初等。

南高培养出来的学生，从政为官者甚少，一部分毕业后长期从事教育事业，一部分成为学者专家，著名的有吴有训、严济慈、金善宝、伍献文、冯泽芳、王家楫、胡焕庸、张江树、胡明复、吕炯、张其昀等（其中前6人新中国成立后被遴选为中国科学院学部委员）。

经济情况：南高名为国立，经费实由江苏省拨给。时军阀掌政，对教育极不重视，库银多用于养兵和购置军火，故学校经费始终处于窘迫状态。例如开办费一项，原定10万元，实给5万元，打了对折。历年收支情况如表2-2，办学之难，可以想见。

表2-2　南高历年收支情况

年序	预算（元）	实领（元）	差额（元）
1915	28 370	0	28 370
1916	108 134	52 000	56 134
1917	73 016	20 000	53 016
1918	59 854	55 000	4 854
1919	212 028	170 687	41 341
1920	350 482	231 184	119 298
合　计	831 884	528 871	303 013

二、领导体制与组织机构

初时，学校规模小，学科及师生人数少，机构简要，人员精干，唯分工不甚严密科学。在校长的领导下，设立两个组织系统：一个是行政系统；一个是议事系统。在行政系统中，设总务处，总辖全校事宜，其下又设教务、斋务、庶务三个处，各有主任1人。议事系统为校务会议，由校长及各处主任组成，附中、附小主任列席，故实际行政、议事不分。

随着学校规模不断扩大，复经多年实践，机构逐步充实完善，分工渐趋严密科学，至1920年体制与机构基本定型。新体制有两个特点：一是采用责任制与合议制兼重的原则，有集中，有民主，有明确分工，发挥了行政和教师两方面的积极性。二是行政机构精干，无冗员，办事效率高。议事机构虽设立了许多委员会，名目繁多，但多系教授兼职，体现了教师参政议政和关心学校的精神。现就该两个组织系统的性质和任务简介如下。

1. 行政组织

南高组织体制规定校长总理校务，处理全校一切事宜。为便于校长总揽校务，设立校长办公处，校长为当然主任，另设副主任 1 人，遇校长因公外出，由副主任代行校长职务。另有文牍 1 人，事务员若干人。

全校设教务、事务、训育三个处。

教务处设主任 1 人，事务员若干人，其管理事项有：课程事项、学生成绩、教课洽谈、讲义事项、招生事项、推广教育及其他教务事项。

事务处设主任 1 人，副主任 1 人，事务员若干人，其管理事项有会计、斋务、购置、修建、卫生、印刷、交通、询问参观、校工、消防、杂务等。又按事之繁简，可以一项或数项为一组，设专员处理。

训育处原名学监处，负责学生管理工作，仅设一二名督导人员。后因学生人数迅增，工作负担甚重，工作人员心劳力疲，收效不大。于 1920 年报请教育部批准改名为训育处，吸收广大教职员共同担负学生的训育及管理工作。师生接触既多，教师对学生了解益深，有利随时示教，增进师生情谊，而收潜移默化之效。

至于各部、各科，如文史地部、数理化部及工、农、商科等，南高认为是教授机关（即教学、学术性组织），非行政性组织。各部、科设主任教员 1 人（后来就习惯地称为部、科主任），教员若干人，助教、助理若干人，并由上述人员组成部、科会议，会议的主要事项有：计划、预算、课程、学生成绩、部科的建筑及购置、参观实习等。

2. 议事组织

南高设校务会议作为议事机关，实际上具有一定的立法性质，其决议经校长批准后，行政部门即当执行。校务会议的成员，由各处、各部、各科、附中、附小各 2 名代表组成，其中 1 名为各部门的主任，另一名由各部门的教职员选举产生，校长为校务会议主席，因此，校务会议既具有权威性，又有一定的群众基础；既能广泛反映教职员的意见、要求和智慧，又利于行政工作的贯彻执行。

校务会议的议事范围主要是：本校的教育方针、全部及局部之计划、关于经济的建议事项、重要之建筑及设备、部科之增减、课程编制的基本更动、招生事项、毕业生事项、卫生，以及其他重要事件。

为了提高议事效率、科学分工及充分发挥教授、教师的作用，经校务会会议讨论通过后，设立了多种专门的常设委员会和临时委员会。各委员会讨论议决的事项，由各委员会主任交校长办公处处理。

南高先后设立的常设委员会有：学校组织系统委员会、学生自治委员会、运动委员会、图书馆委员会、游艺委员会、出版委员会、校舍建筑委员会、校景布置委员会、办事方法研究委员会、招生委员会。

先后建立的临时委员会有：暑期学校研究委员会、工读协助委员会、教课限度研究委员会、招收女生研究委员会、改良考试委员会、校内给水改良委员会、电灯改良委员会、制定校徽委员会、一览编制委员会、编制学历委员会、议事简则起草委员会、经济委员会。

各常设委员会、临时委员会的主任一般由教授担任。每人参加委员会的数额，开始没有限制，一般教授均参加几个委员会，受到南高广大师生敬仰的刘伯明教授和陶行知教授各参加了10个以上的委员会。当时南高教授的事业心和工作热情甚高，他们工作主动，只尽义务，不计报酬和个人得失。但经过一个时期的实践，由于部分教授兼职过多、负担过重，有损健康，1920年6月经校务会议讨论通过，规定每人不得担任两个委员会以上的委员。

3. 学生组织与学生工作

南高的学生工作，对教师则强调启发、诱导、示范；对学生则强调自觉、自动、自立。学校设立学生自治会，主旨是使学生学会自己教育自己，自己管理自己。校务会议设学生自治委员会，专门指导学生自治会的工作，由广大学生信赖的刘伯明教授（训育主任）、陶行知教授（教务主任）主持该委员会的工作。

学生自治会设评议会、执行部、仲裁院三个机构，各司其职，互相配合，又互相制约。评议会是议事机构，讨论决定学生自治会的计划、任务、章程等重大事项。执行部是组织执行机构，主办各类学术活动、文艺活动、体育活动，并参与宿舍、食堂等管理工作，食堂的预决算、食品采购、副食定价等，都听取学生意见。每个学生一年轮流到食堂工作一回，开饭之际，学生虽鱼贯而入，但秩序井然。卖饭菜的窗口，上悬价目牌，下设小木盒，无人收饭菜票，各人自取自投，未闻有人占小便宜的现象。仲裁院是调解处理机构，一般学生间的矛盾纠纷，取劝解、调解态度，重大问题要进行公开仲裁，这不仅体现了仲裁部门的大公无私，也体现了群众对仲裁部门的监督。

由于学校对学生工作既指导又放手，学生自治会的工作生机勃勃，学校里显得很有生气。五四运动使校园生活更形活跃，学生积极参加反帝爱国运动，各种学术活动蓬勃开展。一位老校友著文回忆说："1919年是中国大改造的一年，吾校有亢进尚自由之势。"学生自治会的成立和各项工作的开展，提高了学生自治、自立的能力，增强了民主意识和服务精神，学生间的责任心、上进心、同情心、互助精神、合作精神、无私为公精神等都有增长。诸校友都深深地缅怀这一段学生生活，认为是"自己一生中最难以忘怀的岁月"。

三、附中、附小

南高附中

南高附中1917年春筹备，1917年9月开学。开始借用南高的校舍、设备，1919年建成附中一院，1922年附中二院落成。附中属南高教育科领导，是南高的教育试验基地，教育科教授兼附中主任，教员少量专任，多数由南高教职员兼任。开办时有学生150余人，后逐渐增至450余人。分普通科和农、工、商三科。

附中的教育颇具特色,现将其德育、智育教育简介如下。

德育注重精神、情操的陶冶,注意教育方法的改进和完善。对学生,外表求言行仪容具合法度,内求知、情、意三方面的调和发达。因中学生正处感情炽热时期,易激动又易淡漠,故遇事要善于导之以理性、奖之以坚毅。其方法一方面重示范、重感化,动之以情,济之以理;一方面行种种之谈话,或相机个别恳谈,就其长处而鼓励之,就其短处而开导之,使其自悔自悟,自重自爱,不再蹈前失。若遇倾向性问题而与全校有关系者,则行全体训话;若遇偶发性问题而与众又有所联系者,则结合每周的修身课,晓理明弊,循循善诱。从试验的效果看,团体训话不若个别谈话有效,个别谈话又不若示范感化有效。

附中在教育中,特别重视培养社会中坚人物及务实人才,凡遇学生能独立自行之事,或经启示帮助后能独立自行主事,必使先自动其思想、自用其手足。如自治之规则及各会的会章细则,皆令学生自拟。各种球赛、竞赛、阅览室、小卖部、园艺种植等,均使学生自行经理。如未尽合宜,则由教职员进行指导协助,俾使合于规范。又如膳食服务,每学期每一学生均要轮流值厨,其服务内容包括食物品类分析、采购、定价、帮厨等。俾以少数之光阴,博社会之经验,知耕稼之艰难,为毕业后涉世交际之预备。至于餐后食具之自涤、自修室之自行洒扫、寝室之自行管理等,皆是寓教育于劳动之中。管理取乎自然,宽严相济,以期学生的自立和个性的发展。

附中的智育教育,对普通科和职业科(农、工、商科),实行区别对待。对于普通科,强调授予充足的基础知识,同时施以必要的应用知识和技能。对于职业科(毕业后不能升学而愿从事农工商等职业者),则于第一学年进行基础教育,自第二学年始即施行分科教育。鉴于当时中等职业学校普遍过分重视应用技能而忽视理论的倾向,附中强调各科的基础教育,同时不放松应用技能教育。其教法注重自动,各科教师于教科书外,均自备教材,讲授时,令学生自行笔记。动物学、植物学,令学生解剖、绘图;理化注重实验,教员在旁指导,令学生自己试验。农科每周加农业、农场实习17小时,工科每周在工场实习6小时,商科必行打字、簿记等实际训练。

南高附小

南高附小1916年秋筹备,1917年2月开学,亦属南高教育科领导,是教育科的又一教育试验基地。开办时有学生160余人,后渐增至500余人。附小的教育亦有其特点,择要简介如下。

附小的教育,以陶冶社会中之健全个人为目的,促使儿童好学自进。教学中,注意学习态度和学习方法的教育,使养成勤奋、自学的习惯;注意课程间的协调、联系,使儿童学到的不是碎片的知识,而是相关的整体;注意室内、室外教育的结合,儿童不宜成天坐在教室里听讲,故凡地理、常识、园艺、工艺、美术等宜于在室外教学的部分,皆使在室外进行。

在训练中,注意言行、仪容、心灵的优美、正确、明了、恭敬、勤俭、诚实、合群,以养成高尚之人格。设周会，为学生社交、娱乐并练习演说之场所。有学生会，为练习研究、判断、处世方法之机关。有自治巡察团，为练习在社会中自己管理、制裁之机关。设级长、室长，为养成服务之习惯。安排值日生，为养成勤劳之习惯。训练的方法，以引导实行为主，说明训练为次。奖励不重个人之独善，而以对公众服务最肯出力者为上。惩罚亦以团体观念为重，使儿童自少就知道团体的重要，以避免离群孤处个性的形成。

综上所述，南高附中、附小的教育有共同之特色，重视精神训练，以求人格之完善。领导和教师则重视教育学理和教育方法之研究，注意各课知识间的联系、协调，注意小学、中学、大学教育的连贯，重启发诱导，重示范感化。对学生，则重自觉、自动、自学，自求上进，逐渐增强自力、自立的能力，为他日独立生活、服务社会作好准备。

第四节　南高的科系组建与教育改革

一、科系组建

南高的学部、学科及系的组建工作,以社会需要为根据,结合自身的条件和可能,因势就利,从少到多,从无到有,几年间取得了显著的成绩。

1915年南高成立时,学校仅设国文、理化两部及一个国文专修科。开始以培养中等学校师资为宗旨,以后又增加了培养教育行政人员的内容。

1916年春,鉴于我国体育之不振,各地各校对体育教师、体育人才的紧迫需要,并为贯彻德智体三育并举的教育方针,在我国首先开设了体育专修科,先后以重金聘请美国祁屋克、饶冰士为体育科主任。

1916年秋,鉴于我国生产力落后、国家贫穷,因而急需发展工业。又鉴于第一次世界大战的爆发,帝国主义无暇东顾,给我国民族工业的发展创造了机会,因而急需工业人才,学校遂设立工艺专修科。开始工科知识教育面较宽,后逐渐偏重于机械制造及工艺。

1917年,鉴于中国历代封建王朝轻视商业,以"商"为末,商业亟待发展,商业人才甚缺,故设立了商业专修科。

鉴于中国民族工业发展初期,多以纺织、粮食加工等轻工业为主,以农产品为主要原料,一时间各地大兴农场,改良推广良种和防治病虫害成了当务之急,为此又设立了农业专修科。

鉴于各地普遍反映英语师资紧缺,英语教学质量不高,故又设立了英文专修科。

1918年,鉴于南高身为师范大学,各地学校又大多教育内容陈旧、教育方法落后,为了提高师资素质、改进教育质量,决定设立教育专修科。

1919年,教育部因各地国文教学亟待改进,令南高设立国文讲习所,南高遂充实了国文专修科的建设。

同年,改国文部为国文史地部,改理化部为数学理化部,以示国文和史地并重、数学与理化并重。

1920年1月,将国文史地、数学理化两部合建成文理科,下设8个系,即国文系、英文系、哲学系、历史系、数学系、物理系、化学系和地学系。

至此,南高科系组建工作大体确定,全校共设8个科,即文理科、工艺专修科、农业专修科、商业专修科、教育专修科、体育专修科、国文专修科、英文专修科。文理科中已设8个系,其他各科设系的计划亦在积极酝酿中。

由上可见,南高的科系组建工作和学科建设,也不是一开始就十分明确的,而是通过社会的需要、已有的条件、亲身的实践,逐渐演变建成的。有人云:"南高诸所擘画,颇异部章,而专科增设之多,尤为各高师所未见。"南高诸先师最后则有如下共识:南高学科之设置,寓师范教育、基础教育、实科教育于一体,实社会发展之需要和南高自身努力之结果。

南高突破了"师范"的界限,初具综合大学的雏形,其开拓、创业精神,为东南大学的诞生奠定了良好的基础。

二、教育及教学改革

1. 开女禁,首创大学男女同校

旧社会妇女备受歧视,几被剥夺了受教育的权利。民国以后,始有蔡元培、吕凤子等提倡女子教育,但"男女授受不亲"的流毒根深蒂固,只是创办了几所女校。女子上中学者已稀,上大学者更是凤毛麟角,遑论大学男女同校?

南高开女禁,提倡男女同学,决策者是郭秉文、陶行知,坚决支持者有刘伯明、杨杏佛、陆志韦等著名教授。但地方朝野持强烈反对态度,甚至连思想比较开明的张謇和老校长江谦也不以为然,阻力甚大。1919年12月7日,南高召开第十次校务会议,陶行知提出了《规定女子旁听法案》,并说:"中国女子高等教育最不发达,女子几无上进之路;大学不许男女同学,更是毫无道理。南高特宜首破禁区,融通办理,以遂女子向学之志愿。"校务会议一致予以通过,并决定于1920年夏正式招收女生。省议会闻讯一片喧嚣,社会上也流传起种种难听的话语。郭秉文等一边到处宣传、疏通,一边和北京大学联系,决意采取联合行动,定于1920年夏两校同时招考女生。后因北京保守势力更甚,北大被迫缩小步子,1920年暂先收了几位女旁听生,而南高仍按原计划公开招考,成为中国第一所实行男女同校的高等学校,为中国高等教育带来一阵春风,激起了巨大反响,引起了连锁反应,是中国教育上的一次重大革命。

招考之际,在女子教育如此落后的中国,闻讯前来应考的达百余人。评分严格地做到男女一个样,不降低标准。最后确定正式录取8名,接受旁听生50余名。8名正式录取的女生是:李今英、陈梅保、黄叔班、曹美恩、吴淑真、韩明夷、倪亮、张佩英。她们布衣短发,"清汤挂面",俨然"学究",为男性化之女性;她们和男生同堂上课,英语成绩普遍好于男生,李今英更是全校之魁;她们被广泛聘请或选入各种社团,为校园平添了生机。我国教育界老前辈、辛亥革命的拥护者、民国初曾任国务总理的熊希龄老先生来校参观后说:"南高东大,实行男女同校,很有意义,令粗犷之男生,渐次文质彬彬;令文弱之女生,渐显阳刚之气,盖收男女同校之效也。"美国克兰公使夫人来校参观后甚为感动,离去后特委托杜威博士来函祝贺,并私人捐资2000美元鼓励女生深造。至20世纪60年代,中国科学院副院长、(原南高、东大教授)竺可桢先生,为庆贺母校校庆,动情地写下如下诗句:

东南学府,为国之光。男女同校,唯此首创。

外御强敌,内抑豺狼。天下有道,黉舍乃昌。

南高首创男女同校，是中国女权运动的先声，揭开了中国教育史的新篇章。

2. 改革教授法，倡导教学合一

清末以来，我国学校在教学上都沿用"教授法"的名称，教师皆习以为常，有人还以此为时髦。唯南高陶行知教授等认定"教授法"有改革的必要①，认为此不仅是名称问题，而且关系到教育的实质和内涵，它反映了人们对教育的理解是"先生只管教，学生只管学"。陶行知说："这种情形以大学为最坏，导师叫教授，教师以被称为教授为荣，他的方法叫做教授法，他好像拿知识来赈济人的。"但是，很少考虑学生，很少考虑学子"学"的一个方面，不注意启发学生学习的自觉，不考虑增强学生的自学能力，教师的知识再多，也满足不了各个学生走上社会的需要。南高应首举改革的旗帜，用"教学法"来代替"教授法"，其理由有三②：一是先生的责任不在教而在教学，教学生学；二是教的法子，必须根据学的法子；三是先生不但要拿他教的法子和学生学的法子联络起来，亦须和他自己的学问联络起来。做先生的，应该一面教一面学，并不是贩卖些知识来，就可以终身卖不尽的。在1918年南高的一次校务会议上，陶行知正式提出上述主张，讨论时有赞成的，有反对的，辩论激烈，未获通过。有人还说此类改革，纯属"哗众取宠""标新立异"。陶行知仍坚持保留个人意见，会后一边继续做部分教师的工作，一边在报刊上撰写文章，批判传统的教育思想和教育方法，倡导教学改革和教学合一。未几，五四运动兴起，各种新思潮和新的教育观点纷至沓来，原来持不同态度的教师，思想多有转变，反对之声渐低。在郭秉文校长的支持下，陶行知毅然决定，在南高将教授法更名为教学法。由于改得有道理，符合教育的原理和实际，之后就逐渐被教育界所承认，"教学法"的名称，也渐次而流行全国，可称为教学法、教育学、教育思想的一次变革。

3. 采用选科制③，推行课程改革

时国内高师普遍实行学年制，规定学生必须在修业期限内，修满所规定的全部课程才能毕业。此种办法，把修学时间和全部课程捆死，不利于教师因材施教，不利于学生志趣才智的发挥，优异人才可能被窒息，对聪明青年的年华亦是浪费。经在教师中反复酝酿，1919年校务会议公决采用选科制，通过《改良课程案》，议决要点有六④：（1）按现行制各课程皆令学生必修，往往有性之不近者，亦须随班，听讲兴趣既无，成效自难；采用选科制则学生可依据兴趣发展其天赋之特长。（2）按现行制无论学生敏钝若何，均于规定之年限毕业，敏者嫌其太迟，钝者觉其太快；如采用选科制则以学分计算，敏钝各得其平。（3）按现行制各科学

---

① 包仁娟、王运来：《在金大和南高、东大时期求学与执教的陶行知》，刊于南京大学《校史研究专刊》，P42—44，1987年。
② 高奇主编：《中国现代教育史》，第10章第1节，陶行知的教育思想，P250—255，北京师范大学出版社，1985年。
③ 选科制，即学分制。此处的科，有两层意思：一是指课程，学生对选修课程可自行选读；二是指一科（即今之学院）之学生，可选他科之课程。
④ 南京高等师范学校校务会议公决：南高课程应采用选科制案（1919年），原件存中国第二历史档案馆。

生对于他科之功课毫无选择余地；若行选科制则分科之界限被打破，而学生对于功课亦不致限于局部之学习也。（4）按现行制各种科目均规定不能增减，其弊也或有功课而无相当之教员，或有专长之教员而强其担任非所长之功课；如行选科制则有伸缩之余地，而教员之特长亦可多得发展之机会。（5）按现行制平均分数不及格者应留级，各项功课均需重习，往往有一、二科目曾得最优分数亦被牵累；采用选科则此弊可除，仅重习不及格之科目而已。（6）按现行制凡平均分数及格者即可升级，往往有一、二科目成绩甚劣者亦不重习；若采用选科制则此弊亦除。

选科制亦即今日之学分制，所谓选科即选择课程之意，其实施要点是：学校开设必修课和选修课，根据每课的性质及讲课、实验、自修时数，确定学分，学生修满规定的总学分，即可毕业；一科①的学生，可以选修他科的学程②；学生所习学程，有属于主科者，列为必修，有属于旁科者，可以任选，其学分按各科具体情况而定；学生之成绩，以学分计算，每周上课及自修合3小时，历一学期者为1学分；每一学生每学期一般以修15学分为标准，若遇特殊情况，每学期可增至20学分，亦可减至12学分，学满120学分即可毕业；选修人数的多寡，须视教员、教室、设备、经济情况及学程的性质而定。选科制实行后，能适应程度不等的学生的需要，能启迪和发展学生的兴趣爱好，而南高的各部、科都有一批足智饱学、深孚众望的教授，能开出许多学生喜学的课程，因而深受学生的欢迎和拥护；对教师而言，既是压力，也激发了教师钻研所任学科和开拓学科新领域的热情。选科制成效显著，它调动了学生学习的积极性，拓宽了学生的知识，提高了学生的自学能力，毕业学生的适应能力也得到加强，如有的学生，主修理科，兼修工科，毕业后到经济建设的计划设计部门工作，开始尚需补充一些新知，稍感吃力，却无学非所用、专业不对口之感，继因有两方面的基础在，逐渐觉得得心应手，学科间路路相通，在部门备受青睐，对社会作出了较大贡献。由于南高采用选科制，改革课程计划，显示出生命力，故东大、中大时期一直继续延用，改善而未加改变。

4. 改良教育学科，倡导教育学科学化

南高是高等师范学校，理当对教育学有更深的研究，在人才培养上对其他科起示范作用。但是在开始的近三年中，教学计划的安排，多偏重于学生毕业后从事教育工作的直接需要，教育内容狭窄、陈旧，教育方法亦较保守。陶行知担任教务主任后，对教育学科进行了整体改革，倡导"教育学要科学化，实行科学教育"，反对"沿用旧法，仪型外国"，提倡"教师要做创造的科学家，敢于探索未发现的新理，开拓未开发的边疆"。提出"教育的理论应植根于自然科学，并把教育学的研究成果，广泛地运用到实践中去"。在郭秉文校长的支持下，学校抽调得力教师，筹办了教育专修科，陶行知兼科主任。

---

① 此处的科，即文科、理科、工科之科。
② 学程，即课程。

新建的教育专修科，把"科学常识"列为教育科学生的必修课，把基础课放在十分重要的位置。请著名心理学家、美国芝加哥大学哲学博士陆志韦教授讲授多种心理学，请著名生物学家、美国康乃尔大学哲学博士、韦斯特大学神经学研究员秉志教授讲授生物学、生理学，陶行知教授讲授遗传学，并开设了讲座，为学生打下良好的科学基础和本门学科的基础。又请廖世承、孟宪承、陈鹤琴、俞子夷、徐则陵、程其保等教授开出教育学、哲学教育、教育心理学、儿童教育、小学教育、中学教育、教学法等系列课程。这样，既有宽厚的基础知识，又有系列专门知识，利于教师的深造、学科的发展和学生的成才。

自南高、东大、中大而至南师大，教育学科人才辈出，菁英遍华夏，饮水思源，是南高奠定的基础。

5. 面向社会，开暑期学校之先河

五四运动以后，教育界有识之士深感中国教育之落后是影响中国民族素质和阻碍国家富强的根本原因。以中国面积之大、人口之众，仅凭现有学校及其师资队伍的水平，实无济于事。必须数管齐下，辅以各种形式的教育，提高各类教师和各级教育行政管理人员的水平，集力以赴才行。1920年前后，在国内曾兴起了大办暑期学校的浪潮，而南高、东大就是这股新潮的潮头[①]。

1920年夏，南高在全国率先开办了暑期学校，第一期学员1 041人；1921年办第二期，学员950人；1922年办第三期，学员931人；1923年办第四期，学员893人。他们来自全国20余省及朝鲜，学历含大学、大专、中学、中专毕业或肄业，还有不少私塾先生，从事各类学校的教学及教育行政管理工作。暑期学校的教师，绝大部分是南高、东大的教授，竺可桢等著名教授均志愿义务授课。外地聘请的专家有舒新城、袁希涛、黄炎培、朱经农等十余人，应邀前来演讲和开讲座的还有梁启超、蔡元培、蒋梦麟、江亢虎、晏阳初等著名人士，美国的杜威博士、推士博士等亦来上过课。如此强大的教师阵容，实属罕见，这也说明了南高对此项工作的重视和南高服务社会精神之可贵。根据学员的文化程度及其工作需要，分为小学、中学、大学、国语、体育、特殊学程、职业教育等七八个大班，共计开出100多门课程。南高的一般教职工及教育科学生，亦多有自愿参加各项服务工作的。在全国各地的暑期学校中，南高、东大所举办的这所，堪称办得最早、规模最大、持续时间最长、师资阵容最强，办学效果显著，影响很大，其业绩堪载入中国教育史册。

南高办暑期学校，经过了反复的酝酿和充分的准备，陶行知先生还为此概括出一套理论，其要点有四：一是通过教育来改造社会，用四通八达的教育来创造一个四通八达的社会，沟通大、中、小学的联系，沟通大学与社会的联系。推广教育，服务社会。二是增加学校教师参加社会实践的机会，在实践中广泛吸取营养和智慧。暑期学校的学员来自全国四面八方，各有方

---

① 龚放：《南高师的暑期学校》，刊于南京大学《校史研究专刊》第2期，P71—75，1987年。

情、各有专知、各有所长，教师自己的教育实践、社会实践是"亲知"，从学员、他人处所学得的知识是"闻知"，"亲知"是根本，"闻知"如接枝，"亲知"加"闻知"，犹如主枝接枝，根深叶茂，硕果自成。三是可以充分利用大学的师资、房舍和设备，一地两校、一师两教、一室两用，经济而又实效。四是着眼于社会的需要和学员的需要。各地送来的学员，总的来讲，知识都嫌不足，经验也缺，既然他们在一地一校操纵教育，就有先受教育、多行训练的必要。由此可见，南高举办暑期学校的主要目的，是提高全国教师队伍的素质，进而提高全民族的素质。这种教育，方向正确，目的明确，并已经含有"更新知识""继续教育""成人教育"的萌芽，是南高教育和教育改革的又一丰硕成果。

第五节　南高精神与校风

什么是南高精神？什么是南高校风？概括地讲，南高精神，主要是民族的、民主的、科学的精神；南高的校风，主要是诚朴、勤奋、求实。但两者并无截然界限，它们往往融合、贯穿在一起，并且还和学校的教育思想、办学思想紧密地联系在一起，如诚朴、勤奋之与民族精神，求实之与科学精神，都有难解难分之处，但细细地思考和分析，还是有所不同，各有侧重。学校精神是指在学校中处于主导地位的思想意识形态，学风主要指授业、治学的精神和态度，校风泛指教学上、工作上、生活上、纪律上的教化和风气。

一、南高精神与校风的形成

南高的精神与校风并非一开始就有、就明确的，它是一个不断涵濡、积累、充实和长期坚持的过程。它发始于老校长江谦，郭秉文校长起了继承和发展的作用，基础和依靠是教师，学生自觉地响应和协助，而由刘伯明教授（校务的实际主持人）加以理论化并使之渐臻完善。

江谦本耆德硕儒，毕身致力于教育事业。民国以后，不变其志，以"欲立立人，欲达达人，得天下英才而教育之"为南高教育宗旨。主张办学先尊师，师尊而后乐教；为师重传道，道重而后师尊。复提倡知生爱生，尽导师之全责。要求学生行"自动主义"，自学自行，谋人格之完善。江谦以诚为训，以诚为本，他亲自撰写的校歌歌词的首句就是"大哉一诚天下动，如鼎三足兮曰智曰仁曰勇"。诚涵智仁勇，诚育德智体，以诚植身，以诚修业，以诚健身，以诚处世，以诚待人，为南高创造了一个很好的"自珍自重，互敬互重"的风气。江谦对王阳明之学造诣尤深，崇尚俭朴，主张知行合一、言行一致、有始有终，自然日长日化。他修"梅庵"，把两江师范的"嚼得菜根，做得大事"八字校训做成木匾悬于门首。江谦躬身示范，师生相行相效。"诚实、俭朴、勤学、勤劳"之风渐渐形成，是谓善始。

郭秉文继承和发展了江谦的教育主张，以诚为训，以德为高，以培养学生完善人格为办学之标准，勉学生先天下之忧而忧、后天下之乐而乐。郭秉文延聘了众多文史学家，开出了众多文史课程和讲座，增进了学生对祖国历史和文化的理解，增强了学生的民族自尊心和自豪感；延揽了一批著名的科学家，施行科学教育，严行科学训练，培养出大批科学人才。郭秉文主张政治民主，教授议政、教授治校；自附小、附中以至高师，一律实行有指导的学生自治；主张学术自由、学术交流，不论何种学说，在学校均可得一席之地，经常邀请国内、国际著名学者来校讲演，丰富和提高学术气氛。这些措施，都促进了南高民族的、民主的、科学的精神之发扬和形成。

南高的教授，有近三分之二曾留学欧美。这一代知识分子目睹了列强屠宰瓜分中国的情景，有强烈的为国雪耻之志；亲历清朝的腐败，身处中国最黑暗的年代，有强烈的民族忧患意识。

他们负笈漂洋过海，志在探求救国强国的道路和本领。如杨杏佛先生，早年参加同盟会，任孙中山先生的秘书，辛亥革命胜利后，却弃位求学，赴美攻读，先后获工学学士及商学硕士学位，回国后任南高教授，在中国共产党诞生之前，就在学校中进行马克思主义的启蒙宣传。南高的教授有两个显著特点：一个是重志节士节，一个是重学育人。他们认为"士以器识为先""不改操于得失，不倾志于可欲。"在南高教授中，曾流行过这般话语，"想当官的上北京，想发财的去上海，唯我甘心情愿在南高"，同仁均以此自豪自励。当"西化"之说喧嚣尘上之际，南高教授不为所动，不妄自菲薄，不数典忘祖，反对民族自卑心理。但他们亦绝非夜郎自大、闭关自守，认为中华民族一切皆好，他们认为中国缺乏改革精神，科学、教育落后，培养人才刻不容缓。故南高教授，于自身则勤学潜修，精益求精；于学生则要求甚严，复又循循善诱、诲人不倦。

1919年的五四运动对南高产生了深刻的影响，实行民主治校，推行民主管理、提倡科学、昌明学术、成为师生共同的要求。学校采纳了师生的意见，于领导体制方面，采用责任制和评议制相结合的原则，重大问题均交校务会议先行讨论。于学生方面，则积极支持和指导学生自治会的各种活动，一时间，各种学术讨论会、研究会、报告会纷纷成立、举办，各种油印的、铅印的学术性刊物，如雨后春笋，蓬勃生发。1919年是大转变的一年，民主的、科学的精神，爱国爱校的思想，渐次形成。

刘伯明教授对南高精神与校风的建设作出了卓越的贡献。南高老校友陈训慈著文道："刘师于传授知识之外，独重人格之感化。实际主持校务，为全校重心所寄。综一生精力，悉瘁于南高之充实与扩展。倡导学风，针砭时俗，尤为时论所推重。"中国著名地学家、原南高学生张其昀著文说："南高给予我们的究竟是什么？舍枝叶而求根本，便是南高精神、南高学风。当年南高的重心，'高标硕望，领袖群伦'的人物，是哲学教授刘伯明先生。"①

刘伯明②③（1885—1923），江苏南京人，早年曾受业于章太炎先生，具有炽烈的爱国主义思想，汇文书院（即金陵大学之前身）毕业后，赴日本游学，参加了中山先生领导的同盟会，积极从事民主革命。英帝国占我云南片马，刘伯明用英文撰写讨英檄文，言辞激昂，传颂一时。辛亥革命胜利后，同盟会会员多冀攀高位，并劝刘伯明入职外交，刘均笑而谢之，独自赴美攻读哲学和教育学，获硕士及哲学博士学位。既自美归，即倾心于教育事业。先受金大之聘任国文部主任，继受南高之聘讲授哲学、伦理、教育等课程。刘伯明中西哲学造诣精湛，中英文根底深厚，通晓德文、法文，自学梵文、希腊文，博学多知，学贯中西，故授课时，情理并茂，在学生中威望甚高。旋又受郭秉文校长之聘，任南高训育主任、文史地部主任、行政委员会副

---

① 张其昀：《南高的学风》，刊于"台湾中央大学"出版的《"中央大学"七十年》，1985年6月。
② 刘光熹：《刘伯明传》，刊于《金陵大学建校一百周年纪念册》，P151—153，1988年。
③ 周邦道：《中国教育先进传略》，刘伯明栏，台湾中国文化大学出版部发行，1980年。

主任（主任校长兼）、校长办公处副主任（主任亦校长兼）。因郭秉文欲谋学校事业之发展，忙于外务，在宁时间不多，实际校务皆赖刘伯明主持，郭离校期间，刘即代理校长职务。刘伯明律己甚苛，俭朴无华，刻苦自励，却乐于助人解难，遇贫寒力学之子弟，扶植尤力；待人宽厚，结谊同寅，唯诚唯谦；对待后生，言传身教，循循善诱；办事务实，处事务真，不畏权贵。某次刘伯明正授课，逢新市长来校，校长示意刘作陪，刘若未闻，事后说：学术高于权贵，怎容一官员，任便乱教学秩序。某回某政客自荐来校讲演，刘伯明告诫学生云：彼不学无术之辈，勿玷污我校，诸君自重，勿为所眩。此政客得知后遂默默而归。刘伯明庶政猬集，校务繁忙，仍讲学不怠、诲人不倦，其恻恻之言，渐使人潜移于无形之中。南高、东大同仁以其道德、学问两堪表率，奉为魁宿，誉为"南雍祭酒①，纯粹君子"。

刘伯明复悉心致力于学风、校风的建设，就师生中好的思想、好的风气，结合人生理想、世界观、气节志节、科学、民主，以及存在的问题和认识不一致的方面，做了刻苦认真的研究，先后在报刊上发表了《论学风》②《论学者之精神》③《再论学者之精神》④《共和国之民主精神》⑤《评梁漱溟著东西文化及其哲学》⑥《东西洋人生观之比较》⑦等系列文章，又曾就学风、教育、世界观等问题作了系列讲演。教育贵于熏染，风气赖于渐成，积多年之努力，南高之民族、民主、科学精神，诚朴、勤奋、求实的优良校风，得以形成和坚持。

二、民族的、民主的、科学的精神

1. 民族精神

发扬中华民族的优良传统、弘扬中华民族的优秀文化、坚定民族的自尊心和自信心，是南高的重要教育内容，亦是其教育的主要特色之一。

学校十分重视文史课的教育，将国文列为必修，不论何科系的学生，概莫能外。务使学子明白祖国的历史与全貌，明白民族的精髓与民族文化的精华，明白当今之危难与自己应尽之责任。"夫欲枝叶之茂也，必固其根；欲流衍之远者，必浚其源。"国学大师柳诒徵特著《中国文化史》三巨册，旨在唤醒学子的理性，得知中国文化的全貌和真相。世界之文明古国皆已沦丧，唯中国从未为外族征服。国难当头，匹夫有责，国士有责。欲扶危避险，有赖全体学子，

---

① 南雍，明朝南国子监别称，国子监是当时国家最高学府。20年代前后，学界多以南雍比喻南高和东大。祭酒，清朝称学部、太学等重要学术部门的正职为祭酒，副职称司业。誉刘伯明为"南雍祭酒"，显系褒意。
② 刘伯明：《论学风》，刊于《学衡》杂志第16期，1923年。
③ 刘伯明：《论学者之精神》，刊于《学衡》杂志第1期，1922年。
④ 刘伯明：《再论学者之精神》，刊于《学衡》杂志第2期，1922年。
⑤ 刘伯明：《共和国之民主精神》，刊于《学衡》杂志第10期，1922年。
⑥ 刘伯明：《评梁漱溟著东西文化及其哲学》，刊于《学衡》杂志第3期，1922年。
⑦ 刘伯明：《东西洋人生观之比较》，刊于上海《申报》，1920年7月1日。

品性体格并重，奋斗不息。

南高尤重气节士节教育。时国事日非，政治黑暗，世风萎靡，有人崇洋媚外，甘当臣民；有的学校已无学风可言，学生或舍其所学，投笔从政，竞入宦途；或醉生梦死，安于声色之中，可谓是"悠悠风尘，皆奔竞之士，多纨绔之辈"。唯南高屹然不为所动，诸师多慭焉忧之，慨然倡导"南高独宜秉持士林气节，保持朴茂之学风"，贫贱不能移，富贵不能淫，威武不能屈。刘伯明著文说："吾国故来学风，最重节操，大师硕儒，其立身行己，靡不措意于斯。所谓不为燥湿轻重，不为穷达易节，最能形容其精神"。刘伯明又说："人之精神，须寄托于理想，校风之养成，亦赖于理想之确立。""人生之真谛，生而不有，为而不恃，功成而不居。南雍贤者，唯以育才是重。"学生受此种正气之感染，莫不自重自信，立大志，从小我小事做起，"泉水出山，自强不息，不安见终无益于枯苗也。"对于种种有伤国格人格的言辞，敢于无情地鞭挞，"一个对自己的民族失去信心的人，能爱国吗？是中国人吗？对祖国文化长处全抹，缺点大夸，臣服异族，当了洋迷，公平吗？科学吗？是国家之幸吗？"

然南高亦绝非有民族排外主义，绝非拒绝、贬低西方进步的科学文化。南高的文史哲教授多能采取比较科学的态度和方法，研究中西贤哲的微言精义，解析中外名著的个性共性，求诸事实而不带偏见，揭橥真理而不趋众好，"凡人之长，皆足用以补我之短。""改造固有文化与吸取他人文化，皆须有彻底研究，加以至明确之评判，副以至精当之手续。"一方面发掘中国文化，取其精华，去其糟粕；一方面引进科学新知，图中国文化之发展。刘伯明在其《东西文化哲学之比较》《东西洋人生观之比较》等文章及演说中更尖锐地指出，中华民族的精神并非一切皆好、十分饱满，其主要缺陷之一为缺少科学与改革精神，致一般人民的态度，总是苟且、消延、随便、委顿，命运观念甚重。中国人因为历代治乱兴亡的陈迹，就认为其是天道循环，非人力所能驱使，所以像"安分""知命""安贫""乐道"之说，皆天经地义、听其自然。不求改造与解放，自然的观念太重，明明有好的头脑，却吝啬不肯运用。唯有知己的优点又知己缺点的民族，才是最有希望的民族。

南高文史哲的研究会众多，主办了《文哲学报》《史地学报》《学衡》杂志等正式铅印出版物，都曾风行一时，于学校于社会都有较大的影响，故菁英辈出，不少日后成为著名自然科学家的，均说母校的文科教育，是他们得以成长的必要条件之一。而历届出国深造的学生，鲜有不回归神州、报效社会的。这是南高教育的成功之处。

2. 民主精神

倡导民主精神、推行民主体制、实行教师议政、学生"自动自治"[①]，是南高管理上和民主生活上的一个进步。

民主是社会发展的必然趋势，非资产阶级所专有。民主属政治范畴，有阶级性，封建社

---

① 江谦及郭秉文校长，对学生均提倡"自动主义"，旨在提高学生的自觉、自立、自学及自治能力。

会不可能有民主，半殖民地半封建的旧中国不可能有民主。但人民必欲得到自己的民主权利，一部中国近代史，就是一部民主革命的历史。以1919年五四运动为肇端的中国新民主主义革命，对南高产生了深刻的影响。

清朝把学府当官府，称大学一级的校长为监督、督办、总办、总理，一般任命知府、道台、副省级官员担任，事无巨细，大权独揽。南高始更名为校长，聘请了几位于社会有影响的士绅为评议员，属咨询性质。五四运动后，南高对领导体制作了两次较大的改革，第一次自1919年至1920年，在校长总理校务的基础上，采用责任制和评议制兼重的原则，设立了许多个常设的或临时性的委员会，组织广大教授参政议政，第二次是1921年，实行校长领导下的"三会制"，即评议会、教授会和行政委员会，凡学校的大政方针，须经评议会讨论；凡学务、教务、学科建设等问题，须经教授会讨论；行政委员会是学校行政的中枢，其所属各部主任亦多由教授兼任。郭秉文于南高时期，作风比较民主，问大政而不亲细务，知人善任，故当时学校上下之间、部门之间，均处于和谐、协调状态，无压抑之感，教师对此都比较满意，积极性亦得到了较充分的发挥。

对于学生，郭秉文向来主张实行学生自治，凡生活、文体、游艺、学术、出版等活动，都尽可能让学生自行组织、自行主办。故各项活动蓬勃开展，学生各显其能、各呈异彩，校园中充满生机。其中又以学术活动最为活跃，校学生自治会一般举办大型的、综合性的学术活动，各部和科所属的研究会则举办各有关学科的讨论会、演讲会和学术报告会，并竞相出版刊物，初多为油印，供自家观摩，后逐渐发展为铅印。影响所及，各系学生会和级会也纷纷开展学术、出版活动，不少印刷品内容丰富、印刷精致，有的老校友至今尚妥为保存。此类活动扩大了学生的视野，充实了学生的生活，提高了学校的学术空气，对于学生的思维能力、研究能力、口头及文字表达能力均大有好处，且因各项活动多遵照民主程序、民主准则行事，故又是一种很好的民主生活训练。此类活动还大大提高了学子情、师生情、母校情。一位海外老校友著文道：暮色四合，余年无多，遥望海天，已无所求，唯南高时期金灿灿的学子生活，萦回脑际，毕生难以忘却。

南高的民主精神和民主生活，当然也并非尽善，过多地强调民主，众说纷纭、各行其是者有之；过分地强调自由，生活懒散、违反纪律者有之，个别同学则尚空谈而贻误学业。对此，刘伯明曾启导学生并著文说：国家要强盛，非实行民主政治不可；学校要昌明，非实行学术自由不可。中国受封建主义统治2000年，旧的积习过深，阻力很大，需要作长期奋斗。但对民主和自由的含义，对于如何去实现，刘伯明的看法更全面，更务实。刘伯明说，自由的真谛何在？民主的涵义何在？自余观之，共和精神非他，即自动地对于政治负起责任。自由必与负责相结合，而后始为真正之民治。仅有自由为之放肆，任情任意而行，而无中心相维系，则有分崩离析、群体分裂之祸。仅负责而无自由，谓之屈服，此军国民之训练，非民治也。盖民主政治，虽重自由，然有自由必附以负责之精神。真正的自由与负责，讲到底，是同一事物的两面，惟负责而后有真正之自由，惟自由而后可谓真正之负责。而欲达到民主共和，应自学生自治始。这是南高的群育纲领。刘伯明的看法后逐渐成为学校师生的共识。

3. 科学精神

倡导科学精神、注重科学教育、造就较多的科学人才，是南高教育的又一特色。

郭秉文说："不发扬民族精神，无以救亡图存；非振兴科学，不足以立国兴国。"刘伯明说："科学的鹄的是求真，即所谓格物致知。科学家既以真理为生命，必须虚衷考察，深究远虑，而无一毫之偏差。"又说，科学家不承认有神秘的东西，不承认权威，不崇洋，不泥古。科学家是平等的，科学的思想，最能促进平民思想，发挥民主精神。刘伯明还说："凡研究者，必具有自由之心，所谓自由之心，实古今种种发明和发现的必要条件。""我们正处于科学昌明之世，要想成为真正的学者，必须行严格的科学训练。科学之用于教育，足以培养独立精神和高尚思想，并促进教育的科学化。"刘伯明以哲学家的眼光看教育和科学，独具慧眼，比一般人看得更深、更远。

南高自建校始，就不断致力于延揽中外著名科学家，其后又不断派助教出国进修。1914年中国留美学生酝酿组织"科学社"，目的是"传播科学知识，促进实业发展"，于1915年10月正式成立。南高也是1914年筹备，1915年9月正式成立，两者同龄。其后，科学社社长任鸿隽、科学社主要发起人秉志、过探先、胡刚复、杨杏佛、竺可桢等均受聘来南高执教，故1918年科学社自美迁回中国，更名中国科学社，社址就设在南高校园内，后来才迁到成贤街文德里新址。当时，无国家级的学术机构，故国际上的各种学术会议，一般均由中国科学社派代表参加。时有社员500余人，以后每年都有归国留学生参加科学社，年数十人，其中有相继来南高任教的。南高与科学社两个单位情同兄弟、相互兼职、密切合作，对教学水平的提高、研究工作的发展，以及科学人才的训练和培养等方面，都起了互促、互补的作用。国内的科教界曾说："南高是中国科学社的大本营，是中国科学发展的主要基地。"南高教授多具有唯真理是求的精神，主张不计利害、不避艰险，明其道而不计其功。唯其求真求实，故不主故常，其心也正，且最为自由。并认为苟为人师，应毅然自恃，超乎时尚，异乎流俗。学者治学，不可急功近利，应优游浸渍于其间，所谓资深逢源，殆即此意。学者求真，应力求精确，慎思明辨，不遽下断语，不自欺欺人，此求知之良知也！南高的科学教育尤重视基础和实验，重视实验室的建设，重视理论联系实际。调和文理，沟通中西，积极引进国外先进的科学技术，用科学的精神办教育，用科学的方法育才，促进教育、科学的共同发展，促进科学人才的成长和脱颖而出，是南高办学者的宗旨之一，也是南高教育的特色之一。

三、诚朴、勤奋、求实的校风

一所学校校风的形成，主要有两方面的条件：一是该校的历史传统、当时办学者的教育思想和学校的风气；二是当今办学者的教育思想、师生的素质和思想精神状况。

李瑞清除要求学生诵经、修诸子及习博物、工艺、农艺等知识外，还教学生放牛种地，形成了"俭朴、勤奋"的校风。

江谦主张三育并重，以诚为训，以诚植身，以诚修业，形成了"诚实、朴茂"的校风。

郭秉文、刘伯明以及南高诸教授，主张弘扬民族优良传统，吸取西方进步科学文化，民主治校，学术自由，三育并举，尤重气节士节，形成了民族的、民主的、科学的精神。

思想是言行的先导，有什么样的精神，就会产生什么样的学风校风。南高的精神，造就了南高"诚朴、勤奋、求实"的校风。

南高时期，虚矫不发诸当局，浮言稀见于学者，教师间、学生间、师生间皆以诚相待、言发于心。社会上种种殷殷阿谀的佯态，唯南高校园中无以藏身。为人光明磊落、忠实厚道、休戚与共、守望相助，此种情景，非某人之臆语，而是师生共守共行之信条。不慕权贵、耻于奔竞、不嗜铜臭、蔑视浮华；布衣布履，自成习惯；洒扫劳作、演为自然，皆共同遵循之生活准则。休沐之日，漫步台城；拾级鸡鸣，俯瞰玄武。"仰钟山而怀先哲，过城垣而思故国""江山重叠争供眼，风雨纵横乱入楼"，已觉是精神上之一大享受。偶尔上北门桥买一包花生米、几块茶干，或每人凑一角钱到梅庵开一次同乐会，说是"又奢侈了一回"。不少同学，几度寒暑，未进过饭馆，不知南京有几家戏院。不独贫寒子弟如此，即富家子弟，入此环境，也是近朱者赤，渐被同化。南高人谓之曰：淡泊明志，自得其乐，乐在其中。

学生皆尊师敦品，勤奋好学，学行进殖，日进不已。每日自号声响起，即开始一天紧张的生活。晨操一毕，即朗读国文英文，弦诵之声，遍布校园。课堂井然有序，寂然无声，鲜有迟到者，视旷课为劣迹。图书馆人满为患，诸生皆乐于在知识的海洋中，寻寻觅觅，以求新知。晚自修电灯熄灭之后，多半学生焚膏继晷，微光继读，勤耕不息。社会上乃有"南高学生老夫子气重矣"之说，诸生多默认之，引以自慰。

四、南高的学潮观

20世纪20年代前后，各种性质的学潮遍及全国，一波未平，一波又起，最多时一年达200余起，打开报纸，每天都有学潮的报导，令人眼花缭乱，莫名究竟。这对于首当其冲的学校当局、教师和学生是耶非耶、何适何从，更是一个严肃而紧迫的问题。作为学校的实际负责人刘伯明教授为学校计，为师生计，对此问题作了认真的研究，作了迅捷的回答，并以文章和讲话两种形式，公开阐明自己的观点。某些看法至今仍可作参考。

对于学潮，刘伯明在《论学风》一文中作了较详尽的阐述。刘伯明认为首先应就学潮的性质和起因，作审慎具体的分析，然后作妥善的处理。对于正义、正当的学潮，应予以支持。例如，中国的五四运动和新文化运动，"确有不可磨灭的价值""盖因积习过深之故国，非经激烈之振荡，而后始能焕然一新"。刘伯明还列举了国外的事例：16 世纪德国维登堡大学首先发难的宗教改革，矛头直指封建主义的强大支柱教会，揭穿教会"给封建制度蒙上神赐的圣光"，终于导致了全国反封建的革命运动。19 世纪初的德意志为数百诸侯所割据，国势衰微，拿破仑遂攻占柏林，在占领军的高压下，国民渐麻木，耶拿大学与柏林大学师生愤国民之不知发愤，忠告国民，使之明白国家的命运和自己的历史责任，精神为之一振，一洗偷安苟且之风。1813 年普法重开战，大部分学生亲赴前线，打败了侵略军，挽救了德国。书中说：像这样的学潮，是正义的，应名垂青史。但眼下某些学潮，或仅为局部人的利益，或仅为反对某人某事，或无正当目标而受人利用，不惜发动全体学生，掀起轩然大波，持续数周经月，徒损学子学业，则不足为取。尤有甚者，某些不学无术之政客和野心家，为巩固和扩大自己势力，竭力鼓动学生，以达到其不可告人之目的，尤应劝阻和坚决反对。

  关于学潮的起因，刘伯明作如下分析：一是外部原因，即社会原因，"至缘政治不靖，政治一日不入正轨，学子之心一日不能安宁，此殆势所使然，不可避免。"二是内部原因，即学校本身的原因，"缘由前之办学者，滥用权威，事事专断；继之者则放弃权威，仅知迎合学子心理，冀扩张个人之势力，巩固一己之地位。"有此两因，则学潮之起，无有已时。要想解决这个问题，重在改良学风校风，重在提高师生的思想认识，因为形势不断变化，新的学潮会不断发生，思想认识提高了，就能随时正确对待。刘伯明还对师生分别提出要求。对于教师，他说："政治、社会之事，教员分内事也！教员不问，故受教育之学生出而问之，是教员放弃职责也。"他认为作为一个学者，既要从事专门职业的研究，更应重视人师这一职业，担负起育人的任务，行做"人"的主义，否则就没有尽到为师的责任。对于学生，刘伯明说："大学生，责任较重，凡政治社会问题关系较大者，宜本学理之研究，其心廓然大公，不瞻询任何党系之私意，唯以高贵之精神、心理与国人相见，斯真正高尚之学风也。"又说："学生知识，较为发达。国家有事反应较速，以视常人，可称先觉。夫先觉者，感人所同感，而较深切，其表见又较著名，不若常人之暧昧含混。唯其如是，故应本所感发为文辞，播诸民间，为诗歌可也，为报章言论可也。"对于罢课，刘伯明强调："唯须慎重考虑，其目标必甚至大，而系夫全国之安危，而于其结果又应稍有把握。"对于非正义非正当的学潮，务必不要卷入。学校当局和教员，都有责任予以劝阻，一次不行两次，两次不行三次，若累劝无效，学校应不惜予以退学、除名。情理所至，心自相通，是故学校师生，对学潮的看法和态度都比较一致，自南高至东大，除五四运动及因"五卅"惨案而引起的反对日本帝国主义、英帝国主义等伟大的爱国运动师生均积极参加外，对于外地外校因局部利益、局部原因而发生的学潮，虽来人来电吁请南高予以声援，师生均不为所惑，是以校园安宁，弦诵不辍，校风纯良，奋发亢进，社会上对南高的评价较高，东南诸省的父老，多希望自己的子女能进入南高求学。

第六节　南高师生的革命活动

一、五四运动在南高

辛亥革命虽结束了清朝的统治，但因其没有明确的反帝反封建的纲领，未能完成资产阶级民主革命的历史任务。

袁世凯篡位后，为恢复帝制，乞靠日帝，接受了"二十一条"这一卖国条约，改国号为中华帝国。千夫所指，四方声讨，袁世凯郁郁而终。北洋军阀分裂为直、皖、奉等派系，战乱不已，苛政如虎，"苛捐万税"，中国人民更陷入水火之中。

这一时期发生了三次具有历史意义的中外革命运动。

1915年开始，陈独秀、李大钊、鲁迅、胡适等发起了新文化运动，主要内容是反对封建政治，要求民主；反对封建礼教，要求思想解放；反对迷信，提倡科学；反对旧文学，提倡文学革命。这是一场重大的启蒙运动，极大地解放了人们的思想。

1917年，俄国的十月革命，划破了长空的黑夜，"给我们送来了马克思列宁主义"，给中国人民带来新的希望。重新认识世界、重新探求中国的革命道路，成为中国人民的迫切课题。反帝反封建、要科学要民主的思潮，如地壳中运行而欲将迸发的岩浆。

1914—1918年的第一次世界大战，以德、奥等同盟国的失败而告终。1919年1月，战胜国在巴黎集会，中国因曾组集华工助战，亦以战胜国名义参加，但会议却把德国原来在中国山东所有的各项特权让给了日本，北洋政府竟准备在《巴黎和约》上签字予以承认。消息传来，举国愤怒反对。5月4日，北京学生3 000余人首先游行示威，要求"外争国权，内惩国贼"。军阀政府与帝国主义沆瀣一气，封锁学校，搜捕学生，蛮横镇压，激起了全国人民的激烈反抗。

5月7日，南京高等师范学校等13所学校联名致电北洋政府，坚决要求政府拒绝在《巴黎和约》上签字，立即释放被捕学生。同日，各校代表在鸡鸣寺集会，由南高学生代表发起筹组南京学界联合会，建议应尚德和南高教授陶行知为南京学界联合会正副会长。5月9日，南京学界在小营演武厅召开"国耻纪念会"，南高学生身着校服，手执国旗，列队以赴，除南京大、中学生外，工人与商界亦派代表参加。在隆重的国耻纪念会上，陶行知先生动情动容，作了激昂慷慨的演说，列述中国近代的国耻，痛斥卖国贼，要求全部废除"二十一条"这一丧权辱国条约，坚决拒绝在和约上签字，无条件释放全部被捕学生。会后举行示威游行，在鼓楼日本领事馆前，呼口号、撒传单、作讲演，反对日本帝国主义的侵略行径，要求收回胶济铁路和青岛的主权。在学生的影响下，爱国商人将所存日货弃倒在日本领事馆前焚毁。学商两界相互勉励，不买日货，有丧心不顾廉耻者，市民共诛、共弃之。然后列队赴省督军署、省长公署请愿。在全国人民正义行动的影响下，教育总长傅增湘不署国务院命发布的解散大学令，并约同北京各大学校长共同辞职，江苏省教育厅长胡家祺也递上辞呈，省督军、省长也致电北洋政府，称"学生游行示威，行为正当，未便禁止""和约事务请慎重斟酌，免地方再酿风潮"。

5月13日，由南高等学校发起，30余所中等以上学校的代表75人集会，成立南京学界联合会，通过会章，正式选出应尚德、陶行知为正副会长，通过声援五四爱国运动决议案，并通告全国。5月26日，南高等校学生率先宣布罢课，与京沪学生采取一致行动。同日，南京学界联合会召开紧急会议，在罢课问题上教师代表与学生代表发生意见分歧。5月27日，乃由南高及河海工程学校学生代表牵头，召开了南京学生代表会，与会的有20余所学校的学生代表，决议成立南京学生联合会，选出南高学生黄曝寰为会长，并宣布5月28日起南京各学校一律罢课。

6月2日，全市各校学生代表在公共体育场举行爱国宣誓典礼。是日天色阴沉，乌云密布，南高学生代表首先倡议：吾人为国牺牲，宣誓意义重大，义当风雨无阻。旋即升国旗，奏军乐，礼仪隆重，全场肃然宣誓：拥护国权，发扬民意，协力同心，死生赴之。会后列队游行，彰显拳拳报国心，赢得一路掌声。6月5日，南京学生联合会召开特别会议，研究声援、营救北京被捕学生办法。6月6日，各校学生分头分区活动，动员商店罢市，不到两个小时，全市商店一律关门罢市。南高学生在此以后，还开办了国货贩卖部。6月23日，《南京学生联合会日刊》①创刊，南高文科学生阮真任主任编辑，该刊宣传马克思主义，讴歌五四运动，鞭挞旧制度、旧思想、旧道德，成为南京及江苏人民反帝反封建的战斗号角。

学生罢课，工人罢工，商人罢市，汇集成一股巨大的反帝爱国洪流，斗争遍及全国20余省的150多个城市。在群众运动的压力下，北洋政府被迫答应群众的要求，罢免了曹汝霖、章宗祥、陆宗舆三个亲日分子的官职，撤退包围学校的军队，释放被捕学生，并于6月28日《巴黎和会》签字的前夕，电令我国参加和会的代表不予签字。中国工人阶级参加罢工和登上革命舞台对五四运动的胜利起了决定性的作用。

五四运动是一场彻底的不妥协的反帝反封建的爱国民主运动，也是一次伟大的思想启蒙和思想解放运动，它标志着中国的旧民主主义革命跨入了新民主主义革命的新阶段。

五四运动对南高也产生了积极深刻的影响，激发了师生的反帝爱国热情，要民主、要科学成为广大师生的迫切要求，推动了学校领导体制的改革，各种学术活动蓬勃开展，为马克思主义的传播打下了良好的思想基础。

二、马克思主义的启蒙活动

"五四"以后，全国范围内出现了一个宣传社会主义，学习、研究马克思主义的潮流。

---

① 张学恕：《宣传马克思主义的书刊在江苏传播》，刊于《江苏出版史志》，江苏省新闻出版局主办，1989年第2期。

全国出版的具有社会主义倾向的报刊达200余种,其中陈独秀、李大钊等主编的《新青年》《每周评论》影响最大。1920年创刊的《南京高等师范学校日刊》及其后出版的《南高(东大)日刊》,曾刊登过部分具有社会主义和马克思主义内容的文章。南高时期,宣传马克思主义最积极的是杨杏佛教授,曾先后发表过《马克思生平》《马克思主义和阶级斗争》《论马克思的剩余价值》等演说和文章。杨杏佛先生还曾在南京学生联合会举办的学术演讲会上作了《教育与劳动问题》的讲演,他说,当劳动者自身向资本家攻击的时候,劳动者的问题便解决了一半。劳动者向资本家攻击的武器之一是教育。马克思把资本家剥削的一切秘密揭露无遗,马克思使全欧洲的资本家寝食不安。该演说不仅揭示了马克思主义的伟大作用与力量,也说明宣传马克思主义的重要性。杨杏佛教授思想敏锐、言辞犀利,他的文章和讲话博得了青年学生的欢迎。

1919年11月1日,李大钊、邓中夏等同志创建的"少年中国学会"在南京成立分会。少年中国学会是我国成立最早、会员人数最多、影响最广泛的进步组织,南京分会刚成立时有会员左学训、沈泽民、蒋锡昌、杨贤江等12人,杨贤江、蒋锡昌为书记。杨贤江是南高职员,沈泽民即茅盾先生之弟、河海工程学校学生。在杨贤江的影响下,1919年12月1日,由南高学生发起和创办的《少年世界》月刊和《少年社会》周刊在南京出版,其积极宣传介绍苏联社会主义革命和国际无产阶级运动的状况。《少年社会》的宗旨是:"使现在少年变成社会的少年,现在社会变成少年的社会。"《少年世界》创刊,是为了"表明中国青年要与各国青年共负起改造世界的责任",恽代英、杨贤江等任编辑,李大钊、蔡和森、王若飞等均为该刊写过文章。该刊曾发表"波希微党(即布尔塞维克)之教育计划""新俄罗斯建设之初步""俄国学生对世界之宣言"等系列文章。1920年7月1日,"少年中国学会"南京分会召开了周年纪念会。1921年7月,全国"少年中国学会"第二次年会在南京召开,会上,北京的李大钊、湖北的恽代英、南京的杨贤江等被选为学会评议员。

杨贤江(1895—1931),字英父,浙江省余姚县人,1917年来南高工作,先后担任斋务助理、教育科助理、图书馆助理等职,利用其与学生接触较多的机会,宣传进步思想,开展少年学会的工作,是南高最早宣传马克思主义和组织进步团体的成员之一,于1922年参加中国共产党。后来去商务印书馆担任《学生杂志》的实际主编,又协助恽代英编辑《中国青年》,这两个杂志均是当时最受青年欢迎的读物之一,被认为"指导青年走向光明之路的航灯"。杨贤江1925年被选为中共上海地方兼上海区执行委员会候补委员,分管学生方面的工作。国共合作期间,任国民党上海市党部执行委员兼青年部长。1927年初参加上海工人起义,蒋介石叛变革命后流亡日本。他搜集了大量资料,分析研究后著有《教育史ABC》。1929年回国后又著有《新教育大纲》。北京师范大学高奇主编的《中国现代教育史》一书,以12页的篇幅介绍杨贤江的教育思想,认为杨贤江同志是坚定的共产主义战士、杰出的青年运动领导人、中国现代马克思主义教育的理论家。

三、南高的首批共产党员及社青团员

　　五四运动和马克思主义的启蒙教育,为南高共产党和社青团组织的建立做好了思想上、政治上的准备。邓中夏、恽代英等同志在南京活动期间,推动了南京社会主义青年团的组建工作。1921年5月,南高学生谢远定参加中国社会主义青年团,同年入团的还有吴肃、邓光禹、李国琛等同学,是南高的首批团员。由于当时社青团不能公开进行活动,就借南高的"马克思主义研究会"的名义举办读书会、讨论会等活动,以联系群众,增进感情,进行宣传,发现和培养积极分子。1922年4月23日,以南高、东大学生为主的南京社会主义青年团在东大开会,决定:①草拟南京社会主义青年团简章;②分派团员到下关、城南分发传单;③5月5日举行马克思诞生104周年纪念活动。1922年5月5日,南京社会主义青年团在南高梅庵召开团员大会,到会共24人,会上通过了南京社会主义青年团简章,并决定由易克檀、吴肃等南高、东大学生负责组织公开的"南京马克思学说研究会",会后全体团员到玄武湖举行马克思诞辰纪念活动,请杨杏佛先生讲马克思的生平。杨杏佛勉励团员,要像马克思那样,为认定的理想和目标而献身,为全人类谋幸福。

　　"南京马克思学说研究会"成立后,工作活跃,拟订了劳动问题研究、《共产党宣言》研究、唯物史观、以社会主义眼光研究远东问题等13个研究题目,组织团员和广大青年进行学习和研究,使青年大开眼界,懂得了许多从不知道的革命道理,懂得了中国的命运和前途是与马克思主义联系在一起的,中国自身的问题渐渐成为众人最关切的问题。见此,"南京马克思学说研究会"认为学习已达预定目的,讨论中国现实问题的时机已经成熟,遂于1922年11月11日公开举办了"社会改造"的讨论会,讨论的题目拟得很有意义:现今的中国社会是一个病的社会吗?如果是一个病的社会,则病的根源在哪里?要治好这个病、这个社会,是采取社会改良,还是采用社会主义?若是采用社会主义,则应采取哪种社会主义?与会并热烈发言的,主要是南高、东大的学生。"南高马克思主义研究会"和"南京马克思学说研究会"的成立及其活动的开展,推动和加速了南高的党团建设。

　　1922年,南高学生谢远定、李国琛、吴肃先后加入了中国共产党,这是南高也是南京地区最早发展的一批共产党员。时南京有共产党员4人,其中3位是南高的学生。南高已成为当时南京党的活动基地和宣传马克思主义的中心。

本章结语

一、南高实行德智体三育平均发展的教育方针,以培养模范国民、国士为目标,重气节教育,重人格的感化和完善;增扩自然学科和人文学科,要求教师担负起业师、人师的全责;启导学生"自动"、自治,敬师爱校,出现了新型的师生关系。与两江师范相比较,教育体制、学制都有较大的变化,是教育思想上的一次进步。

二、南高主张弘扬民族精神和民族传统,提倡民主、科学,以诚为训,崇尚俭朴,勤以修业,务真务实,逐渐形成了民族的、民主的、科学的精神,培育出诚朴、勤奋、求实的优良校风,成为南高教育的特色之一。

三、南高倡导科学精神,提倡科学态度,严格科学训练,广延科学人才,重基础教育,重实验实习,拥有科学人才之众、培养科学人才之多,在国内均居领先地位,成为中国科学发展的主要基地,对中国的教育、科学事业作出了较大的贡献。这是南高的又一特色。

四、南高富有改革、开拓精神。改革领导体制,推行民主管理;开女禁,首创男女同校;改"教授法"为教学法,系教育思想上的革命;改学年制为选科制,开课程改革之先;招生行口试和演说,一改"以文取士"之旧习;农科面向农村,教育面向社会,兴社会调查,大办暑假学校等,均开面向社会、服务社会风气之先,是南高的又一可贵之处。

南高能取得以上成绩有其历史原因。辛亥革命后,全国都有一种"亢奋图进,振兴中华"的精神;四次国内外有重大历史意义的事件都先后在当时发生:1915年的新文化运动、1917年的俄国十月革命、1919年的五四运动、1921年中国共产党的诞生,马克思主义思想已弥散至神州上空。所有这些,都不能不对南高师生的思想产生积极的影响。当然,南高所建业绩也是两任校长和全体师生辛勤耕耘的结果。但是,当时中国社会的性质仍然是半殖民地半封建,国家政权和教育管辖权仍掌握在封建军阀手中,并受帝国主义的制约和影响,就连实行资产阶级民主主义的政治和教育思想也受到严格的控制,遑论其他。至于因社会经济落后及军阀战乱所造成的学校经济困难,更是时时困扰着学校。

第三章

20 年代的东南大学（1921—1927 年）

20世纪20年代的东南大学(以下简称东大)是在南高的基础上建立起来的,是我国第二所国立大学。东大寓师范于大学,囿文理与农工商等实科于一体,此种组合为当时国内所仅见,实为中国综合大学之先驱。东大倡导民族精神,提倡科学精神,民主治校,学术自由,融会中西,三育并重,以美国教育体制、学制为模本,以中国国情和社会需要为依据,谋发展,图创新。延师有道,俊彦云集;筹资有方,兴馆建舍;学科迅增,各富特色;交流学术,面向世界;校誉日隆,生机勃勃。创东大历史上的第一个鼎盛时期,为中央大学奠定了基础,为中国的教育、科学事业作出了较大的贡献。1925年皖系军阀执政,数度直接干预东大校政,导致了一场罕见的易长风潮,持续经年,学校内讧,群体分裂,元气大伤,东大由盛而衰。

第一节 东南大学的崛起

东南大学的诞生,历经磨难、曲折,可分为两个时期。

一、酝酿时期

民国初教育部的第一、第二任教育总长蔡元培和范静笙两位先生,均图谋振兴教育事业,以发展中国高等教育为己任。教育部内曾多次商议,拟分阶段实施,先在北京、南京、广州、武汉、成都等地设立4—6个大学区,每区先建立一所国立大学,待取得经验和条件成熟后,再逐步增设。江苏文化发达,南京本国子监故地,热心教育之士暨地方朝野,闻讯后莫不愿促其早日实现。但是袁世凯执政以后,一方面无视教育部的存在和意见,肆意改变教育方针,蔡元培和范静笙均被迫愤而辞职;一方面拼命扩军,妄图称帝,致政局动荡,国库窘迫,教育经费无以为继,江南莘莘学子翘首以待的国立大学,日渐无声无息。

由于江苏全省中学的紧迫呼吁和地方政府持积极态度,1915年创办了南高。建校之初,江谦主校,郭秉文多秉承江谦之意,主要就高师而办高师。唯郭秉文留美六载,主修教育,复考察过欧美日等国的高等教育,对于世界高等教育发展的趋势及南高发展的方略,早已成竹在胸。在适应社会需要的前提下,获江谦同意后,已先后开设了工艺、农业、商业等专修科。及江谦病辞,把郭秉文推上主校位置后,郭秉文乃能自由敞述其办学思想,悉心施展其抱负。郭秉文认为若欲办好高师,必须有上乘之师资;欲获上乘之师资,必须"寓师范于大学"。凡中等学校以上的教师,皆应具有宽厚的基础知识,应该是双料的学士、硕士或博士;在一个单科性的师范院校内,甚难培养出卓越的师资。故他又说:"师范学院应办在大学内,教师的来源不必局限于师范院校。"大学的优秀毕业生再经过一番教育学等方面的训练，是上好的师资。郭秉文又认为大学的学科比较齐备，有利于学科的互补，有利于研究工作的开展，有利于师资的深造。故郭秉文之主张改南高为大学，其目的并非如某些人所想，仅是为了学校的"升格"，而是他更明白大学建设的机理和大学发展的规律、趋势。他在全力实践他的办学思想和教育思想。

当然，在南高教师中，有此认识者非仅郭秉文一人。这里智者如流，名者如云，教授多半留学欧美，见识较广，深知欲发展中国教育事业，既应重视师范，又不能局限于师范。故于平时，教师间已就此一问题交换意见，皆认为南京应建立一所大学，并可以南高为基础。

二、筹建时期

正因为有此共识和思想基础，故在1920年4月7日召开的校务会议上，当郭秉文正式提出在南高的基础上创办一所国立大学的议案时，与会委员一致表示赞同，有人并称：当仁不让，义不容辞。经讨论，又一致认为该大学可暂名为东南大学。为利于工作的进行，决意先自行组建"东南大学筹备委员会"[①]。筹备之始，最要者有二：一为确定东大发起人的名单，必须是教育界的权威、对国务院有影响的人物，辅以经济实业界巨头；二为起草致国务院、教育部的报告，必须有理有据。经反复酝酿，最后概括为十点理由，确定了10人名单，并经本人同意。这10位发起人是：领衔张謇，素以热心教育闻名海内，中国头牌实业巨子，历任实业总长、农工总长等职；蔡元培，著名教育家，第一任教育总长，北京大学校长；王正廷，历任多届内阁的外交部长、工商总长；袁希涛，历任教育部视学、次长、代理部务；蒋梦麟，教育家，北大代理校长；沈恩孚，江苏省教育会会长；黄炎培，民初江苏省教育司司长（后改司为厅）；穆藕初，工商巨子；江谦，曾任江苏省教育司司长，南高老校长；郭秉文，南高校长。在向教育部呈文之前，黄炎培、沈恩孚等向筹委会建议："高师不仅南高一处，如以南高名义请改为东大，恐各地高师援例请改，将使教育部为难。"筹委会因而采取"积极筹备，不事声张"的态度。

张謇等10位发起人致国务院及教育部文的大意是：教育重普及，学术贵大成。今各国学者乃悟大学教育之重要，盖今后之时代，大学教育发达之时代也。今吾国仅置一国立北京大学，若北洋大学、山西大学，则因特别关系而立。而东南之地，方圆万里，人口不下二亿，学者不下百万，迄无一完备之大学，嗜学而求大成者，或千里赴京津，或东走西投他国，此非吾国之耻？而美国人口一亿，大学五百余。吾东南人士，特建议在南京创办东南大学，其利有10：① 扼江河要津，轮轨四达，气候温和，风景优美，宜学佳境；② 历史故都，民国肇基，文化发达，

---

① 郭秉文：《筹建东南大学之经过》（1921年12月15日），原件存中国第二历史档案馆。

学术昌茂；③ 居南雍故址，复增南洋劝业会会址，面积广阔，足容万人；④ 南高规模，已近大学，学科较全，易于筹备；⑤ 多积学之士，多专门人才，改办大学，驾轻就熟；⑥ 百万学子，多求深造，苟能成才，利在社会；⑦ 南高校誉夙著，海内富豪有欲捐资，官办民助，有利其成；⑧ 我国学术多倡自东南，输入欧美文化亦以东南为捷，设一学府，焕发国光，植吾国于世界大学之林；⑨ 当此万国棣通之际，无论学术、技艺与政治之集会，十九有赖于大学；⑩ 振兴教育，倡导民治，东南倡之，各方继之，功在国家。筹建东大，已图数月，谨以上言于教育部，部可其请，刻其筹备，必慰东南人士夙愿。唯此事体大，非群策群力，不足以立基，谨敬告邦人君子，凡我同志，洞明世界潮流，乐助其成，或诏以植学之规，或附以劝学之费，尤东南亿万父兄无疆之休，非徒謇等之庆幸也。

1920年9月，时值范静笙第三次出任教育总长，范于民国初即赞同在宁创设国立大学，时来势利，机不可失，众发起人即委托郭秉文、黄炎培、蒋梦麟一道进京，复约同蔡元培先生共四人往见范总长，范当即表示赞成，尽皆欣悦。唯一些具体问题及如何实施等情，着郭秉文等与教育部次长、司长、参事等细为商量。时任鸿隽任教育部专门司司长，主管高校，对此支持甚力。但部内有人认为此举事实上系将南高并入东大，按现行学制，南高为造就师资而设，为社会之需要，未便归并，尤不可废弃。最后提出三项疑难问题，着南高方面慎加考虑：

（1）学制问题。若将南高改为东大，于教育部有归口管理的问题，于社会有少一高师的问题；若在南高之外另办大学，则条件尚未具备。

（2）地址问题。建大学需扩充地皮，"南洋劝业会"①旧址归属未定，尚无把握。

（3）经费问题。创办大学需资甚巨，恐国务会议不易通过。

郭秉文等经考虑研究后答复教育部谓，大学开办不宜迟疑，上述三问题能明确解决固然是好，一时不能解决可采取如下变通办法：一面将南高改办为大学，一面仍保留南高名义，原南高学生仍归属南高，东大之教育科可继续为社会培养输送师资，至条件完全成熟时再取消南高名义；南洋劝业会旧址问题有解决希望，一时未能解决，南高400亩土地在大学创始阶段尚敷应用；创办大学预算能通过自然好，一时通不过，可先从南高1920年的经费中拨出一部以供筹备。教育部已无异议，未料财政部作梗，一味强调国家经济困难，未予允诺。及郭秉文返宁月余，教育部忽然转来财政部正式批文，略谓是年国家预算已超支甚巨，碍难照准。郭秉文再度进京，将在南京设立大学之种种好处以及节资筹资之种种办法向国务总理靳云鹏及列位总

---

① 南洋劝业会旧址，即原南京化工学院、南京铁道医学院所在地丁家桥，面积约500余亩。清末南洋华侨张步青先生之父以20万银元购得此地。1919年黄炎培赴南洋访张步青，劝将此地献给国家办学，张允诺，唯要求政府颁给勋位，黄答回国后与政府商酌。最终张同意献地。

长——恳切陈述，各位总长遂无异议，财政总长亦表示赞成。是以在1920年12月7日召开的国务会议上获一致通过，并正式命名学校为国立东南大学。而教育总长范静笙于12月6日就签署了郭秉文为东南大学筹备员的任命。

1920年12月16日，"东南大学筹备处"正式成立，郭秉文任主任，刘伯明任副主任，下设八股，即组织系统股、经济股、校地推广股、建筑股、校章编定股、公布股、招生股、购置股。任务紧迫纷繁，唯均限期三个月内完成，其大端有：拟订校董会章程及筹组校董会；拟订组织大纲；拟订招生章程；编制预算等。各股股长和工作人员均就南高教职员中选任，只尽义务，不计报酬。

原"东大筹委会"认为："东大为将来东南各省之学府，于社会之发展至为重大。现当创设之际，所需社会之赞助，亦至多且急。参见欧美国家，多设校董会以求社会之赞助。东大亦宜行而效之。"后发起人及教育部也表示同意，故筹备处成立后的第一件大事就是拟订校董会章程和考虑董事人选。经酝酿，初定为13名，后增加2名，计15名，他们是：张謇、蔡元培、王正廷、袁希涛、聂云台、穆藕初、陈光甫、余日章、严家炽、钱新之、荣宗敬、江谦、沈恩孚、黄炎培、蒋梦麟。于1921年3月24日报部核批，教育部指令核准，并增加当然董事2名，一名为校长郭秉文，一名为教育部司长任鸿隽，董事乃增至17名①。

1921年6月6日，各项筹备工作就绪，筹备处于是日邀请全校校董到上海江苏省教育会开成立大会并商榷一切②。后来学校就把6月6日校董会开成立大会的这一天作为校庆日，并在校历上固定了下来，此次校董会议事广、议案多，其要端有：报告东大筹备之经过，拟订校董会章程，商议校董会工作，讨论和通过东大组织大纲，制订招生章程，编制预算等。会上并一致推举郭秉文为东大校长，具文报部审批。

1921年7月13日，教育部核准《东南大学组织大纲》，8月24日至26日，东大预科、南高本科同时招生。8月27日，教育部核准南高校长郭秉文博士兼任东大校长。旋因南高学生多有"故校恋"，不愿遽然取消南高名称，学校予以谅解，未急于从事。1921年11月2日，北京政府突然公布学校系统改革令，规定"依旧制设立的高师，应于相当时期内，提高程度，收受高级中学毕业生，修学年限四年，称为师范大学"。命令并明确规定"南高为依旧制改称师范大学的学校之一"，教师闻讯多持异议，认为"寓师范于大学"是上策，不仅不妨碍且有利于师范的建设。1922年12月19日，郭秉文呈教育部谓："唯南高与东大，设在一处，职员与教员由两校共同延聘，学校设备，亦两校共同应用，名虽两校，实则一体，如强而分之，

---

① 在17名董事中，11名前文已简介，另6名的任职情况是：聂云台，上海总商会会长；陈光甫，上海银行公会主席；余日章，中华基督教青年会总干事；严家炽，江苏财政厅长；钱新之，上海交通银行经理，后任上海银行公会会长；荣宗敬，实业巨子，棉纱、面粉大王。
② 当时上海市属江苏省管辖，江苏教育会会址就设在上海。东大的董事会成员，多数在上海任职或家居上海，故董事会成立大会暨历届董事会，都在上海召开。

不独接近骈枝,且于实际办事,转多困难。校长就历史事实,详加考虑,觉无改为独立师范大学的必要。此事复经校评议会、教授会联席会议及校董会郑重讨论,拟将本校现有各部学生,依其所学科目种类,照新制并入东大,当经一致通过……特呈请大部鉴核训示施行。"教育部未即示异议。12月26日,校评议会和教授会联席会议遂正式作出决定,将南高并入东大。1923年7月3日,校长办公处通告称,校行政委委员议决即将南高校牌撤去,南高附属中小学同时改为东大附属中小学。

至此,本身有烨烨业绩并在筹建东大中作出重大贡献的南高已完成其历史任务。而在曲折磨难中诞生的东大,生机勃勃,崛起东方。

第二节 东大的基本情况与体制机构

一、基本情况

1. 校产及设备

按 1923 年初统计，大学校地 199 亩，附中、附小校地 106 亩，农场 100 亩，合计 405 亩，价值 81 000 元。另借用农场 594 亩，租用农场 2 599 亩。

图书价值 25 780 元，各类仪器 157 143 元，合计 182 923 元。

校舍合计价值 513 580 元，其中一字房（今南高院之前身）30 500 元；口字房（位于今健雄院址，后焚毁）41 700 元；教习房（后改建为留学生宿舍，今为东南大学出版社址）23 200 元；图书馆（今之老图书馆）165 000 元；体育馆 60 000 元；梅庵（后改建）900 元。

总计校产价值 887 503 元，以后又建科学馆（今健雄院）、生物馆（今中大院）等建筑，继添图书及各类仪器设备，至 1927 年校产在 140 万元以上。

东大用房先教学后行政，例如，校长室、校长办公室、教务部、事务部、会计部等均只有 1 间办公室，而农科教师预备室为 7 间，文理科为 12 间。这一传统一直保持至今，且新房好房优先供教学使用，行政居旧房次房。

2. 师生概况

表 3-1 东大师生概况

年序	教职工数	在校学生	毕业学生
1921	210	930	205
1922	240	1 144	122
1923	240	1 222	205
1924	290	1 408	271
1925	270	1 483	230
1926	200	973	223

表注：不含东大分设的上海商科大学。

3. 科、系设置

东大成立初期（1926 年 8 月 1 日），设 5 科 24 系，后发展调整为 6 科 31 系，即：

（1）文科 6 个系：国文系、历史系、外国语文系、政治系、哲学系、经济系。

（2）理科 4 个系：物理系、化学系、数学系、地学系。

（3）教育科 4 个系：教育系、心理系、乡村教育系、体育系。

（4）工科 3 个系：机械工程系、土木工程系、电机工程系。

（5）农科7个系：植物系、动物系、农艺系、园艺系、畜牧系、蚕桑系、病虫害系。

（6）商科7个系：普通商业系、会计系、工商管理系、银行理财系、保险系、国际贸易及领事系、交通运输系。

其后，又将文科、理科并为文理科，系未更动。1924—1927年，工科曾一度划归由河海工程学校组成的河海工科大学。

4. 经济情况

20世纪20年代，皖、直、奉各派军阀战争不止，国库省库皆罗掘已空。建设难，办教育更难。各类学校皆不仅事业费无以为继，且时时欠薪减薪，此中艰难，不堪言状，校长皆叫苦不迭。即如首都北京，亦多次因此而发生罢课的事情，北洋大学、南开大学教职工曾因此而总辞职，北京还发生多起教职工赴教育部索薪、卧薪之事，多届教育总长、次长亦为此而被迫辞职。这是当时教育界经济总的情况。

就东大而言，当时国务院曾规定东大的每年经费，半数由江苏省负担，半数由皖浙赣三省分担，并确定四省的督军、省长、省议会会长、省教育会会长为协洽款负责人。实际是纸上文章，从未兑现。每当东大向皖浙赣三省催款时，各省督军、省长的复函，或谓"本省财政万分艰窘，自顾不遑"，或谓"本身财政罗掘俱穷，无可腾挪"，或谓"按理自应分担，唯库空如洗，无以为筹"。就江苏省本省来说，经1923年与1924年两次江浙军阀大战，江苏一省，养兵15万，省财政亦近山穷水尽的地步。故当时郭秉文校长最艰巨之任务之一亦是频频向上海金融界借资贷款，1924年前，基本上未有欠薪等事发生，故教职工有言，"此亦郭校长之一德政"。

表3-2 东大（含南高，不含商科）历年经费开支

年序	年经费总开支（元）	年教职工薪金总支出（元）	年薪金约占年经费 %	年图书、设备费总支出（元）	年图书设备费占年经费（%）
1921	653 041	210 534	32	32 539	5.0
1922	562 790	243 254	43	21 613	3.8
1923	866 932	290 572	34	92 958	10.7
1924	494 354	293 118	59	28 195	5.7
1925	489 988	290 379	59	14 440	2.9
1926	269 967	195 049	72	12 582	4.7
合计	3 337 072	1 522 906	46	202 327	6.1

表3-2未列历年预算，实际是每年预算均大打折扣，列出也无实际意义。

从上表可看出三个问题：（1）自1924年起，学校的规模、事业在逐年发展，经费却急剧下降，至1926年跌至低谷。（2）人头费自1921年始逐年上升，1924年后每年的薪金占全校经费的58%—72%，说明事业费所剩无几。（3）图书及仪器设备费总平均只占6.1%，是一

个较低的数字。表中建筑费未列出，此数字较高，然学校处发展时期，亦自需要。

二、领导体制及组织系统

按教育部核准的《东南大学组织大纲》，校长总辖全校事务，凡各科主任、各系主任、教授、讲师、助理及行政各部主任、各部职员、事务员等，均由校长延聘。

为了体现民主精神、发挥教授作用及提高行政工作效率，实现各有关机构间的相互协调和互相监督，采用校长领导下的"三会制"，即评议会、教授会和行政委员会，校长兼任三个委员会的主席。

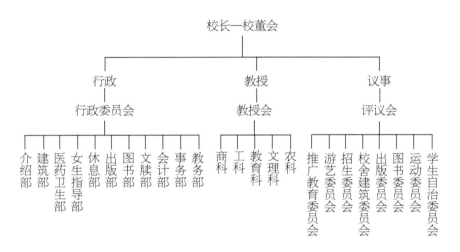

图 3-1　国立东南大学组织系统图

"三会"的性质、职能、组成简介如下。

1. 评议会

评议会系议事性机构，类校务委员会，其主要职能原组织大纲只原则地规定议决关于全校之重大事项。后经修改的组织大纲，对评议会职能作了如下明确规定：议决本校教育方针、关于经济之建议事项、重要之建筑及设备、系与科之增设废止或变更、关于校内其他重要事项。评议会为商榷校务便利起见，得设各种委员会，各委员会设主任1人、委员若干人，由评议会主席于教授中指任之。

评议会由下列人员组成：校长；各科代表，以科主任充之；各系代表，凡教授不及5人者，由系主任充之，5人以上不足10人者，由教授互选1人，10人以上不过15人者，由教授互选2人，余类推；行政各部代表，除1人由主任充任外，余由职务较重者互选若干人充之，其人数同各系之比例；附中附小代表各2人，1人由主任充任，另1人由教职员互选之。

2. 教授会

教授会指导全校教学工作，议处全校教务上之公共事项，建议系与科之增设废止或变更于评议会，赠予名誉学位之议决，规定学生成绩之标准。教授会得设各种临时委员会，例如，暑期学校研究委员会、教学法研究委员会等，临时委员会设主任1人，委员若干人，由教授会主席于教授中指任之。各科设科教授会，其职权如下：议决本科之教育方针；规划本科发展事业；建议本科各系预算于校长；建议本科各系之变更于评议会；编订本科之课程及其他规程；审定本科学生毕业资格；决定给予免费学额；协助群育部（后增设）处理训育事宜；建议赠予名誉学位于教授会；其他关于本科之重要事项。

教授会由校长、各科主任、各系主任及教授组成。

3. 行政委员会

行政委员会是全校行政之总枢，协助校长执行校务。其职权是：规划全校公共行政事宜；审查行政各部事务；执行临时发生之各种行政事务。

就实施情况看，东大的前中期，郭秉文一心谋事业之发展，工作务实，谦虚谨慎，民主作风较好，注意发挥"三会"的积极性，故各组织运转正常。及学校规模日大，事业日盛，各科间、人际间的矛盾也渐显露。郭秉文外务纷繁，逐步脱离群众而不明下情，评议会上对郭的批评之声渐多，郭遂以教授会、评议会成员多重复等原因，通过校董会撤销了评议会，引起众多教授的不满，故1926年重新修订的组织大纲不仅恢复了评议会，并扩大了教授会、评议会的职权。由此可见，权力需要制约，校长总理校务，亦需要相应的体制及机制相适应；而任何好的体制，又必须有人去执行。领导体制是前提，领导人是关键，相辅相成，一头也不能忽视。

4. 大学研究院

在1921年筹建东大的计划书中，就曾列有"各科硕士、博士之授予办法俟各科成立时再订"，东大组织大纲中亦列有类似条文，但并未实行。1926年10月，邹秉文、孙洪芬、陆志韦等22位教授署名提议创办研究院，提案说："大学教育之目的，不仅为注入式之灌输学术于学生，要在指导作育（启迪培育之意）学生，使能独立研究宇宙间之真理，以增进人类之知识与实际之应用，而匆匆四年之大学教育实为普通之高等教育，欲求作育专门人才，则有待于研究院之设立。"提案并附有研究院组织、研究院规则等详细条文。后经评议会、教授会讨论通过，设立了大学研究院。

研究院设高等学位委员会，其委员由教授会公推七位教授担任，每科至少须有1人，至多不得超过2人。7人中互选一人为主席，其职权是：主持研究院工作，委定各系所推举之研究生指导员（即导师），委定各研究生之考试委员，审定研究生入学及毕业资格，合格者报请校长授予学位。

报考者须是大学毕业，并经教授会推荐及高等学位委员会认可。研究生必须能以英德法文字之一种作流畅之行文，以另一种阅读其专门书籍。修业时间二学期，读满本系、副系各9

学分。论文应表明其有独立研究之能力而在学术上有确实之贡献。

5. 附中简况

东大对附中的建设投入了很大的力量，1921—1925年共投资30余万元，为同类学校中少见。附中具有一流的师资、一流的设备。先后在附中任教的著名教师学者有：罗家伦、张其昀、胡焕庸、雷宗海、廖世承、舒新城、邹秉文、孙俍工、甘梦里等。有40架3 000倍的显微镜，供上生物课同时使用，每人一架；有40架英文打字机，可供全班同学同时练习；物理、化学实验室的各种仪器设备均较充实。附中培养出来的学生，经本人继续潜修深造，出了一大批人才，如刘晓、巴金（原名李尧棠）、胡风（原名张光人）、屈伯川、周鸿经、徐克勤、周国庆、李国鼎等。

三、东南大学校董会

东南大学开我国国立大学设校董会的先河。校董会及各位董事从东大筹备的开始到结束，无论在精神上、舆论上、物质上、经济上、对外关系上、事业发展计划等方面，都曾给东大极大的支持和帮助。

1. 校董会的性质及职权

校董会的性质及职权有一演变过程。开始，属议事、咨询性质，其职权仅两条：一为扶助学校（事业）之进行；二是保管私人捐助之财产。经两年多实践，东大实际感受到了校董会之种种好处，许多事凭东大本身的力量确实无法办到，校董会中既有多位热心教育事业、有识有谋的教育家，还有多位对政府对地方有影响的知名人士及实业金融巨子，应该更好发挥他们的作用。1923年11月，郭秉文正式在校董会上建议，扩大校董会职权和修改校董会章程，把校董会放在与校长并列的位置甚至更高。修订的校董会简章于1924年6月25日经教育部指令核准，其主要内容如下：

校董会有下列职权：①决定学校大政方针；②审核学校预算决算；③推选校长于教育当局；④议决学校科系之增加废止或变更；⑤保管私人所捐之财产；⑥决定学校其他之重要事项。唯校董会的决议事项应由校长呈请教育总长核准施行，校董的资格分为两类：一类为当然者，由教育总长指派之部员1人，校长1人；另一类为选聘者，需是声望卓著热心教育者，或以学术经验，或以经济赞助本校者，名额为15人，由校董会选出后呈教育总长函聘，首次校董暂由东大筹备处推举。

2. 校董会的作用和事绩（按时间顺序择要记录如下）

1920年，张謇、蔡元培等10人致书国务院和教育部，发起在南高基础上筹建东南大学，后来又公诸各大报纸，大造舆论声势，形成有力影响。张謇等10人又拟具"筹建东大计划书"报教育部，提出具体实施方案。

1921年，校董会通过《东大组织大纲》，并认为郭秉文"研究教育，学习本原，故能领袖群英"，一致推举郭为东大校长，并迅具文报教育部呈总统审批。校董会同意东大与上海暨南学校合办上海商科大学。张謇、蔡元培等15名校董为东大筹建图书馆，先后向社会发出募捐启事，启事理、情、文兼备，效果良好。校董穆藕初资助东大教师出国留学银6万两，资助南高教师出国留学银6 000两（按：1两等于1.25银元）；在校董会影响下，上海纱厂联合会捐助东大改良棉种试验费2万元，上海面粉公会捐助东大小麦良种试验费6 000元、购地费4.6万元，上海银团公司资助1万元，上海商业银行资助两名出国留学生之费用。校董黄炎培借考察南洋之机会，为扩大东大校基，再次拜访华侨张步青先生，请其将在南京丁家桥的南洋劝业会旧址约500亩土地捐献给东大办学，获张氏首肯。

1922年，东大同行图书馆、体育馆、附中二院的立础典礼，省督军、省长、厅长、美国孟禄博士等均参加，校董黄炎培、沈恩孚、任鸿隽、严家炽等均来赴会，黄发表了极精彩之演说，有助于地方官员对东大的支持和赞助。在此前后四年，东大大办暑期学校，蔡元培、蒋梦麟、黄炎培、袁希涛等均热心支持，来校讲演或举办讲座。为便于工作和提高效率，校董会议决设立办事校董和经济校董，袁希涛、沈恩孚、黄炎培三人为办事校董，三位皆教育家，对南高、东大有历史因缘和特殊感情；聂云台、穆藕初、钱新之3人为经济校董，皆实业、金融巨子，已有潜在力，外有号召力。东大计划建造科学馆，全体校董再度署名发出募捐启事，并着经济校董帮助筹划。

1923年，校董会决定为东大分设的上海商科大学购地建房，筹款方法确定有二：一为先借款30万元；二为另行集资办法，地址经勘察选在上海县二十八保一带，征地500亩，请省、县政府协助办理，省、县政府复文同意。后因当地村民坚决反对，累次增加购地费未果，政府累行劝说无效，终未办成。校董会修改校董会简章，郭秉文建议扩大校董会职权计4条，确定校董会有责推选校长于教育当局等。东大主楼口字房失火被焚毁后，校董会即行召开会议，商议善后办法，原则确定建造科学馆和生物馆。

1924年，校董会继续商讨口字房失火的善后计划，议决：① 为生物馆募捐10万元；② 为东大另募建筑费20万元；③ 为商大置地募资20万元。江浙军阀又开战，省财政吃紧，江苏省财政厅行文谓，军事时期，中学、大学等宜缓开学。校董会认为：宁方秩序安谧，无碍讲学，不宜停顿，照常开学；商大在租界中，为中外观瞻所系，更应正常教学。

1925年，皖系军阀首脑段祺瑞上台，任执政兼国务总理，无端免郭秉文校长另任校长，校董会多次召开紧急会议，致电段执政、教育部、省长公署，表示严重抗议。对报纸上攻击郭秉文的不实之词，校董会复在报上一一加以澄清。沈恩孚、黄炎培代表江苏教育会致电国务院、教育部、省长等，详言郭秉文治校十年之业绩，反对政府乱免乱命。校董会组织临时委员会暂时维持校务，继续承认郭为校长，暂咨其出国考察教育。教育部令校董会暂行停止行使职权，段祺瑞多次下令整顿、查办、解散东大，皖系军阀卢永祥任江苏督军，见东大师生大部分拥护郭秉文，反对新校长，未敢贸然行动，表示军人不干政。7月新省长及校董会聘请原江苏省教育厅长、东大校董、东大兼职教师蒋竹庄代理东大校长。校董会对东大、商大继续履行职务，后逐渐减少。

1926年6月，上海商大学生要求迁回南京，教师反对并要求改为独立大学，校董会召开紧急会议进行讨论，对学生进行劝解。

纵观校董会成立以来的全部工作，查阅校董会历次会议的记录，从东大的诞生到东大发生易长风潮而处于困境，校董会始终在精神上、物质上、道义上多方面给东大以支持，作出了很大贡献，这一点应予肯定。其缺点和失误主要有两点：一是对郭秉文几乎是绝对信任，郭秉文在校董会上提出的种种建议，几乎是无例外被通过，致郭秉文要求撤销评议会，也在校董会获通过，学校失去公开评议校政的讲坛，其弊甚多，故此举未必明智。二是1923—1924年的两次江浙军阀大战使江苏省财政出现危机，上海是两省争夺要地，几度兵临城下，几番易守，工商业亦陷入困境，江苏省借口省内已有五所高等工业学校，决定停办东大工科，校董会不征求东大意见即表示同意，郭秉文虽恳予复议，校董会少数人仍坚持原议，结果使东大工科一度并入河海工科大学，后虽回归母校，但使茅以升主持下的工科失去了三年的发展建设时间，可谓管了不该管的事，决策有误。

第三节 东大的办学方针与主要业绩

一、东大的办学方针

自 1915 年春至 1919 年 9 月,郭秉文任南高教务主任和南高代理校长期间,致力于推行德智体三育并重的教育方针,详见第二章"郭秉文的教育思想"。

1919 年 9 月郭秉文任南高校长后,开始努力实现他的"寓师范于大学"的理想。他认为欲振兴教育,需先办好高师;欲办好高师,宜将高师办在大学之中。至 1921 年东南大学创办以后,郭秉文惨淡经营,倾全力于把东大办成崛起东方的现代综合大学。积多年之经验,渐渐形成了一套前后连贯的、比较完整的办学方针[1],对于学校的治理、学科的配置、事业的发展、教学与研究工作的开展、学风校风的建设以及人才的培养等方面,都有他的主张和见解。概括起来,可分成两个方面:

第一,在办学的指导思想上,郭秉文主张学者治校,学术自由,学生自治。

郭秉文曾在相当长的时期内,集中精力延揽国内外著名学者或饱学之士。自南高而东大,始终保持教授会组织,用以指导全校的教学、教务及研究工作。在设立评议会期间,强调议评会的职能主要是讨论学校的大政方针、教育方针,而评议会的委员和所属 10 个常设委员会的主任基本上都是教授。以至行政委员会副主任、行政各部主任,如教务部、体育部、会计部、出版部、群育部、建筑部、介绍部等,亦多由教授兼任。而各科、各系的主任必为教授更不待说。郭秉文认为学校是学术性机构,是培养人才之地,非学者不能担当起此责任。郭秉文又认为教育不应卷入政潮,政治不应干预教育,学校应由教育家独立去办,非如此不能保持学府的纯洁性。学者就是学者,"君子不党",不亲近政治势力,他自己毕生未参加党派,以至孙中山先生表扬了他对教育事业的贡献,邀其参加革命大业,他亦未从命,仍坚持自己的观点和态度。郭秉文的"学者治校""学者不参与政党、政治"的思想对南高、东大师生的影响甚深,故多埋头修业,潜心治学,"耻于奔竞,羞于为官",清高自赏,不入俗流。现在看来,要求教育超脱于政治的观点是不正确的,但是在当时中国那种军阀专政及战乱不止的社会背景下,一个致力于办教育的人也只能这样了。

郭秉文认为学术自由是繁荣科学的必由之路,亦是兴学育才的必由之路。在高等学府内,各种学说、主义和问题都应容许探讨,但应限于学理之研究,不许作实际之政治活动,尤不应借此作人身攻击。当时除广东省外,全国基本上处于军阀的统治之下,共产党被称为异党赤党,

---

[1] 张其昀:《郭秉文的办学方针》,刊于《郭秉文纪念集》,P1—7,台湾中华学术院印行,1971 年 9 月。

是非法组织，社会主义被视为洪水猛兽、妖言邪道，国民党亦曾处于地下，不允许公开活动。但在东南大学内，杨杏佛可以讲马克思主义和阶级斗争，学生可以举办"马克思学说研究会"，并公开举办各种讨论会、报告会，可请江亢虎来讲"社会主义"，梁启超、张君劢等也都来宣讲过各自的主义和观点，还有人宣传三民主义、改良主义、国家主义、国粹主义等，郭秉文还邀请国外各种流派的哲学家、教育家、科学家、文学家来校讲演。这与蔡元培先生的"思想自由，兼容并包""囊括大典，网罗众家"的主张，可谓南北呼应、一唱一和。这种思想自由的主张，在当时的情况下，客观上有利于马克思主义和进步思想的传播，正是在这样的环境和气氛下，南高、东大成了南京地区马克思主义学习和宣传的基地。校内各种学术讨论会、报告会频频举行，各科都成立了一种或数种研究会，各种出版物各具特色，其质量也提高甚快，后来多由商务印书馆和中华书局出版发行，有的出版物曾风行一时、订购踊跃，发行量达数万份。尤为可喜的是，这些出版物多由学生组稿、撰写和编辑。教师的专著和论文数量更为惊人，仅以教育科为例，共出版书（含译著）44种，发表论文400余篇。故学界多认为南高、东大学风纯良，学术气氛尤浓。

郭秉文认为，学校培养人才，一要发挥教师的作用，靠教师主动去教；二要提高学生的自觉，靠学生自动去学。郭秉文主持学校期间，能较好地发挥评议会、教授会的作用，使教授能普遍参加学校的重要会议。而于学生方面，提出了行"自动主义"的口号。"自动主义"包括的内容甚广，含学习上的自学和自力研究，生活上的自立、自理，各种学术、文化、体育活动的自行组织和主办。郭秉文关心和支持学生自治会的活动，并在附中、附小都建立了学生自治会，从青少年起就进行这方面的训练。郭秉文平时在办公室，人们的感觉是"正襟危坐，不苟言笑"，对学生则显得比较亲切，凡学生要求见校长的，都亲自会见，见学生行礼，即脱帽微笑相迎。植物学博士胡先骕教授在《梅庵忆语》一文中曾说：然校中最为学生所尊重、爱戴的，则为郭秉文校长。可见当时学校和学生的关系处于和谐融洽状态。

在当时的历史条件下，郭秉文主张学者治校、学术自由、政治不干预学校的愿望是好的，有积极的一方面，客观上有利于进步思想的传播，有利于学术的繁荣，有助于形成敬业勤学的学风，比之封建主义的治校思想，是一种转变和进步，但实际上是做不到的。在20年代的一段时间内，所以能暂时保存东大这一小块学术自由的"净土"，或系尚未触犯统治阶级的根本利益；或系军阀忙于政争军斗，一时无暇顾及；或系地方军阀沽名钓誉，借此炫耀他的开明。学校是社会的组成部分，它不可能脱离社会而独立存在或独善其身。郭秉文想办好东大，不能不和地方军政首脑保持工作联系，并有求助于地方之处，江苏省长期处于直系军阀的控制下，1924年冬，皖系军阀上台，风闻郭秉文充直系外事机要，在洋人面前说皖系要人的坏话，就必欲除之而后快。1月6日阁议免郭，7日即着教育部下达1925年第一号令免郭。郭秉文不欲过问政治，却无法使政治不过问教育；郭秉文不欲军阀干涉教育，却无术对付军阀对东大的干涉。郭秉文被迫放洋，飘然远去，有国难归。国外学者亦为此惋惜并感慨地说，这位中国著名的教育家、富有理想的教育改革家，一碰上军阀，立即败下阵来。离开了他自己所创建的学校，变成了中国教育界的"弃儿"、国际上的"流浪汉"①。而问题还不因此而告结束，由于东大大部分师生爱戴这位校长，反对北洋政府乱免乱命，于是"城门失火，殃及池鱼"，东大"在劫难逃"，段祺瑞迭下整顿、改组、停办东大令，激起了东大持续一年的易长风潮，东大因此由盛而衰。郭秉文思所不及的是，部分天真的学生，平时十分尊重他们的校长，因为郭秉文历来反对学校参与政治，反对军阀干预教育，但"揭发出来的材料"使学生"省悟""学校当局接受地方军阀政府的经济来办学，实际上就是维护现状，并非保持超然和中立"，尽管这些学生中的多数，几十年后"始有所悟"，亦只是后话而已。郭秉文的教育独立、学校不卷入政潮的主张，只能是以幻想曲始，以悲剧而告终。

关于学者治校，在当时的社会政治背景下，有其积极的一面，它能团结教师，使其维护学校，担起培养学生的责任。但亦有其片面性，有的教师，善于治学而不善于治校，勤于授业而不善于做人的工作，缺少组织能力和行政经验，而且当时的教师各有信仰主张，政治思想很不一致，加之政局多变，政出多门，又地方割据，各自为政，教育当局朝令夕改，一任总长一个令，学者治校甚难，实际上是不可能实行的。

第二，在办学的具体方针和管理上，郭秉文认为就大学教育而言，应该力求：① 通才与专才的平衡；② 人文与科学的平衡；③ 师资与设备的平衡；④ 国内与国际的平衡。

通才与专才的平衡。郭秉文认为大学应培养多种类型的人才，设立多种学科。本科注重通才教育，不忽视应用；专科注重专才教育，不忽视基础，两者相辅相成，不可偏废。但两者并非截然相对，一个综合大学的好处是，通才与专才可互相调剂，使通才不至于空疏，专才不致流于狭隘，而成为平正通达、学有专长的建国人才。蔡元培先生曾说："大学者，研究高深学问者也。"他认为"学"与"术"应有所区别，学是学理，术是应用，办高等教育应有分工，工农医等偏重于应用的可称为"高等专门学校"，文理等偏重于研究学理的可称为"大学"，故他在任北京大学校长期间，就曾将北大的工科调入北洋大学（今天津大学前身）并停办了农科，而只保留了文理与法两科。但郭秉文则认为，一所综合大学，可以既设偏重学理的学科，同时又设偏重应用的学科，两者互补，相得益彰。东大当时设文理、工、农、商、教育五科，学科之多，居全国之冠。茅以升博士就此曾说："本大学学制，以农、工、商与文理、教育并重，寓意深远，此种组合为国内所仅见，亦即本大学精神所在也。"② 事实上蔡元培先生的看法后来亦有了改变，1927 年他任大学院长（即教育部长）期间，经他同意的由东大、河海工大等 9 所高校所组成的国立第四中山大学，就包括了"学"与"术"两个方面的 8 个学院。

---

① 赵念渝、丁证霖译：《20 年代中国的教育改革》，节译自美国 Keenan 所著 Dewey Experement in China，刊于南京大学《校史研究专刊》，P95—100，1988 年 2 月。
② 茅以升等七教授致东南大学教授会、评议会函，1923 年 3 月，原件存中国第二历史档案馆。

人文与科学的平衡。这有两层意思：一是办综合大学，需人文社会科学与自然科学并重，社会科学之发展，有赖于自然科学；自然科学之发展，亦有赖于社会科学。两大类学科相互交叉渗透，有密切的内在联系，故东大之心理系隶属于文理、教育两科，东大之生物系又隶属于文理及农学两科，旨在受人文与科学平衡、结合之理。二是既要提倡民族精神，弘扬中国文化的优良传统，亦要倡导科学精神，吸取西方的进步科学文化，沟通、融会中西，使东大成为中国科学发展的基地、人文科学的基地、中国文化与西方科学的结合点。

师资与设备的平衡。郭秉文认为，大学教育当然以师资为第一，但是物资设备亦不容忽视。东大一建立，在学校经费十分困难的情况下，就以极大的精力和毅力，筹谋学校环境和教学、研究条件的改善。图书馆是知识的宝库，体育馆是强身的需要，科学馆是研究中心，列入优先考虑的位置。农科重实践、试验，除学校百亩农场外，又租用南京大胜关农场1 800亩，租借外地外省农场千余亩。应地学系要求，经过不懈努力，将钦天山、北极阁之气象台和中央观象台所属江宁测候所作为该系师生实验、实习的场所。将后湖（即玄武湖）作为水生植物和鱼类的试验池。因上海是中国的经济、金融中心，又是商业和对外贸易的中心，故将商科迁往上海，成为东大分设上海商科大学，对于了解各种经济信息和延聘师资，都极为有利。努力谋物理及化学实验室的充实和发展，受国外学者赞扬，获美国洛氏基金资助。凡此种种规划与努力，均旨在改善教学、科研条件，培养合格人才。故东大毕业学生，多具有较厚实的基础和相应的实际应用能力，为社会所看重。

国内与国际的平衡。东大本身，已具有为数可观的足智饱学之士，唯郭秉文认为，东大不仅应成为研究之中心，也应成为国内外学术交流中心，博取百家之长，而广求知识于世界，务使学生放宽眼界，开拓心胸，虚怀若谷，广纳无限之知识和智慧，如是则学问可修，事业可成，爱国之志，弥远弥坚。故东大每年必请多位国内外著名学者来东大讲演或作为期半年的讲学，并将其内容，在报刊上作概要报导，增进国人对世界的了解，也使外国增进对中国的了解。

郭秉文认为，为人为事，终是本于和平两字，平乃能和，和乃能进。西人云：唯均衡乃能和谐，唯和谐乃能进步。中西哲学，深相符契。所谓综合平衡，上述之4方面的平衡，归纳起来，实一个"平"字，平乃治学的座右铭，平亦办学治事之方针。

二、东大精神与校风

东大源出南高，且并存达三年，两者同一校园、同一校长、原班教师，教育思想，一以贯之；学风校风，一脉相承。在南高时期逐步形成的民族的、民主的、科学的精神，诚朴、勤奋、求实的校风，在东大时期继续得到充实与发展。

郭秉文对青年学生寄予厚望，勉励学生要为国分忧，为国尽力，使自己"具有国士的志节和风度，以国家为己任，以天下为己任"。东大的校徽，银质圆形，上面镌国立东南大学6字，中央镌"止于至善"四字，缘于《礼记·大学》"大学之道，在明明德，在新民，在止于至善"，复寓有东大的学风校风及师生之学行均求臻于至善的新意。郭秉文曾形象地用"钟山之崇高，玄武之恬静，大江之雄毅"比喻东大的校风，鼓励学子，孜孜不倦，奋力以求，给学生留下了难忘的印象，增强了学生爱校的荣誉感和凝聚力。

由于师生的同心协力，爱国爱校的思想融为一体，下列事实可以作证。

1923年东大发生了两件痛心之事。1923年11月，学校的实际校务主持者、南高及东大校风的主要缔造者刘伯明，因积劳成疾，脏腑内亏，又突患脑膜炎，溘然长逝，年仅37岁。学校遽失重心，是精神上的一大损失，全校笼罩在悲伤之中，哀悼之日，郭秉文亲致悼词，声泪俱下，不能自已。安葬之日，全校师生皆佩戴黑纱，含悲同往雨花台。胡适亦特致挽联：鞠躬尽瘁而死，肝胆照人如生。因刘伯明之道德学问均堪楷模，特将南高院之礼堂命名为"伯明堂"，置匾以资纪念。近悉，中国台湾地区之"中央大学"和"中国文化学院"均设立了"伯明堂"，并设立了刘伯明奖学金。民国以还，为一教师设堂立匾盖以刘伯明为第一人。1923年12月11日凌晨，东大主楼口字房突然起火，虽全力扑救，众生又纵身入火抢救文卷，终因风大火猛，水力不敌，被全部焚毁。师生皆失色，数女生失声痛哭，秉志教授闻讯晕倒不知人事。图书馆之书刊、生物系及物理系之仪器设备、约7万件动植物标本、众教授之私人藏书、稀世之宝利马窦所绘地图，以及教务处和各科办公室、教师预备室共120余间，均付之一炬，总计损失约值40万银元。事发后学生自治会立即召开会议，决议体恤学校巨损，勉每位学生捐助20银元，多者不限。全体教职员集会体育馆，公推茅以升教授为大会主席，柳诒徵、邹秉文两教授呼吁与学校共度时艰，倡议每位教职员捐薪一月，获一致通过。各地校友会闻讯后多召开专门会议，勉各人捐助20—40元，多多益善。学生自治会还迅即组织义演队，赴苏锡沪演出，将收入全部充作学校恢复基金。郭秉文深受感动，勉励师生勿要过悲，"祸兮福所倚，火能毁之，我能建之""乌云过去，必大放光明，赖吾人自力奋斗"，慰诸生在废墟上重建殿堂。

1925年的"五卅运动"开始后，东大教授立即成立东南大学教授外交后援会，用多种外国文发表宣言，揭露"五卅惨案"真相，谴责英日帝国主义霸权行径，主张对英日经济绝交，首先倡议并实行将庚子赔款退还部分中分给东大的14余万金法郎全数接济上海蒙难工人。东大的学生除立即举行罢课和示威游行外，吸取五四运动的经验，走与工人相结合的道路，深入工厂，组织和发动了波澜壮阔的工人运动，其中英商和记洋行的工人斗争搞得有声有色，成为南京学生运动与工人运动相结合的范例。

东大师生的爱国爱校之情、东大的校风士风，举此三例可窥一斑而见全豹。

提倡科学精神，奖掖敬业潜修，致力学科建设，开展学术活动，培育科学人才，自是东大精神与校风中最具特色的一章，时东大罗致学者专家之众，著书立说之多，学术空气之浓，均处国内领先地位，陆志韦教授撰写出版的系列心理学著述、秉志教授编写的生物及生理学教材讲义均达10余种。老师躬身示范，学生相效相行，举办各种学术会议，出版各种学术刊物，成了校、科、系学生自治会举办的各种活动中参加人数最多、最活跃的项目。据已知资料，有教授指导由学生主办的期刊就有下列 8 种（表 3-3）。

表 3-3　东大学生主办的期刊

期刊名称	主办单位	出版单位
数理化杂志	数理化研究会	商务印书馆
工学丛刊	工学研究会	本校
史地学报	史地研究会	商务印书馆
文哲学报	文学研究会 哲学研究会	中华书局
教育汇刊	教育研究会	中华书局，后改商务印务馆
农业丛刊	农业研究会	商务印书馆
体育季刊	体育研究会	商务印书馆
国学丛刊	国学研究会	商务印书馆

东大学者，慕真务实，追求真理，崇尚科学，究义利之别，明诚伪之分，浸身于学问之中，不恋权势，不苟流俗，沽身自好，外人曾惜以东大不出显要为憾，唯东大师生，以此为荣，以此为乐，观诸南高、东大历届毕业学生，或终身从事教育事业，或毕生致力于专门研究，鲜有依傍权贵、弃学为宦之人。此种精神，日涵夜濡，日积月累，潜移默化，互相浸染，渐渐成为东大可贵之校风。

三、东大的主要业绩

1. 广延名师，集俊彦以育英才

东南大学最成功之处是在国内外延揽了一大批著名的学者教授，使每个科系都具有国内一流的学术领导人，各门学科都有自己的特色。

郭秉文延揽师资，重实学，不务虚名，礼贤下士，竭诚相聘。他曾利用多次出国考察的机会，到中国留学生比较集中的地方和学校，周咨博访，亲往以求，或向学校有关方面作详细的了解，或亲自听课和观看实验，为南高、东大物色了众多人才。郭秉文的"杰作"之一是促成由数百名中国留美学生组成的"科学社"迁来南高，使之成为南高、东大师资来源的重要渠道。郭秉文延师有道，传为美谈，以至胡适也风趣地说，要不是蔡子民先生有约在先，我也难以逃出郭秉文之手，我的两度同窗挚友任鸿隽，不是已被郭先生请去了吗！后来南高、东大名师荟萃，蜚声海内，复出现了"孔雀东南飞"、以受聘东大为荣的情况，人才的来源和渠道更加畅通，真可谓俊彦云集，盛极一时。燕京大学校长司徒雷登堪称是"中国通"，他在所著《中国五十年》一书中对郭秉文赞誉备至："他延揽了五十位留学生，每一位都精通他自己所教的学科。"北京大学教授梁和钧先生在《记北大（东大附）》一文中说："东大所延教授，皆一时英秀，故校誉鹊起。……北大以文史哲著称，东大以科学名世。然东大的文史哲教授，实不亚于北大。"

1925年郭秉文被免职，东大处于混乱之中。省公署和东大校董会两度聘请蒋竹庄出任东大代理校长，蒋竹庄虽处于十分困难的情况下，唯对延揽教师一事毫不放松，因此虽有部分名师先后悻悻离去，新的知名学者仍不断而来。现将先后在东大任课的教授名单开列于下（部分教授学历、学位未详）。

（1）文科

刘伯明，美西北大学哲学博士；陆志韦，美芝加哥大学哲学博士；汤用彤，美哈佛大学哲学博士；卢锡荣，美哥伦比亚大学哲学博士；施学齐，德柏林大学史学研究员；宗白华，德柏林大学研究员；方东美，德柏林大学研究员；梅光迪，美哈佛大学教授；陈衡哲，美芝加哥大学硕士，中国第一位女教授；楼光来，美哈佛硕士；陈逸凡，美哥伦比亚大学政治学硕士；萧纯锦，美加州大学经济学硕士；张士一，美哥伦比亚大学硕士；吴宓，美哈佛硕士；李玛利，美伊利诺伊大学硕士；林天兰，美普林斯顿大学硕士；何志竞，留美硕士；王伯秋，留日、美；顾实，留日；罗家伦，留美、英、德、法；夏之时，留美、菲；龚质彬，留美；黄华，留美；罗世真，留日；柳诒徵、陈中凡、吴梅、蒋竹庄、王伯沆、姚孟垲、姚明辉、商锡永、黄叔巍、陈去病、钱基博、刘三、李审言、王易、王伯前、姚仲实、徐曦伯、范彦矧、范肯堂、孔繁鸎、赵振甫、吴猗沧、谢无量、萧鸣籁、周盘、谢纯夫、赵兰坪、刘崇本、章厥生、程德谓、章欧声、孙浩煊、商鼙、姚永朴、吕召侯、韩香玫、黄国雄、林承鹄、黄仲苏、崔有瀷、马惟德（美籍）；赛珍珠（美籍）；温德（美籍）。

（2）理科

胡刚复，美哈佛大学物理学博士；竺可桢，美哈佛大学地学博士；吴有训，美芝加哥大学物理学博士；李寿恒，美伊利诺伊大学化学博士；赵承嘏，瑞士日内瓦大学理学博士；叶企孙，美哈佛大学博士；张正平，美威斯康星大学地学研究员；孙佩章，美里海大学地学研究员；熊庆来，法蒙柏里大学理科硕士；何鲁，法里昂大学硕士；段调元，法里昂大学数科硕士；熊正理，美函益令大学硕士；任鸿隽，美哥伦比亚大学化学硕士；段育华，美加利福尼亚大学化学硕士；辜庆成，英剑桥大学硕士；周家树，美普林斯顿大学硕士；张子高，美麻省理工学院研究部助理；路季讷，美里海大学工程师；郭坚伯，法蒙柏里大学硕士；孙洪芬，留美；王琎，留美；徐韦曼，留美；查啸仙、王叔义、靳荣禄、徐渊摩、薛祖康、史密斯（美籍）。

（3）教育科

郭秉文，美哥伦比亚大学哲学博士；陶行知，美伊利诺伊大学硕士，哥伦比亚大学教育学院都市教育局长资格文凭；廖世承，美勃朗大学教育学博士；程其保，美哥伦比亚大学教育学博士；徐则陵，美伊利诺伊大学史学硕士，哥伦比亚大学硕士；朱斌魁，美哥伦比亚大学哲学博士；艾伟，美芝加哥大学哲学博士；郭任远，美加利福尼亚大学心理系博士；程湘帆，美哥伦比亚大学教育硕士；董任坚，美康乃尔大学心理学硕士；陈鹤琴，美哥伦比亚大学教育硕士；郑宗海，美哥伦比亚大学教育硕士；赵叔愚，美哥伦比亚大学硕士；汪典存，美哥伦比亚大学硕士；程锦章，美哥伦比亚大学教育硕士；卢颂恩，留美；张信孚，留美；卢爱林，留美；孟宪承，留美、英；洪范五，留美；俞子夷、汪懋祖、常导之、李建勋、丘椿、余家菊、朱君毅、王瑞娴、高君珊、黎庆公、陈裕光、麦柯尔（美籍）、饶冰士（美籍）。

（4）工科

茅以升，美加州理工大学工学博士；涂羽卿，美麻省理工学院土木科硕士；杨肇爃，美麻省理工学院电机科硕士；刘润生，美康乃尔大学机械工程师；陈荣贵，美纽约工程大学工厂主任；张延金，美电机科硕士；徐乃仁，美康乃尔大学土木科硕士；余谦六，美康乃尔大学电机科硕士；李世琼，留英；刘承芳，留美；林光祖，留美；贺懋庆、杨季瑶、沈祖玮。

（5）农科

秉志，美康乃尔大学哲学博士；胡先骕，美哈佛大学博士；常会宗，法里昂大学农学博士；唐启宇，美农业经济学博士；张景钺，美芝加哥大学植物学博士；胡经甫，美康乃尔大学博士；钱崇澍，美哈佛大学研究员；郝巽坤，美加州农科大学博士；姚醒黄，美犹太省农业大学博士；罗清生，美堪萨斯州立大学博士；过探先，美康乃尔大学农学硕士；陈焕镛，美哈佛森林学硕士；陈桢，美哥伦比亚大学硕士；邹树文，美伊利诺伊大学硕士；王善佺，留美硕士；张海珊，美加州大学农学硕士；叶元鼎，美乔治亚大学农学硕士；汪德章，留美硕士；张巨伯，留美硕士；张天才，留美硕士；盘珠祁，留美硕士；孙恩麟，留美硕士；邹秉文，留美；黄国华，留日、法；何尚平，留法、比利时；杨柄勋，留美；李炳芬，留美；原颂周，留美；葛敬中，留法；戴芳澜、凌道扬、谢家声、王兆麟、许震宙、姚心斋、顾镔、费歇尔（法籍）、吴伟夫（美籍）、白德弗（美籍，麻省农业大学校长）、文德（美籍）、佐赖昶（日籍）、泷廉（日籍）。

（6）商科

胡明复，美哈佛哲学博士；马寅初，美哥伦比亚大学博士；孙本文，美伊利诺伊大学社会学博士；胡润德，美密苏里医药学校医学博士；杨杏佛，美哈佛商学硕士；沈籁清，美哥伦比亚大学商科硕士；林志煌，美哥伦比亚大学商科硕士；邝光林，美哈佛商学硕士；林振冰，美哥伦比亚大学硕士；徐广德，美宾夕法尼亚大学经济学硕士；唐庆诒，美哥伦比亚大学硕士；莫迪，美加利福尼亚大学硕士；王正序，美普林斯顿大学硕士；李道南，留美；牛惠霖，留英；钟伟成，留美；黄勤，留美；温万庆，留美；潘序伦、陈殿扬、潘学安、詹文忠、陈长桐、瞿季刚、蔡正雅、严畹滋、瞿桐幽、严谔声、傅斯德（美籍）、萨伯帝爱（法籍）、威芮（法籍）；季亚德夫人（法籍）。

表 3-4 东大教授统计表

科别	曾在国外任教授研究员或获博士、双硕士者	曾在国外获硕士学位或相当职务者	曾在国外获学士学位或曾出国留学者	本国教授，含档案中无学历记载者	外籍教授	共计教授
文科	9	8	7	43	3	70
理科	8	13	3	4	1	29
教育科	8	7	5	11	2	33
工科	1	7	4	3	0	15
农科	10	12	7	7	6	42
商科	4	9	5	11	4	33
合计	40	56	31	79	16	222

表注：因人事档案不全，实际留学并获学位人数当超出上述统计数。

东大教授均较年轻，一般在 30 岁上下，故新中国成立初期，多仍在大专院校、学术研究机构担任学术或行政领导职务，如中国科学院三位主管业务的副院长竺可桢、吴有训、严济慈都是东大师生。东大的教师被遴选为中国科学院学部委员的有陆志韦、竺可桢、叶企孙、秉志、茅以升、赵承嘏、陈焕镛、钱崇澍、戴芳澜、秦仁昌、陈桢、胡经甫、郑万钧、张景钺等。强大的东大师资队伍，培养出一批出色的人才，如吕叔湘、柳大纲、赵忠尧、施汝为、王家楫、王葆仁、吴学周、何增禄、顾敬心、周鸿经等（其中自柳大纲至何增禄均被遴选为中国科学院学部委员）。

2. 兴馆建舍，为学校奠定物质基础

南高的教学、生活用房基本上沿用数经兵灾的两江师范旧房，虽经修葺，已甚破旧，且远不敷发展的需要。东大成立后，即聘请杭州之江大学的建筑师韦尔逊先生到校兼任校舍建筑股股长，察看地势，作出通盘规划，以四牌楼为中心，次第向四周辐射，按急缓轻重，拟订分期实施计划，并请上海东南建筑公司绘具总图。

图书馆系当务之急，且需款甚巨，校董事会为此发出募捐启事，辞意真切，谨录其要。古代大学一图书馆也。历代典章文物，悉萃学校，学术以是而兴，人才以是而盛。欧美贤哲，谓化民成俗之道，莫捷于图书馆，公私竞建，厥类孔多。而大学之差第，尤以图书贫富为衡。东南学子，饥渴于学，亦既有年。今大学初设，筚路蓝缕，万事草创，建馆购书，为万事中尤急之一。仰大人长者，高资素封，奖掖学校，其风其义，必与年而偕进也，泽被东南，德且无艺。大雅宏达，乐助其成，请勒鸿名以章不朽。同时，拟具《东南大学图书馆募捐章程》，说明有愿独资捐者，将仿照美国哈佛大学之成例，落成后即以捐资者之别号命名图书馆，并为之塑像。若为集资捐建，则将置铜牌，镌刻芳名，悬正厅之壁，以志盛德。后郭秉文得知原江苏督军李纯自杀前所立遗嘱，将遗产之一部分捐给南开大学造八里台校舍，遂劝说继任督军齐燮元独资捐建东大图书馆，把好事办在生前，获齐氏首肯。建馆暨配套设备，合计约 16 万元，落成后以齐燮元之父名命名为"孟芳图书馆",张謇题匾(即今图书馆之老馆)。

体育馆是健身和倡导体育的需要。省财政厅仅同意拨款5.9万元盖主楼,而游泳池、暖气等配套设备尚需的4.1万元无着落。校董会复又署发募捐启事,辞富鼓动性,文辞亦佳,破题就是:吾国需要体育亟矣!举目皆肩欹、背曲、形孱、神蔽之人。民力柔靡,国力何恃?同期规划施工的房舍尚有附中二院,即今中山院的前身。东大经精心安排,定于1922年1月4日同行图书馆、体育馆、附中二院的立础大典,把督军、省长、教育厅长、财政厅长及外国博士等均请到,礼仪隆重,备军乐队奏乐,请诸军民长依次发表演说,校董黄炎培除代表校董会对捐资者表示谢意外,又讲了两点个人意见,简志于下:"今希望共求改革者两点:一在个人方面,必须打破财产继承制度与观念,遗财产于子孙,适所以害子孙,即遗留虚名位,亦所以害子孙。二在公家方面,从前有量入为出等说,即谬误也,夫教育为立国之本,百姓纳税,公家办学,自应由公家勉力负担。"说毕众大鼓掌。郭秉文乘兴陪省长到体育馆行立础式,请公署担负配套实施的募捐任务,省方面允。

学生宿舍之建设,运用银行投资合作的方式进行。农具院的房子,由校董穆藕初独资捐助。该院建筑的目的是征集中外各式农具,一事展览,二事试验,落成以后,当即有美国合众收获农具公司运来各式农具19种凡49大箱,赠予东大。

东南教师久想盖一座像样的科学馆,作为全校的研究中心。苦于需资甚巨,迟迟难以实现。1922年间,美国洛克菲勒基金会中华医学基金会拟在中国科学力量最强的大学建造一所科学馆,请孟禄博士为代表,会同协和医院韦尔逊教授到有关学校调查,调查结果认为东大的科学研究力量居全国之首。1923年,东大主楼口字房又遭火灾,经校董会、洛氏基金会及东大等几方面会商,决定建造科学馆,中方负担10万元,美方负担10万美元,因江浙战争及易长风潮影响,科学馆(即今之健雄院)1924年破土动工,1927年方始建成。落成后,洛氏基金会又捐助仪器设备费5万美元,开国立大学接受外国基金会资助的先例。

1924年,东大同时拟建生物馆(即今之中大院),并经校董会议决通过,由经济校董筹资10万元,洛氏基金会亦表示予以赞助。郭秉文雄心勃勃,真想把东大建成东方的"剑桥",拟次第建设文哲院、教育院、工艺院、农艺院,孰料1925年1月阁议突免郭职,虽校董会和东大师生一面坚决否认,一面竭力挽郭,唯郭去意已决,对东大教师代表,郭秉文教授讲了三句话:"为个人幸,为学校惜,为国家痛。"就此,除生物馆按原计划进行外,其他皆一时化为泡影。

首建三馆,体现了办学者的办学思想和远见。三馆的规模与质量,在20年代的中国,均堪称第一流的建筑,沿用至今已80余年,充分发挥了它们在治学、研究、集会、振兴体育等方面的作用,也为中大、南工及今日的东大奠定了物质基础。而郭秉文"公办民助"的思想,采取公家拨款、独资捐助、个人赞助、校董会集资、银行投资、外国基金会捐资等多渠道筹资齐上的办法,收到了较快较好的效果。在20年代许多学校连薪金也开不出的情况下,东大却能兴馆建舍，不能不说是一个奇迹。

3. 面向世界，开展国际学术交流

鸦片战争以后，帝国主义频频入侵中华，划分在华势力范围，加之中国经济、科学、文化落后，中国处于危局。郭秉文认为，不发扬民族精神，无以救亡图存；不学习西方进步科学文化，则不足以救亡图存。郭秉文又认为知识无国籍、科学无国界，一个民族欲使自己的民族文化永立于世界之林，还须不断去陈布新、融和中西，创造和发展新的文化。郭秉文书院出身，受儒家学说的影响很深，后来又变成了一个虔诚的基督教信徒，凡事总希望通过和平、和解的方法来解决，故他还希望通过中西的文化、学术交流，增进国家之间、民族之间的相互了解，来促进世界和平。20 年代，国内大学不多，未形成竞争局面，北大东大，一北一南，相处甚为友好。北大的前后任校长蔡元培、蒋梦麟及一般教授，对东大的诞生和发展，始终都持积极的支持态度。因此，当时的东大在国内高校中已有了无可争议的地位，就想进而考虑扩大国际影响，努力把东大办成世界上有声望的大学。东大除大量延聘国外留学生、不断派遣助教出国进修外，还十分重视开展国际学术交流，一段时间内，东大几成东西文化、学术交流的热点，各国著名学者来华讲演、讲学，几乎必来南高、东大，现择要记述如下。

1920 年春，美国杜威博士再度来华，又至南高，在南京前后三个月曾来校讲"教育哲学""新人生观""科学与德谟克拉西"，除宣传其实验主义等哲学思想、教育思想外，也努力沟通中美文化，对五四运动评价甚高，认为是"中国自辛亥革命以来最善良、最坚忍之运动，自救危亡，波澜壮阔，诚中国之奇观""且为诞生新文化之新纪元"。夏天，复由蔡元培、黄炎培等陪同，多次到南高暑期学校讲演。

1920 年 10 月，英国著名学者、逻辑实证派大师罗素前来作关于哲学的讲演，倡导以逻辑推理与科学方法求知。

1921 年，美国哥伦比亚大学师范学院院长孟禄博士来东南大学讲演两次，一次讲"平民教育"，一次讲"教育与实业的关系"，因孟禄博士"对教育实行不倦，对中国学生亦至为厚爱"，郭秉文代表国内 19 个团体表示谢意。孟禄博士系国际教育会东方部主任，故对中国教育尤为关心，他认为东南大学将来可成为东方教育之中心，"是中国最有希望之大学""将来该校之发达，可与英牛津、剑桥两大学相颉颃"。他建议国际教育会每年派著名专家来东大讲演、讲课，所授科目，年年更新。孟禄博士又是美国钢铁大王卡内基基金会（Carnegie Foundation）之代表，他认为东大在苏浙两省多处所作的"心理知识测验"等方面成绩突出，颇有新意，拟请该会资助美金万元以购置设备，使该测验取得更大成绩，并派美国专家来东大学习并作精密之研究。孟禄复受洛氏基金会之委托，对中国高等学校科研力量进行考察，其结果使洛氏基金会赞助东大建造科学馆。在东大图书馆、体育馆的立础大典上，孟禄博士也亲临致词，他说："中国近年来，做了一件最令人满意之事，即设立了几所大学，大学的功效甚多，而最要者在文化。中世纪的欧洲，文化还有希腊、罗马的区别，界线分明，互不相容，自大学兴，文化始沟通。现

在论国界，尚有德法英美之分；论文化，不复分矣！""本人对中国固有之文化诚堪佩服，但当今之世，必须取欧西之长，融会而贯通之。"

1922年10月6日，美国伊利诺伊大学加纳博士在东大分设上海商科大学作"关于世界政治发展趋势"的演说。同月下旬，德国著名哲学家杜里舒博士、韦理博士及美国推士博士先后在商大、东大发表演说，梁启超等同来。杜里舒说："中国之哲学系东方之精华。中国老庄之学说与德国康德之学说，在哲理上多相近之处。哲学为各门科学之基础，各门科学中的间隙及其交叉之处，亦须用哲学来填补，奥玄无穷。我此次来华，抱定知之为知之、不知为不知之精神，共同探求哲学上之真理，切不可以师生相待。"梁启超演讲中道："老子曰：人能宏道，非道宏人，真理昭然，为吾人开辟学问，行天道、人道之指针。中国当此困厄之秋，诸君抱定宏道精神，发展新文化新哲理，此吾所寄厚望于诸君也。"演说后杜里舒博士即留在东大授课一学期，开出的课程有《生机哲学》《哲学史》《欧美新近哲学思潮》，使师生开眼界、获启迪，受益匪浅。

1923年6月东大举行毕业典礼时，郭秉文校长以下述三点理由授予杜里舒东大名誉博士学位：① 尊重世界上之最新学术；② 倡导学术大同之精神；③ 提倡中德间及国际间的学术合作，协调社会科学与自然科学的共同发展。东大哲学教授刘伯明博士在致词中说：杜里舒博士经近二十年的研究、实验，发明生机哲学，使希腊亚里士多德之空想，见诸事实，以生物学证明，人之生命，非理化所能解释，实因细胞具有一种创造之能力。亦非因果律所能解释，且根本上反对机械的因果律。人生是创造律，具有生命的创造功能。其后，国际教育会复派推士博士来校开设"科学"讲座，洛氏基金会派史密斯教授来校讲授物理，巴黎大学吕留教授、华盛顿大学乔温博士来校参观座谈，菲律宾工科大学主任刘诺治来校讲授工程学一学期，美国植物学家柯脱博士来校讲演。

1924年4月20日，印度文豪诗圣泰戈尔来东大讲演，轰动南京，体育馆座无虚席。泰戈尔说："近世文明，专尚物质，并不为贵。亚洲民族，中印两国，自有最可贵之固有文明，发扬而之大之，实中印两国之大幸，亦全世界之福。"

20年代初，美国哈佛大学与麻省理工学院甚想在中国物色一所合适的大学合办工科，孟禄博士遂向他们推荐东南大学，外交部部长、东大校董王正廷又从中斡旋和协助，哈佛与麻省遂派造桥大王沃德尔（Waddell）、工程师麦洛埃（Melov）与孟禄博士来东大考察、洽谈，会谈甚融洽，进展甚顺利，一致同意并拟具了《中美合办工科大学之计划》，其内容要点是：① 合作双方，中国为东大，美国为哈佛与麻省。② 经费：中方负担者二：一为基地校舍，二为经常费每年 75 000 元；美方负担者三，一为经常费每年 75 000 美元，另筹资 100 万美元作扩充工科之用，二是设备由美方供给，三是专业教员由美方负责。③ 组织：设立9人校董会，中方推荐3人，美方推荐3人，东大校长1人，"哈佛"与"麻省"毕业的中国学生2人。该计划经东大校董会讨论通过，并由郭秉文、麦洛埃、孟禄草签。后因江浙连年兵战，省库罗掘已尽，上海工商业亦不景气，拿不出如许钱购地建房，美方亦失去积极性，计划落空。

就郭秉文个人来说，亦曾数度出洋考察：①1915 年春，郭秉文与陈容赴欧美各国考察高等教育；②1915 年 6 月，郭秉文与陈容赴日考察高等教育；③1917 年 3 月，教育部派郭秉文、黄炎培等赴日本、菲律宾考察高等教育，郭任团长；④1917 年任欧洲及美国教育考察团主任；⑤1919 年 3 月，郭率团考察美英法德意日瑞士等国高等教育；⑥1924 年 10 月，东大组团考察日本高等教育。郭每次考察回来均向师生及有关方面作报告。1923 年 6 月，郭秉文以中国首席代表身份，参加世界第一次教育会议，出席者有 60 多个国家的 300 多名代表，郭在大会上发表讲演说：此次会议系世界教育史上的空前盛举，意义非同寻常，与会代表，凡种族之差别，宗教之不同，肤色之相异，国风之悬殊，无不一一被忘记干净，而胸中独有之最高位置，唯以教育维系共同命运，唯以教育促进世界和平。吾国为爱好和平之民族，其事圣著，吾数千年前之圣哲，即谓"天下一家"，祈共勉共励。演词情理并茂，颇得与会代表赞赏，大会选举郭秉文为世界教育会副会长兼亚洲分会会长，以后又连续两届被选为副会长。1925 年 9 月，当郭秉文在英国爱丁堡参加世界教育会议时，美国各界领袖百余人，发起在约翰霍布金斯大学主办"中国关系讨论会"，电邀郭秉文前往主讲，郭的讲题是《中国现状的国际观》，使对中国情况知之甚少的美国人增加了对中国的了解和兴趣，与会代表回到各州后纷纷邀请郭前去演说，郭在各地的讲题有：《中国，远东，美国》《东方人心目中之远东问题》等，并为美《亚洲》杂志撰写《一个中国人所见的中国问题》。这些演讲和文章，增进了美国人对中国的友好情感。1926 年，郭秉文在美国发起和组建华美协进社，其目的有三：① 提倡中美文化合作交流；② 宣传中国文化及国情，使美国朝野对中国有正确的认识；③ 给中国留美学生以种种方便和帮助，郭任社长，并担任芝加哥大学哈里斯基金学院讲座。郭撰写的《中国五千年教育文化之发展》在费城 150 周年展览会上获优等奖。郭秉文成为中美文化合作交流的开拓者。在 20 年代的国际科教文舞台上，国内似没有比郭秉文更活跃的了。

第四节　教学、研究与学科建设

一、文理科[①]

1. 概况

东大的文理科是在南高的文史地部、数理化部、英文部及国文专修科的基础上组建而成，先后任课的教授计 99 名，是东大规模最大、师资阵容最强、培养人才最出众的一个科，其中曾在国外获博士学位或任教授者 17 人，获硕士学位者 21 人，曾出国留学者共计 50 人；国学大师的阵容亦甚强，柳诒徵以史学鸣，姚孟埙以经学鸣，陈中凡以子学鸣，顾实以小学鸣，蒋竹庄以佛学鸣，李审言以骈文鸣，姚仲实以古文鸣，王伯沆以诗及理学鸣，吴梅以词曲鸣。文理科主任为刘伯明，刘病逝后由孙洪芬教授继任。各系系主任(含曾任)名单如下：

国文系：陈中凡　　　　历史系：徐则陵
哲学系：刘伯明　汤用彤　英文系：张士一　楼光来
西洋文学系：梅光迪　　政治经济系：王伯秋
数学系：熊庆来　　　　物理系：胡刚复
化学系：孙洪芬　　　　地学系：竺可桢

2. 教学与研究

东大实行选课学分制，学规渐趋完善，选修课程、研究课题渐增，对师生的志趣爱好和治学修业精神都产生了积极作用。其选课学规有三项。

甲：必修科。国文 6 学分，英文 12 学分，共 18 学分。另从下列 5 组中，每组选 4—8 学分。①组：国文、英文、西洋文学；②组：历史、政治、经济；③组：哲学、数学、心理学；④组：生物学、地学；⑤组：化学、物理。

乙：自选主系辅系。由学生于本科各系中自选一系为主系，然后由主系教师提出数系，任学生选取其一为辅系。主系学程至少应修 40 学分，至多修 60 学分；辅系学程，至少选 15 学分，至多选 30 学分。

丙：自行选科(即学院)。除甲、乙项规定学程外，还可由学生自修他科之学程，唯须经指导员之同意。

以下从文、理科中各取一系之学程表供参阅(表 3-5—表 3-9)。

[①] 《国立东南大学一览》之五，东南大学档案馆，编号 2—20023034。

表 3-5　国文系本科必修学程

学程	学分	学程	学分
群经通论	3	诸子通论	3
史传通论	3	典籍总略	3
散文（经典解诂）	2	散文（学术思想）	2
散文（传记）	2	散文（书牍杂文）	2
古今诗选	3	历代赋选	3
词选	3	典选	3
小说选	2		

表 3-6　国文系供辅系学生自选之学程

学程	学分	学程	学分
文字学	3	声韵学	3
训诂学	2	文章学	2
诗赋通论	3	词学通论	3
历代文评	3		

表 3-7　国文系供他科学生自选之学程

学程	学分	学程	学分
中国文学史	3	诗赋史	2
词史	2	曲剧史	2
小说史	2		

表 3-8　国文系之研究科目（学分临间酌定）

王礼文	春秋三传文	论语文
群经文	国策文	史记文
汉书文	三国志文	晋书宋书文
老子文	庄子文	墨子文
孟子文	荀子文	韩非子文
吕子文	周秦诸子文	贾谊文
淮南子文	杨雄文	曹植文
陆机文	汉魏名家文	六朝文
韩愈文	柳宗元文	唐宋名家文
文选派之文	唐宋八大家之文	诗经
楚辞	汉魏乐府	建安七子文
阮嗣宗诗	陶渊明诗	谢康乐诗
八代名家诗	文选派之诗	李太白诗
杜子美诗	唐宋名家诗	江西派诗
元明清名家诗	唐五代诗	北宋人词
南宋人词	宋元以来名曲	宋以后小说
本国人论东西洋各国文特别研究等	外国人研究中国文学之情形	

表 3-9　数学系本科必修学程

学程	学分	学程	学分
数学补遗	4	球三角	2
大代数甲、乙	4	解析几何甲、乙	4
图解几何	3	近世几何	3
初定天文	3	微积分甲、乙	4
微分方程	2	解析几何深论	4
方程论	3	几率	3
离等分析	4	分析椭应数	3
数论	2	高等几何	2
微分方程详论	3	动学	2
分析力学	3	天体力学	3
数理的物理	3	数学史	2

辅系的选修学程，按前述乙项办理；自选他科学程，按前述丙项办理；研究科目及学分临时酌定。

3. 学科特色

人文科学教授多有较深国学根底，复经出国深造；国学大师多能与留学生密切合作，以科学态度，探讨中西文史哲理，既反对全盘西化，又反对全盘否定中国文化，主张弘扬民族精神，贯通古今，融会中西，自立风格，自树一帜。文史哲的教授于1922年1月创办《学衡》杂志，至1933年停刊，共出版79期，在国内有一定影响。其创办之宗旨为：论究学术，阐求真理，昌明国粹，融化新知，以中正之眼光，行批评之职事，无偏无党，不激不随。其目的为："翼学，邮思，崇文，培俗。"有人评说《学衡》复古与保守，其实《学衡》介绍西方文史哲的内容并不少于国学，该刊曾刊登刘伯明评介中西哲学、评说中西文化、评论学风校风建设等多篇佳作，刊登柳诒徵等阐述、弘扬中国民族文化等多篇力作。《学衡》坚持民族自尊自信，对中西学皆实行取法其精华、舍弃其糟粕的精神，应予肯定。唯当时提倡学术自由，文责自负，个别人对新文化运动不理解、有抵触，亦自有之，个别人思想倾向保守、迷泥国故，亦自有之。有人对全盘否定孔子不予苟同，亦应肯定。故对于《学衡》应作历史的、实事求是的分析，不宜以偏概全，笼统说其复古与保守。

理科的数理化地4个学术领域都有一流的学者，皆是精兵强将，有可贵之学风，重视基础理论，重视科学实验，重视实验室的建设，重视学科间的互补和加宽基础[①]，如学理化者，必要求打好数学基础；如学物理者，必求学好有关化学课程；如学化学者，必求学好有关物理课程。由于学风之浸染、学师的熏陶，加上学子的敬业勤修，致精英辈出。如物理系系主任、

---

① 严济慈：《南高东大物理系之贡献》，刊于《国风》第7期第2号，南京钟山书局，1935年。

物理学博士胡刚复对光电学造诣尤深，其弟子吴有训，在 X 射线对原子气体的作用等方面，作出了较大的贡献；而吴有训的弟子余瑞璜，亦在光电学及 X 射线方面的研究获重大成功。竺可桢教授是我国地学、气象学的一代宗师，他在东大创办了我国第一个地学系。原来南高所设的一般地理系，学科领域狭窄，在竺可桢的领导下，变成了一个包括地理、气象、地质、矿物等领域的新型系，开出了 10 余门课程，他自己始终讲授地学系中一门重要的基础必修课《地学通论》，兼授气象学、世界地理和世界气候等课程，发表了 40 余篇论文，平均每年 7 篇，他在研究南京气候后所写的《南京之气候》一文，是我国最早的地方性气候志；他研究台风后所写的多篇论文，被当时公认为权威性的观点；他所写的《中国历史上气候之变迁》《中国历史上之旱灾》等论文，其观点和方法，至今仍为学者所采用。化学系以治学严谨而闻名，不论上课、实验、考试、升留级都严格按学规行事，有时一个班的学生从入学到毕业仅剩一半，虽淘汰的多了一些，但凡毕业的多能成器，多位 80 余岁高龄的著名化学、化工专家至今仍认为自己的成长得益于东大的严师严规。熊庆来，著名数学家，最早把近代数学引进中国，创办了东大数学系，当时即著有《高等算学分析》《平面三角》《球面三角》《方程论》《解析函数》《微分几何》《偏微分方程》《动学》等。熊庆来十分注意发现、爱惜、培养人才，曾与其他教师合作出钱帮助贫寒子弟，备受学生爱戴。

二、教育科

1. 概况

教育科是在南高的教育专修科、体育专修科的基础上组建而成的，设教育系、心理系、体育系、乡村教育系(后停办)等 4 个系。先后任课的教授有 34 人，其中曾在国外获博士学位、双硕士学位者 8 人，获硕士学位者 7 人，留学 5 人，本国教授 11 人，外籍教授 2 人，师资力量雄厚。寓师范于大学，为国内首创，有利于师资的提高和人才的培养，科主任为陶行知。陶离开东大后由徐则陵继任。其学规如下。

甲：本科必修学科分 3 组。（1）普通必修组科目：国文，6 学分；英文，12 学分；生物，6 学分；教育概论，3 学分；教育原理，3 学分；普通心理，3 学分；教育心理，3 学分；教育统计，3 学分。合计 39 学分。（2）社会科学组：社会学、政治经济学、历史、地理，本组内任选至少 8 学分。（3）自然科学组：化学、物理、数学，本组内任选至少 8 学分。以上三项共计 55 学分。

乙：主系、辅系选修学程：（1）于主系，至少选修 32 学分之学程。（2）学生在主系选课指导员同意后，可以选两个辅系，每个辅系至少选修 20 学分之学程。

丙：他科选修学程。在选课指导员同意后，学生还可按自己的志愿兴趣选修他科之学程。

教育科还在教育理论、教育行政、试验教育、教学法、教育史、家政艺术等方面开列有 70 门左右的学程，供主系、辅系、本科、他科学生选修。由上可见，当时教师知识面宽，能开出的学程多，学生选课的自由度相当大。

2. 学科特色

教育科十分重视教育学科的建设，贯彻教育学科化的原则，强调要把教育学建立在自然科学的基础上，在必修课和选修课中，都开出相当数量的自然科学课程，重视生物学、心理学、教育心理学等基础课的教学，聘请著名教授秉志、陆志韦等担任这些课的教学。陆志韦一般每学期要开三门课，曾开出生理心理学、系统心理学、实验心理学、比较心理学、宗教心理学、心理学史、心理学大纲、心理学之生理基本等课，是我国著名心理学家，后任燕京大学校长，新中国成立后曾任中国科学院心理研究所所长、学部委员。

教育科十分重视教材建设[①]。时教育科资料室中，各种西文教科书、参考书近千种，但中文书籍仅百余种。故教育科积极鼓励教师撰写中文教材，几年间共出版著作32种，译作12种，由商务印书馆出版者30种，由中华书局出版者14种。

教育科十分重视研究工作[②]。积极开展各种测验，遍及苏、锡、常、宁、沪、杭、南通等地，内容有：英文测验、算术四则测验、中国史测验、非文字智力测验、机械的智力测验、中学智慧测验、大学智慧测验、小学默读默字测验等共计18种，以供教育和改进教学之参考，并由中华教育改进社委托本校和其他大学教师撰编成册，由商务印书馆出版。结合教学与研究，教育科教师共发表论文约400余篇(含译作)，其中发表论文10篇以上的教师有9人，兼职教师黄炎培写论文约40篇。指导学生组织教育研究会、心理学会等学术活动，每学期举办学术报告会约10次。

教育科主张面向社会、为社会服务，尽己所能大力推广各种社会教育事业[③]，社会上有极好之反映，各报累有报告。例如，由陶行知发起的义务开办的昆明学校，使玄武湖五洲儿童均能免费入学，经费由教育科项目开支；推广平民教育，以鱼市大街为实验区；大力举办暑假学校，为全国20余省培训各类教学人员及教育行政管理人员，前后共计培训约4 000人；开展学务调查及指导，遍及本省城乡；开办明陵小学；与中华教育改进社合作举办全国教育展览会等，对社会作出较大贡献。

三、工科

1. 概况

中国之工科教育，因当时国内工业落后，较大的工厂、企业、工程多掌握在外国人手中；

---

① 参见《国立东南大学教育科概况》，东南大学档案馆，编号2—20025037。
② 参见《国立东南大学教育科概况》，东南大学档案馆，编号2—20025037。
③ 参见《国立东南大学教育科概况》，东南大学档案馆，编号2—20025037。

加之中国的知识分子有重学轻术的旧习,出国留学生中修读工学的人较少,故总的来讲,在高等教育中,工科教育起步较晚,开始时规模亦较小。

东大的工科是在南高的工艺专修科的基础上建立和发展起来的。南高于1916年7月设立工艺专修科,以培养工艺人才为目的,举办过艺徒训练班和生利工厂,培养目标不甚明确。后来认为欲发达中国之工业,除培养工业专门人才外,别无他途。于是扩建工厂、工场,添购机器设备,聘请留学欧美的工学专家,从事机械工程教育。此时,名义上仍是工艺专修科,实际上则是修业三年的机械工程科。直至东大成立时,工科也只有一个机械工程系,且未聘工科主任。1922年4月11日,郭秉文校长致函涂羽聊、刘承芳、李拔峨、杨季瑶四位教授,请其组织委员会轮流主持工科工作,四位教授认为工科已达存亡关头,必欲觅一能人方能图生存、谋发展,"谨此辞谢"。10月,工科教授会致函郭秉文,敦促从速聘请主任。11月,学生风闻校方有聘请著名桥梁专家茅以升博士主持工科之意,即主动拜访茅以升先生,复立即写信给在上海的郭校长云:"生等已正式欢迎茅先生,茅先生无他条件,只要晤先生一谈,行止即时可定。"信中又称:"聆其言论,观其怀抱,实吾国罕有的工业人才,大足改进工科,增光吾校。……茅师曾言,彼之南来,携有绝大计划,费省而效速,就职与否,视校长能否容纳其计划而断。"郭秉文求贤若渴,即聘茅以升为首任工科主任。

茅以升到任后不久,即会同工科李世琼等7位教授于1923年3月联名向校评议会、教授会提出增设土木工程系与电机工程系的议案[①],提案的要点是:本大学各科皆由三系以上组成,仅一机械工程系,不足称科;土木、电机及机械三系,功用虽异,性质相近,关系密切,人才设备可互相通用,故三系并设最为经济;土木系为工科之主干,凡有工科学校无不以土木为先务;今日世界工业莫不仰赖电力,故欲发展一国实业,电机工程实不可少,而国内各大学于此多付缺如,故本大学亟应率先添设;所增两系,又可为本大学直接服务;三系并设,有助于工科校外活动之开展,亦易得社会之同情援助,不止工科受其益也。提案论据充足,可行性大,遂由两会审议通过。从此,东大工科就有了机械、土木、电机三个系,这三个系迄今都是本校的主干系。工科前后任教授16名,其中获博士学位者1人,获硕士学位者7人,留学3人,本国教授4人,在当时情况下,阵容堪称可观。

2. 教学与研究

在茅以升教授主持下,工科事业发展迅速,教学与研究工作逐步开展。参照欧美工科大学的经验和本国本校的实际情况,经工科教授会讨论研究,拟出了科工作计划。

---

① 茅以升等:"在工科之内增设土木工程系及电机工程系议案",1923年,原件存中国第二历史档案馆。

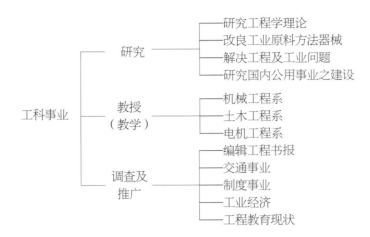

图 3-2 东南大学工科事业大概

三个系的学程表，以土木系为例，除公共必修课外，计列出 40 种学程。

表 3-10 东大土木系学程表

学程名	每周授课时数	每周试验或实习时数	教学年限	学分数	备注
工程概论	3		半	1	三系必修三系轮流讲授
平面测量		3	半	1	三系必修
地形测量		6	1	4	土木必修
应用力学	4	3	半	3	三系必修
工程材料	3		半	2	三系必修
材料力学	4		半	4	三系必修
材料试验		3	半	2	三系必修
地质学	3		半	3	土木必修
工程图画		3	1	2	土木必修
铁路工程	3		1	4	土木必修
建筑工程	2	3	1	6	土木必修
房屋营造	3		半	3	土木必修
钢骨凝土工程	3		半	3	土木必修
水力学	3		半	3	三系必修
卫生工程	3		半	3	土木必修
地图学		3	1	4	土木必修
经济学	3		半	2	三系必修
工程管理	3		半	2	土木必修
会计学	3		半	2	三系必修
建筑计划	1	5	1	4	土木必修
大地测量	3		半	2	土木必修
给水工程	3	3	半	2	土木必修
下水道工程	3		半	2	土木必修
道路工程	3		半	3	土木必修
工程律例	2		半	1	土木必修

（续表）

学程名	每周授课时数	每周试验或实习时数	教学年限	学分数	备注
桥梁计划		6	半	4	土木系建筑门*必修
凝土拱桥		3	半	2	土木系建筑门必修
高等构造理论	3		半	3	土木系建筑门必修
营造计划	2	6	1	7	土木系营造门必修
营造学历史	3		半	3	土木系营造门必修
房屋设备	3		半	2	土木系营造门必修
道路材料	2	3	半	3	土木系道路门必修
道路计划		6	半	4	土木系道路门必修
道路修治工程	3		半	3	土木系道路门必修
市政工程	3		半	3	土木系市政门必修
高等给水工程	3		半	3	土木系市政门必修
高等卫生工程	3		半	3	土木系市政门必修
市政	2		半	2	土木系市政门必修
城市计划	3		半	2	道路门市政门必修

* 备注中之"门"相当于现在的专业，如道路门，即道路专业。

3. 工科的调出与回归

正当工科师资力量逐步增强，事业日益发展，从德国订购到的直流交流发电机十余台已投入试验，从美国购置的各项电表已运到学校，土木系添置的各种仪器设备已超过唐山交大，机械系铸、锻、金、木等工场已较为齐备，各项工作出现生机勃勃之际，1924年4月27日，校董会常务会突然以江苏财政困难为由，决定停办工科。师生闻讯，群情哗然。茅以升代表全体教职员致函郭秉文[①]，列举种种理由，要求校董会迅予复议，其要点为：校董会出席者除校长外，仅沈信卿、黄任之两先生，商大委员4人，以此种会议讨论工科存亡的问题，是否合法，殊堪研究；科主任执全科事务，对此事前无所闻，草率通过使无发言之余地，准此以观，他科他系均可任意废止，大学前途何堪设想？一年来种种努力与心血，尽付东流，思念及此，痛心何极！至于本科同仁同学所受之精神上、时间上、名誉上、学业上之影响，当能想见；三系学生失学之痛，校董会曾否虑及？并对校董会停办工科之三点理由作了有力的批驳。5月14日校董会复议，认为省财政厅一再削减经费，无法续办工科，主张维持原案。郭秉文虽力争续办，无济于事。郭复信教职工云："对于维持工科，未曾稍变初衷，只以时令所迫，有爱护之心，无挽回之术……言之实堪痛心。"师生得知这般结果，表示"誓不他去"。6月28日校董会再度开会，议而难决，苦无解决良策，拟继续讨论。郭秉文特致函韩国钧省长："……工科有八年之历史，设备日臻完美，人才济济，废弃可惜。即以功课论，关于市政建筑及应用电机工

---

① 茅以升致郭秉文函，1924年4月，原件存中国第二历史档案馆。

程为全国工科所未备,社会需要甚殷,不宜摧残。……秉文奉职十年,自惭无状,不能使校务尽量发展,各方责难萃于一身,精神更感痛苦,又不敢辞维持责任,不得不有发棠之求,敬希省长鉴于困难,大力维持,将本校工科经费四万元续予补列预算,提交省财政会议通过,俾有高等工学之始,而全东南学府之元气。"茅以升又亲赴北京图作最后之挽回。最后经江苏省与全国水利局反复商量,决定以河海工程学校与东大工科为基础,改组成立河海工科大学,并请茅以升担任校长。关于学生的去路等问题,亦作了具体安排,如有工科学生不愿转入河海工大,也可转入本省其他工科大学或东大之其他科系。一场风波,终告平息。东大工科于 1924 年秋停办。

1927 年 7 月,中华民国大学院决定由东大、河海工大等 9 所高校组建国立第四中山大学,1928 年 3 月正式命名为国立中央大学,两大学内均设立工学院,此即今日东南大学之前身与基础。

四、农科

1. 概况

南高于 1917 年设立农业专修科,办学宗旨是造就专门人才以改良农业,修业年限为 3 年,1920 年改为四年。1921 年并入东大改为农科后,办学宗旨未变,但更注重研究,以期使东南数省农业上最重要之问题获逐渐解决。以后又根据国情和实践,参照欧美农科大学的情况,实行教育、研究、推广三结合的方针。农科事业发展较快,系科齐备,设植物、动物、农艺、畜牧、蚕桑、病虫害等 7 个系 (1926 年合植物、动物为生物系,另设农产制造系);设有试验农场 12 处,计 3 900 余亩;全科教职员百余人,先后有教授 37 人,其中曾获博士学位者 10 人、获硕士学位者 12 人、留学 7 人,科主任为邹秉文教授。著名教授有秉志博士、常会宗博士、胡先骕博士、张景钺博士、钱崇澍研究员等。

农科的学规规定。

甲:必修课:国文,6 学分;英文,12 学分;化学,10 学分;物理,4 学分;地质学,3 学分;植物学,4 学分;动物学,3 学分;农业问题,2 学分。以上计 44 学分。又于下列 4 组中,每组至少选 3 学分,(1)植物学门、植物病理门;(2)动物学门、昆虫学门;(3)土壤学门、作物学门、农具学门、园艺系;(4)畜牧系、蚕桑系、农产制造系。以上两项合计 56 学分以上。

乙:必选科。学生于第一学年终结后,自认一系或一门为专习主科,商请该系或该门之教授 1 人为选科指导员,以确定辅系必选之学程。

丙:随意选科。除甲、乙两类所规定的学程外,经指导员同意后,可选习农科各系之学程。唯若选习他科之学程,除取得指导员同意外,其总学分不得超过 16 学分。

农科学规还有两条严格的规定:一是体育必修,第一、第二学年每周须上课 2 小时,成绩不及格者须补习，非有两年及格之成绩不得毕业。二是规定修业年限内，至少有两个暑假到指定地点从事农业实习，每次为8个星期，每星期工作48小时，反映了农科对实习、实践的重视。

2. 农科特色

农科的办学指导思想明确，实行教育、研究、推广三者并重、互相结合的方针。其教育，按中国农业上之需要，造就人才，为农民服务，或自行经营农场；其研究，按中国农业上存在之问题，用科学方法，图逐步之改良和解决；其推广，即将专家所发明的方法或实物，如良种、优良农具、高产技术、除病虫害的方法药剂等，逐步在全省或全国推广。同时认为在三者之中，就学校来说，研究尤占重要地位，盖因无研究工作之开展与发达，教育质量无以提高，推广事业亦无从开展，故农科教师的著作、论文甚多，且多理论联系实际之作，可直接用以指导实践。农科本身还办了《农学》《农科通讯》《农村年报》、英文版《农业汇刊》，于社会均有实际之影响及好评。

农科20年代就提出了为农民服务，为农村服务的主张，十分可贵。农科对中国农业教育进行改造之主张、对农业改造实际所获的效益，均引起社会的良好反响。农科经常组织农村巡回讲演团，赴本省各县宣传农业新知，还曾去他省及边疆宣讲。农科经常在本地、外地举办各种良种、优良农具、农业知识等展览会，获良好效果。1926年，淮河流域及苏北铜山、萧县、丰县、砀山等地蝗虫铺天盖日，灾害严重，农科派出教职员技工等数十人协同地方驱灭蝗害，历时70余日，发现产蝗集中点200余处，毙蝗4090余石（每石75公斤）。同年苏南昆山、吴江一带螟虫为患，农科又派出教职工协同地方除灭螟害，计拾得螟虫卵块1.2亿余万块，杀灭螟蛾1700百万翼，可使农民少损失稻米25万余石。故当时江苏省昆虫局即设在东大，每年均拨相当经费给农科使用。农科也在培育优良棉种、麦种、稻种等方面获出色成果，并迅将优良种子于各地推广，以1926年发放优良棉种为例，农科应805户农户要求，发出优良棉种25 962.5公斤，植地9 700余亩，每亩增产15公斤，因优质优价，每50公斤可增价5—6元，合计可增加经济效益约500万元。另1926年发出优良麦种100石左右，优良稻种30余石，均获较大经济效益。故社会上对东大农科累有赞誉，报纸上累有报道，地方上累有赞助。东大农科还为全国农业学校、农业研究机构、农业管理部门提供了大量人才。

五、商科

1. 概况[①]

商科为东大内部之称谓，对外称东南大学分设上海商科大学。东大之商科是在南高商业专

---

① 参见《上海财经大学校史》一卷，中国财政经济出版社，1987年8月，P1—7，P11—17。

修科的基础上扩建而成的。南高之商科成立于1917年7月，杨杏佛教授任商科主任，修业年限为三年，1919年秋改为四年。1921年东大筹备处成立后，即计划将商科设在上海，"择地建设"，时南京暨南学校之商科亦由宁迁沪(迁沪后即更名为暨南大学)。两校商科迁沪有共同的社会经济原因。据1921年统计材料，上海人口已达155万人，外籍人员32 000人，外籍企业1 700余家，进出口总值已超过10亿海关两，第一次世界大战又给上海工商业的发展造就十分有利条件，上海已成为中国的金融中心、全国第一大商埠。择此办学，有5个有利条件：① 交通四通八达，商业范围广大；② 港湾设备完全；③ 当需要、供给之中心，为集散吞吐口；④ 便于搜集原料而加以工作；⑤ 补助机关完备。并且聘请教员方面亦较南京方便许多。然而两校又各有其难处，东大于上海事无基础，不易着手；暨南大学因南方军政府分裂未获拨款，经费不足。于是经两校商议，决定合办商科大学，上海商学两界重要人物均表示赞同。1921年春，郭秉文代表东大，柯成懋代表暨南，会同上海商学两界有关人士集会商榷，最后推选出黄奕住、史量才、聂云台、穆藕初以及郭秉文、柯成懋等15人组成上海商科大学委员会，拟定校名为国立东南大学、暨南学校合设上海商科大学，校址暂租赁上海法租界霞飞路之尚贤堂。7月13日报北洋政府审核，7月23日教育部复文准予备案，是为中国第一所商科大学，郭秉文兼任校长，马寅初为首任教务主任。

但在筹备过程中，郭秉文并未将此情况告知南高商科教职员，故当此消息6月在上海报纸披露时，导致南高商科一场风波，全体教职员在《时事新报》上发表致郭秉文书，斥郭擅自专断，"既以东大商科见委，却又自立门户，竟不顾同人尸位溺职"，原商科主任杨佛杏批评尤烈。郭秉文对商科同仁深表歉意，并邀杨杏佛赴上海负责筹备工作，杨之气未消，以患肺病不宜赴沪为由表示拒绝，于此埋下了郭杨不和的种子，并成为日后东大分裂的原因之一。后来郭秉文又做了一些解释及善后工作，风波始平。1922年3月，暨南学校校董会通过"扩充海外教育案"，决定自办商科大学部。6月经两校商定，暨南退出上海商科大学，故自1922年7月始，商大改由东大独办，原南高商科师生均取自愿方法并入，并正式定名为国立东南大学分设上海商科大学。商大积极延聘师资，增设新系，后共增加至7个系，先后任商大教授者计33人，其中曾在国外获博士学位者4人，获硕士学位者9人，留学者6人。著名教授有马寅初博士、孙本文博士、胡明复博士，以及著名财经专家沈籁清、潘序伦等。上海商科大学的诞生，不论从它的组织系统、组织形式来看，还是从它多种形式、多种层次的教育内容和教育方法来看，都有某些新意和独特之处，为中国高等财经教育作出了良好的开端，最早为中国培养出数批较高档次的财经、商业、贸易人才。

2. **商科教育**

商科设预科和本科，凡一般中学毕业后考入者，皆令先进预科；本科生需是甲种商业或高等专门学校肄业者。本科为4年。

预科一年，学程皆必修，其具体安排是：国文，上学期周时数3，下学期周时数3(以下将上下学期周时数省略），英文，6—6；世界近世史，2—2；商业地理，2—2；经济学大意，2—2；平面三角及立体几何，4—0；高等代数，0—4；商业原理，2—2；社会学大意，0—2；珠算，2—0。合计上下学期周时各为23学时。

本科一年级，学程亦必修，具体安排是：国文，3—3；英文，5—5；商法，2—2；商业算术，2—2；会计学，5—5；经济学，3—3；国文商业尺牍，1—1；英文商业尺牍，2—2。合计上下学期周时数亦各为23学时。

自二年级开始分系，实行学分制，进取心强、成绩好的学生修满学分后可提前毕业，授予学士学位。二年级后各系科目均可自行选读，以银行理财及保险学系为例，其学程如下：

银行原理、货币原理、银行与信用、国际汇兑、国际汇兑会计、银行实习、商业管理、会计学、管理法、金融机关、近代币制改良问题、劝业与农工银行、公司理财、生命保险、火险、代理法、银行簿记、合同、合同法、商法、统计、广告学、销售、商业组织、公司法、微积分、财政学、交易所、信托公司、储蓄银行等。

商科教学严格，重视理论联系实际，认为"治商业学科者，不独贵具书本上之知识，尤贵具实际之知识"，故除课堂教学外，十分注重考察和实习，并经常利用假期让学生外出考察各地商业、金融状况。同时，也重视学术研究，成立了会计学会，出版了《会计学杂志》，这可能是大学财经学界成立最早的学术团体和出版物之一。

东大各科都有面向社会、为社会服务的好传统。上海商大的图书馆直接公开对社会开放，开高校图书馆为社会服务之先例。商大还办了商业夜校，"以便利商业界有志求学者"。夜校共开出银行学、货币论、信托公司、经济学、交易所、商业史、商业管理、商业统计、进出口贸易、国外汇兑、商算、商业簿记、银行簿记、会计学、成本会计、商法等30余门既有基础理论又有实用价值的课程，深受在职青年的欢迎，报考者十分踊跃，第一期就录取了180名学生；以后几届，报考者愈来愈多，收到了良好的社会效益。此外，商大还开设了一所平民夜校，为"早岁入店习业"的"失学者"补授文化及商业知识，免收学费，前后有500名学生前来求学。学生的程度参差不齐，从小学一年级到高中都有，商科师生始终满腔热情地为贫寒子弟着想，并借此锻炼提高自己。商大还办上海第一商业补习学校和暑假补习班，前者有来自光华大学、复旦大学、暨南学校等校学生200余名，这些学生多勤学敬业，加之商大学风好、教学水平较高，故学生考试所获学分，学生所在学校均予承认。商科不仅最早为国家培养出几批较高层次的财经人才，还多渠道、多层次培养了千余名商业工作人员，在一定程度上满足了当时上海商业、金融、贸易等方面的人才需要。

第五节 20 年代中期的东大易长风潮

正当东大名师荟萃、学科迅增、事业恢张、校誉大著之际，1925 年 1 月，突发易长风潮，历时一整年，余波连三载，全体师生几乎均被卷入了漩涡。学校无主，事业受阻；教师分裂，师生红脸；多位著名教授痛心不已，愤而离去；学校元气大伤，东大由盛而衰，并成为日后学校更名的原因之一。在此一事件的过程中，东大人既表现出临威不屈、视军阀如尘土的志节，同时亦反映出知识分子的一些弱点。事情虽已过去了半个多世纪，唯因其对东大造成的损失至大、教训至深，故应加以认真地回顾和思索。

一、风潮始末[1]

这场风潮，有其政治的、历史的原因。自南高而东大，江苏省一直处于直系军阀的统治之下。1924 年 10 月第二次奉直战争中，冯玉祥率军进入北京，推翻了直系的统治。各方要人，纷纷吁请孙中山先生北上。皖系军阀首领段祺瑞乘机抢先入京，国民党广州国民政府主席汪精卫、国民党元老吴稚晖等亦赶往北京。时国民党对皖系军阀有幻想，双方互相利用、勾结，有过一段"政治蜜月"时期。11 月段祺瑞出任执政兼国务总理，国民党驻京代表易培基出任教育总长。后由同盟会（国民党之前身）会员马叙伦为代理教育总长。皖系和国民党合作清除直系势力，12 月 22 日，北京政府下令讨伐直系的江苏督军齐燮元。皖、奉系联合，奉军大举过江，南京危急，齐燮元被迫下台。

郭秉文在南京办学十年，免不了要和地方军政首脑接触，因此在政争中，这位向来主张教育独立、学者不党不系、不愿过问政治的校长，却被诬指为依附军阀、参与齐氏机要而必欲除之。故实际倒郭活动酝酿有时，只是郭本人和师生不知罢了。1925 年 1 月 6 日阁议免郭职，1 月 7 日报纸[2]就公布了教育部 1925 年一号令，免去郭秉文东大校长职，任命胡敦复为东大校长。是日，郭秉文正准备由沪返宁，登车前见报载此消息，一阵心忤，感到已无回宁必要，迅即折回，拟了两份电报，一份致教育部，表示"如释重负，感谢莫名，继任有人，深用庆幸"。一份致新任校长，"祈示到校日期，以便交接"。

消息传来，举校震惊。东大、商大师生及各地校友纷纷召开紧急会议，一时函电纷驰，皆说郭秉文"惨淡经营，十年于兹，校务日良，校业日振，莫不有郭之劳迹。南高无郭，无有东大，东大无郭，无有今日"。坚决要求段阁、教育部取消成议，祈郭勿萌退志。胡敦复闻东

---

[1] 诸葛微子：《记 20 年代东南大学易长风潮》，刊于《东南大学校史研究》第 1 辑，P226—262，东南大学出版社，1989 年。
[2] 上海《申报》，1925 年 1 月 7 日。

大师生挽郭情绪炽烈，复电教育部"万难应命"，回电郭"不就东大职"，又致电东大教职员谓："鄙人任事大同（按：胡系上海私立大同大学校长），无意与闻外务。"

1月12日，东大校董会召开紧急会议，听取了东大师生代表的汇报，议决：致电段阁及教育部，坚决否认教育部之乱命；组织临时委员会，协助东大、商大共维校务。省长韩国钧致电段执政，"恳郑重考虑，俾时局靡定之际。再生教育界纠纷。"江苏中学校长、大学校长及江苏省教育会等先后致电教育部谓："号令不顺人情，徒损中央威信，唯望收回明命。"但过了一段时间，报纸上相继出现了批评及攻击郭秉文的报道、文章，说郭投靠督军，攀附权贵；办事专断，擅自撤销校评议会；账目不清，无公开之预算；放弃校务，滞沪经商等，并赫然出现汪精卫、吴稚晖的署名文章，称郭参与了直系的外交机要等。校董会认为种种指责考诸事实皆虚妄不实之词，并认为郭因公受诬，特在报上发表长篇声明，逐一予以辩驳；又决定暂行派郭出国考察，保留其校长职务。

2月22日，东大文科教授萧纯锦自北京致函[①]胡刚复、柳诒徵教授，内云：嘱呈部恢复校评议会一事，已遵命照办，并进一步，请部取消校董会，已得精卫、稚晖诸人合作。经济由部援助一层，夷初（按即马叙伦）允一律担承。据此，部方已无问题。唯观在宁诸人之团结及疏通各教授效果如何。至段侧重要人物，亦不难去函地方长官，示意援助。铲除江苏教育会，尤为执政府及国民党两方殊途同归之目标。因此进行种种，均极顺利。敦复先生就来，杏佛亦当约其南下。此函一经披露，掀起更大波澜，拥郭拒胡的一方教授若恍然大悟，原来"免郭任胡"之事上层早有预谋，暗中皆有活动，十分愤慨，34位教授致书全国教育界，端出内幕，诉诸公道。而反郭拥胡的一方，原来是秘密活动，现在事情既已挑明，遂不用回避，公开活动。学生之间，亦明显一分为二，校务维持会派拒胡，校务改进会派拥胡。双方互相揭短披私，红脸伤情均所不惜。原科学社社长、教育部主管高校的专门司司长、东大校董、时任东大行政委员会副主任任鸿隽教授原想利用其声望和与各方之良好关系居中调停，劝胡敦复暂勿到职，无有效果，自感无力回天，遂也辞职。宁静之学府，陷入了深深的内讧、内耗之中。

3月8日，胡敦复来宁，文理、教育、农三科教授在成贤街科学社与胡氏共商妥善措施，胡敦复声明不就东大职，其弟胡刚复（东大理科主任）亦表示同意。而3月9日，胡敦复偕其弟刚复乘马车入东大，即赴校长室，令文牍交出印章，于事前准备好之两张通告，一为就职视事，一为视职宣言，盖章后即予公布。心理系主任陆志韦教授见胡采取两面手法，自食其言，即愤而撕去。学生正在上课，闻讯一拥而出，包围校长室，有的学生对"两胡"饱以拳、唾其面、慑以声，逼令胡自写声明书——"为尊重全体公意，永不就东大校长职"，并以手印示信，拍下照片，复燃放鞭炮，着其就西门离去，以示驱鬼，举止甚不文明。竺可桢教授上前劝解，反遭呼斥，竺愤懑不已，写下辞职书，此即所谓"三九事件"。经此，学校矛盾更形激化，16

---

① 上海《申报》，1925年3月4日。

位教授通电宣称"东大已陷入恐怖状态",另33位教授则宣称"所言有妄,危言耸听"。多数学生表示:"此为学生公决。胡出尔反尔,咎由自取。"胡一面致函杨杏佛,托就京商决办法,一面向宁检事厅提出刑事起诉,表示"既奉部托,不能以私党威逼,遽尔卸职"。

3月11日,教育部训令东大取消校董会。3月19日,东大教授召开紧急校务会,致电段阁,退回教育部训令,并正式成立校务委员会,推选6位教授为代表,票选陈逸凡为校务委员会主席。4月18日,阁议胡敦复为简任①校长。4月20日,司法总长章士钊兼任教育总长,坚持聘胡,对东大持强硬态度。东大风潮升级,47位教授宣布停教(当时在校教授共64人),学生提出"拒胡(胡敦复)、倒章(章士钊)、驱杨(杨杏佛)"口号。江苏教育会再电段执政云:"水本清而扰之使浊,人本静而激之不平,中央措施失宜,殆无过于处置该大学之事者矣? 此事结果,胡毁其名,东大毁其实,执政府亦大失人心。"江苏新任宣抚使卢永祥为皖系将领,段祺瑞原欲其果断处理东大问题。卢到任后,亲见江苏朝野对东大拒胡多持同情态度。遂与韩省长联衔致电段执政谓:"查该校风潮由于三五教授不满前校长而起,马前代部遽听一面之词,贸然聘胡,激起师生公愤。若必欲胡东(胡任东大校长意),深恐大学立即破坏,不可收拾,该校校风宁静,人所共闻。胡何必以一时意气,迁怒师生。务恳饬令缓来,并请俯顺舆论,暂任一人代理校长。实情上陈,伏乞采纳。"5月3日,胡敦复谒省长,拟赴任,叩请派卫队保护前往,省未照办。学生闻讯紧闭大门。东大教授代表两次恳见章教育总长,章对东大教授意见书不屑一顾,坚持聘胡,不欢而散。6月,奉系显要郑谦接任江苏省长,7月聘请江苏原教育厅长、东大校董、东大兼职教授蒋竹庄为东大代校长,东大风潮渐平。

孰料段祺瑞又直接派武官议员丁锦于8月12日晚率武装查办东大,封闭校门,割断电话,自搜文档。学生闻讯,纷纷前来阻止,并予责问,丁锦答我是武人,只从命令,不知是非,要干就干,进而嘱随员殴打学生致伤。教育厅长闻讯赶来劝阻始息。丁之随员由学生送交警署,丁赴省署要求查处学生,并密电段阁要求立即解散东大。东大则呈文郑省长并段执政,要求将丁严行惩办,以杜军人摧残大学之恶弊。议员朱绍文致电段执政及教育部云:"东大学生敢于拒胡,江苏社会所以对胡不表同情,皆在上措施不当。急风暴雨,接踵而至,唯恐波之不扬,舟之不覆。其待我以横逆,君子宜自反矣?"胡敦复进不了东大,教育部乃另设台阶,任命胡为国立北京女子大学校长,章士钊又致电郑谦省长,欲以教育部之司长秦汾继任东大校长。郑复电未允。章又电请郑临时停办东大,段阁亦密电郑谦停办东大。郑非不欲停办东大,只因苏省积欠东大经费50余万元,仅欠发教职工薪俸一项已达10万元,既停办,势须清理发给,然省库空空如也之际,实无此能力。故郑对上讲了许多为难之处,关键是:"有钱方可停办,无钱不便照办。"

---

① 简任,北洋军阀和国民党统治时期的文官官阶,分为特任、简任、荐任、委任四等,每等内又分若干级。简任为第二等,一般由总统、国民政府主席或总理、行政院长任命。

因"执政府居心叵测",章士钊不讲理,省长无诚意,9月16日,蒋竹庄代校长、教授会主任孙洪芬等辞职。当日下午4时郑谦令东大暂行停办,晚上10时电段执政请速派员筹备接收。东大教授历经风波,已渐老练,召开教授会,议决有三:① 挽蒋代校长;② 挽三科主任;③ 通知学生照常上课。段执政敦促教育部与省共同协商,迅速组成有10人参加的筹备组。东大师生闻悉筹备员人未进校,有人已在谋校长、副校长、总务长之职位,愤慨不已。教授会决议,筹备员到校,全体辞职;学生态度尤为激昂,誓不合作。省署、筹备员与东大相持不下,不测之事随时可能发生。东大教授程湘帆以私人身份于10月9日到省署与省长商量,会谈持续4小时,程湘帆坚持两点:① 不同意解除三科主任及教授代表职务;② 东大同人极不愿闻筹备员之名称。经反复商榷,由省长委托程君,一律不讲条件,由省长请秦汾、伍崇学两人到校后暂行正副校长,所有文件避免"筹备"两字,一切问题待两人到校后再行商量。然事情十分难办,秦汾系秉承章士钊意志,必欲推翻东大现行组织,采用集权制,宣布新组织大纲,而学生代表则针锋相对,坚持三点:① 组织大纲须经教授会通过;② 不设副校长等一切冗职;③ 挽留三科主任及教授代表。校务委员会主席陈逸凡见此僵持状况,细察上面之设谋布置,无非为三五人之去留问题,苟不获以甘心者,虽毁全校以为之殉亦非所恤,为大局计,为使千余学子不致中途辍学,毅然辞去一切职务。三科主任及教授代表皆悄然离去。

10月14日,章士钊签发部令,派秦汾暂行兼任东大校长,伍崇学为副校长。时江浙风云又起,浙江直系军向江苏奉军(时皖、奉系联合)发动进攻,奉军全线后撤。就在章士钊任命秦汾为校长的这一天,秦汾以罹疾为名,电部请辞,只身离宁去沪。浙军继向江苏全线进逼,奉军节节败退。奉系之江苏督军杨宇霆、省长郑谦相继离宁,直系孙传芳军进驻南京。

局势混乱,学校无主,各科主任离职,校务又呈险象。全校教授自行召开会议,议决请蒋竹庄返校代理校务,请辞职的三科主任及教授代表一律复职。1926年1月7日,是马代部务免东大校长职的周年,一年来,东大蒙受了莫大耻辱,全体师生举行东大校耻周年纪念大会。陈逸凡发表演说云:东大校潮,有无纪念价值,诚属疑问,成功未也,失败未也,然有精神上之价值。东大校潮,非拥郭,非拒胡,非反教育部,是反马、章之非法行为。吾校师生牺牲若此,始终一致未变;吾校破坏若此,今仍能聚首一堂,足使人敬佩。东大人不受武人政客利用,不作武人政客傀儡,此足可引为自豪者。邹秉文教授演词云:今天开会,宜对破坏东大之人(指校内)多方原谅,不必再嚣一词。鄙意东大2 000余师生,最可关注者厥有两事:一是对于东大,须永久维持其为纯洁之最高学府,维系学术独立,反对党派纵乱,但非反对任何政党。二是目前东大最大难关在经济,眼下教授发半薪,事业费无以为出,孟禄博士、杜里舒博士均誉东大为中国大学之冠,东大之生存与发展,有赖我们作出共同之牺牲。

翌日,段祺瑞表示辞职。同年3月18日,因段祺瑞血腥镇压北京爱国学生运动而造成"惨案",又被冯玉祥驱逐下台,章士钊以同样原因被免去司法总长及教育总长本兼各职。这以后有一年多一点的时间给东大稍事喘息和恢复。蒋竹庄两度代理校长,均把延揽著名学者教授放在首位,宗白华、方东美、施学齐、孙佩章等国外著名大学的研究员,李寿恒、艾伟、吴有训等博士、教授都是在此时期来东大的。可见东大虽备受军阀摧残,命运坎坷,走了一些知名教授,但仍具有相当吸引力,学者仍以受聘东大为荣。

1927年在国共合作形势下,北伐军迅速向长江流域推进,军阀节节败退。在西线,叶挺部攻克武昌,国民党坐享其成。汪精卫、吴稚晖等因未达到停办改组东大的目的,咽不下这口气,4月初国民党中央政治委员会就讨论了东大改组问题,并指定吴稚晖等8人为东大筹备委员。4月25日,国民党中央第三次政治会议通过汪精卫为东大校长。在东线,周恩来同志在上海领导工人举行三次武装起义,蒋介石则发动"4·12"反革命政变,一度宁汉分裂。7月15日,汪精卫公开反共,蒋汪宁汉合流。至此,国民党既已占领长江南部半壁江山,就想迅速夺取全国权力,时移势变,东南大学校长一职自然不能满足汪精卫这个野心家的政治欲望,然而东大面临改组、更名的命运,是明摆着的了。

二、风潮的原因及教训

这次东大风潮的原因,纵观其全过程,可认为是中国政局更迭和东大内部矛盾互相作用的结果。而其主因,则是段祺瑞军阀政府和国民党内某些上层分子合谋所致。东大内部矛盾被利用、被扩大、被当作了借口。极大部分东大师生则是被愚弄欺骗的受害者,是被动地卷入了风潮的旋涡。因历史上皆称"东大易长风潮"已成习惯,但就此次风潮的实质来讲,实为反动统治阶级强加在东大身上的事件。

段祺瑞执政兼国务总理后,正力图巩固和扩大自己的势力,排除异己势力,国民党上层预先向他提供了郭秉文参与了直系机要的"情报",时军阀都必须以帝国主义为靠山,听说郭秉文竟在洋人面前说皖系显要的坏话,怒不可遏,必欲除之而后快。故段祺瑞于1925年1月6日主持国务会议,迅速通过免郭决议,并着教育部次日就在报上正式公布,此种做法几无前例。后来段听说东大师生多数持挽郭拒胡的态度,就由郭而恨及东大,欲整顿、改组、停办东大。及见教育部办事不力,江苏地方朝野多持同情东大的态度,甚至皖系重要将领、江苏省新任宣抚史卢永祥也来电拒胡和反对教育部的决定,于是决定派武官议员丁锦,于8月12日率武装,越过教育部和地方,直接查办东大,结果丁之随员被学生扭送警署,东大教授通电军人摧残学校,请执政府严惩丁锦,此举又告失败。及后又听说东大新任代理校长蒋竹庄,诸事多和校董会商量,气不可耐,乃累累令教育部和密电江苏省长郑谦,共组筹备组进驻、改组东大。综上可见,在东大风潮中的每一项重大措施,莫不是在段祺瑞直接指使操纵下进行的,是故可以论定段祺瑞之军阀政府,是东大风潮的罪魁祸首。

数易其节、最后投日沦为汉奸的汪精卫,出卖革命党人、毕身坚持反共立场的国民党顽固派吴稚晖,是东大易长风潮的与谋者、段祺瑞的帮凶。汪精卫因清末谋刺摄政王而名噪一时,民初曾卖身袁世凯，拥护"窃国"，遭舆论贬斥，但他见风使舵，立即投靠国民党，以其"才华"及谋术，很快爬上了国民党广州国民政府主席的高位，因其时其本质未暴露，一度又被视为"英雄"。汪、吴等编制谎言，诬蔑郭秉文依附直系诽谤皖系，是"教育界的吴佩孚"，促使段祺瑞迅下"免郭任胡"的决心。汪、吴等又在京沪报纸上，给郭横加种种莫须有之罪名，使东大矛盾不断激化；复串联北洋政府中的显要，解散东大校董会，谋推倒江苏教育会，对江苏地方官施加压力，时而要整顿、改组东大，时而欲停办、解散东大，最后以达到接管东大为目的。他们是真正的策划者，段祺瑞则是点头、拍板的决策者和指挥者。

北洋政府时代的教育部是政治工具和政治交易的筹码，稍有头脑和作为的教育总长均很快被迫自动辞去，什么海军总长、农林总长、司法总长、军阀头目均可担任教育总长，十余年间就换了二十余任。在东大的易长风潮中，陶行知认为教育部是偏听偏信，以耳代目，处置不当，"北京到南京只二天路程，何不去调查一番呢？"实际上教育部是做了传声筒，秉承段祺瑞的意志办事而已。司法兼教育总长章士钊刚愎自用，以言代法，支持一方，压制一方，扩大东大内部矛盾，对东大风潮起了推波助澜的作用。

郭秉文把一个单科性的南高办成了一所综合性的大学，延揽了一批一流的教授，兴建了一批时属一流的馆舍，校业日振，校誉日隆，创东大校史上第一个鼎盛时期。十年辛劳，功不可没。无端被免，确有不公，风潮发生未久，他即漂海远去，对此次风潮，似无直接责任。但究根寻源，东大的某些矛盾，由他引起；工作上的某些失误，又使矛盾加剧，这方面的原因和教训，亦应加以分析和总结。郭秉文的主要缺点是几项重大决策，未听取科主任和教授的意见；有困难摆在心里，不和有关教授商量；事业渐有建树，而民主作风渐差；办事果断，而有时近于武断；郭既以南高、东大商科委诸杨杏佛教授，又自在上海创办商科大学而不与杨商量，致酿成商科风潮，播下了郭杨不和的种子。既以工科委诸茅以升教授，省公署因经费困难欲停办工科，郭虽不同意却不与茅通气，致酿成工科风潮。评议会上议论多，有人敢于批评校长本是好事，郭秉文却通过合法手续取消了评议会。不让人公开讲话会坏事，不满的意见在暗中流传，其影响往往比公开批评更厉害。农科、教育科，面向社会，服务社会，见效快，社会反映好，报纸不断有报道，学校支持，无可厚非；但理科教师皆饱学之士，东大所培养出来的著名学者，理科实占其半，唯基础科学之功往往在其后劲，这一点易被忽视，宣传报道少，经费支持不够，故理科教师对郭秉文有厚此薄彼、不一视同仁之感。郭又不善于与人沟通和处理人际关系。与已故东大校务实际负责人刘伯明教授相比较，在校外的声誉和国际影响方面，郭高于刘；在校内师生的威望方面，刘高于郭，故1923年冬刘逝世后，教师多有"学校遽失重心"之感，部门间、人际间的一些矛盾，亦因无人过问、调解而有所发展。郭秉文尤不善于团结对己有意见或批评过自己的人，这对校长却至关重要。正由于郭未处理好与杨杏佛的关系，致使杨产生"此处不容人"的想法，杨遂于1924年秋南下广州，旋又随中山先生大本营北上，凭其老同盟会员的资格和才能，在北京有效地开展了反郭的活动，成了易长风潮的导火线，故说东大易长风潮的原因，是上层政局更迭和东大内部矛盾相互作用的结果。在旧社会，一个人倒了霉，落井下石、墙倒众人推等情况，司空见惯。令郭秉文欣慰的是，当其被免职后，地方朝野、江苏学界、全体校董以及东大多数师生和校友，或为郭辩解，或为郭承担责任，或赞郭之业绩，并致电致函北洋政府表示坚决抗议。有一位学生国民党员，由于实在不忍心受党部之命去加害这位令人尊敬的老校长，最后只好选择退出国民党的道路。历史无情，就是这位当年被北洋军阀和国民党逐出中国教育界的郭秉文，40余年后，台湾的"中央大学"，为纪念这位学校创始人，专门营建了一座3 000多平方米的新楼，命名为"秉文堂"，并设立了"郭秉文奖学基金"，基金的来源主要来自海外东大校友的捐助，这岂非对郭秉文否定之否定？

杨杏佛教授，是中国民主革命时期的著名政治活动家。在南高、东大任职期间，积极进行马克思主义和社会主义的宣传。他知识渊博，思维敏捷，言辞犀利，在青年中有较大的影响和威信。他对校政的不少批评，是尖锐正确的。但在东大的易长风潮中，起了特殊的作用，产生了负面影响。杨坚决反对封建军阀，而对皖系军阀却有幻想和联系。他有权利批评郭秉文，但不能凭感情把郭推向直系军阀一边。杨杏佛是信仰马克思主义的，萧纯锦教授则认为社会主义不适合中国国情，但因反郭目标一致，遂配合默契，在汪精卫等国民党上层人物及东大教授中传了一些不实之词，而使东大风潮迭起、师生分裂，学校长期处于混乱紧张状态。杨且出言不逊，对持不同意见的教授，任情说其为"学阀""郭之孝子""桀犬吠日"等，亦有失学者风度。人不免有缺点，但历史地全面地看，杨杏佛是一位令人尊敬的教授，他以参加辛亥革命始，以宣传马克思主义继，以反对蒋介石的法西斯统治、最后被国民党特务暗杀而终，为中国的民主革命献出了宝贵的生命，大节、晚节均堪佳赞。

"胡门三俊"，一时成为东大热门话题。老大胡敦复，留美力学博士；老二胡刚复，留美物理学博士；老三胡明复，留美数学博士。敦复学问上乘，创上海私立大同大学，既欲植人，又恋权位；既谢辞东大校长职，复又不甘寂寞，风尘仆仆于京沪线上，奔走遑遑于权门之间；"三九事件"中受辱，一度消沉，及闻阁议简任东大，精神又振，叩省长，求派卫队护送东大视事。时人评曰："权盖学术，势蒙理智，实充当一傀儡，不足为法。"刚复在东大任理科主任、物理系主任期间，在教学、研究、实验室建设、人才培养等方面都作出了出色成绩。竺可桢先生等对他均甚尊重。严济慈先生曾为此写了回忆文章。唯对其为乃兄奔竞、陪乃兄同乘马车入主东大一事，时人评说："非学者所宜！"明复编辑《科学》杂志十余年如一日，事教东大、交大、复旦，从无倦意，尝云："一人若能为三人之事业，或一日为三日之工作，则生命不啻将延长三倍，虽三十而殁，亦寿及九十无异。"因其悉心从事科学出版及教育事业，逝世后，中国科学社和学界特于杭州西湖烟霞洞举行公葬。民国以还，为一教授行如此隆重之葬礼，胡明复是第一人，人们可以从三胡身上，看到同胞三兄弟有共性，也有个性，各有优弱点，故凡事宜具体情况作具体分析，对知识分子尤然。

东大广大师生，不论其当时反对谁或拥护谁，实际上都是受害者，都遭受过军阀和国民党某些上层分子的欺骗、愚弄和压制，心灵上、学业上都受到了伤害。但另一方面，此次风潮，对东大师生也是一次教育和磨炼，从一件一件铁的事实，自一号免郭令、解散校董会、武装查办东大、迭下整治改组停办东大令，一直到派十大员接管东大，无不说明军阀统治和干预校政，是东大致乱的根本原因。东大师生面对军阀政府的威胁恫吓，临危不惧，威武不屈，众志成城，誓与学校共存亡，表现了东大人的志节。及段祺瑞政府垮台以后，全体在校师生，又对过去有不同意见的同事同学，处处加以原谅，过去的事就让他过去了，当务之急是共谋东大的生存与发展，此诚国士之风度、东大人的廓然公心、凛然正气。

易长风潮教训甚深，1925 年东大如蒙大难，而损失中之最大损失，是为政当局的措施失当而导致教师间裂痕的加深和队伍的分裂，一大批著名教授先后离去，其中有数学大师熊庆来、国学大师柳诒徵、哲学家汤用彤、物理学家叶企孙、化学家任鸿隽及张子高、心理学家陆志韦、生物生理学家秉志、地学奠基人竺可桢等。东大一老校友慨然云："团结建功，派争败事，实乃东大易长风潮中之主要历史教训。"一语千钧，勿可稍忘。唯"派争"两字，尚可商榷。此次风潮，就表面看，始为"挽郭去郭"之争，继为"拥胡拒胡"之争，形似派争。从本质上看，实是段系军阀和国民党中某些上层分子强加于东大的横蛮不义之举。若为"郭胡"之争，郭已于 3 月放洋，胡亦已于 8 月到北京女子大学履新，则此案早可了结；然而段阁对东大的种种压制手段，有增无已，无所不用其极，故对风潮的起因、过程、性质及后果细加剖析，不应视为派争，而是反动统治阶级强加于东大的事件。

纵观东大易长风潮的全过程，人们可以得出这样的结论：在半殖民地半封建的旧中国，教育受制于反动统治阶级，这是无法摆脱的；教育要独立，只能是幻想；教育的希望，在于进行反帝反封建的人民民主革命。

第六节 东大师生的革命活动

一、东大在五卅运动中

五卅运动是中国人民在中国共产党领导下的反对帝国主义的伟大革命运动。1925年1月中国共产党第四次全国代表大会以后，工人运动蓬勃发展。5月15日，上海日本纱厂资本家枪杀工人顾正红，重伤工人十余人，激起学生和市民的愤怒。5月28日，中共中央决定把工人的经济斗争和反对帝国主义的政治斗争结合起来。5月30日，上海学生2 000余人在租界内宣传声援工人斗争，号召收回租界。英国巡捕逮捕了100多名学生，激起万余群众涌向南京路巡捕房门口，要求释放被捕学生，英国巡捕开枪屠杀群众，死10余人，伤数10人，逮捕数10人，造成"五卅惨案"。中共中央立即号召全市人民罢工、罢课、罢市，抗议英帝国主义暴行。6月1日，20万工人罢工，5万余学生罢课，大部分商人罢市。运动迅速扩及全国500多个城镇，形成了全国规模的反帝斗争，前后坚持了三个多月，这就是历史上著名的"五卅运动"。

五卅惨案消息传来，东大师生异常激愤。原来因易长风潮而对立的两派暂停内争，一致对外。学生自治会即刻致电慰问云：噩耗传来，风云失色，哀我华人，生命轻如蝼蚁！是而不争，陆沉无日，先此慰问，临电涕零。6月1日，东大全体学生游行，并赴宣抚使署、省长公署，要求对英、日帝国主义提出严重抗议。6月2日，东大开始罢课，教授、学生、校工分别组织"上海惨案后援会"，分头开展活动。教授后援会担任对外宣传事务，将沪案始末用各国文字记述，分寄各国政府及各大报馆揭明惨案真相。组织教授上街讲演，市民听讲者甚为踊跃。发表《东南大学教授会外交后援会对上海惨案的宣言》，其目标有三：反对英日强权政治和野蛮行径、对英日经济绝交至本案圆满解决为止、督责政府严重交涉以必达目的为止。其最低要求有四：对开枪者处以杀人罪、赔偿死伤者之全部损失、撤换上海英日总领事及工部局总巡、英日政府向我国道歉。全体校工除募捐外，自带工食，量力捐助。学生后援会，6月3日即率领全体学生上街游行，然后与47个团体共同集会公共体育场，声讨帝国主义暴行，由东大学生宛希俨（共产党员）作关于五卅惨案经过的报告。6月4日，东大等校学生1万余人，在宛希俨、曹壮父（河海工大共产党员）带领下，赴城北及下关游行，在长江边英商和记洋行门前，广泛开展讲演活动，高呼"援救同胞""收回领事裁判权"等口号，并深入工人群众，呼吁以实际行动支持上海工人的斗争。

和记洋行（即今南京肉联厂的前身）经营禽蛋肉类产品，产量占当时全国同类产品的60%，是英帝国主义侵华的重要经济基地，有工人数千名，但尚无共产党和社青团组织，故中共南京支部把该厂作为工作重点，派东大、河海工大党团员去下关成立五卅惨案后援会下关办事处，到工人中宣传、发现和培养积极分子。和记工人因平日受英国资本家剥削、压迫惨重，仇恨极深，很快便发动起来，成立了领导罢工的工会筹备委员会。6月5日，一贴出全体罢工的布告，5 000余工人即集队游行示威，向厂方提出惩办五卅惨案凶手，承认和记工会，以及改善生活待遇等13条复工条件，把政治斗争和经济斗争结合起来。为了支援和记工人的斗争，南京学界后援会议决成立了救济委员会，东大学生宛希俨担任救济委员会主席，随后在南京组织了500多个演讲团、募捐团，在全市宣传、募捐，许多师生为了援助罢工兄妹，不吃荤食，不吃早点，节约救济，有的学校还组织了义演募捐。罢工以后，停电停机，码头上货积如山。成船、成箱的鸡蛋被6月的太阳一晒全坏了，饲养场里上万只活猪饿得乱叫、乱咬，冷库里的冻肉、冰蛋、蛋粉逐渐变质，结果是库房、饲养场中全是死猪、臭蛋，臭气熏天，后来仅打扫臭蛋一项，就雇了三四十个小工搞了半个多月。6月25日，南京学生联合会又发起全城市民游行大会，参加者达80万人，是南京空前未有的壮举，邓中夏同志在《中国职工运动简史》一书中，对南京和记工人罢工斗争，给予高度评价，认为是"南京反对帝国主义运动最壮烈的一举"。在此期间，东大几乎每天都组织学生步行去下关参加和记工人的斗争。6月26日，和记工人在下关大舞台举行和记工会成立大会，英商大班马嘉德雇了100多个流氓、打手，妄图破坏会场、被组织起来的工人轰了出去，时前来参加大会的东大学生宛希俨跨上主席台，指着那些抱头逃窜的流氓说："大家看到我们工会的力量了吧！一个工人没有参加工会前就像一滴水，很容易被毒日头晒干。参加了工会，就像无数滴水生成了大河，永远不会枯干。"东大学生顾敬心等还巧设布局，将和记买办扭送警察署，使其昔日威风扫地。6月30日后，又开始抵制日货、英货的斗争，宣传不用英、日货币，不乘英、日轮船，不买英、日商品。对各商店原存英、日货件，贴上"良心"两字印花，作为陈货标识，不作处分，对嗣后查出来未贴此印花者，则按私进敌货论处。革命群众运动的迅猛发展，使帝国主义和封建军阀卢永祥公然发布严禁检查英、日两国货物的命令。和记买办罗步洲宣称，上工的工人先发给大洋二元，做一天工发一月工资，阴谋拉拢分化工人。经党支部研究，派东大学生吴致民带领几百名工人、学生，将罗步洲抓到东大，边教训边谈判。警察厅长王桂林突然将罗劫持而去，并打伤学生，全市人民处于愤怒状态，连军警也纷纷罢岗罢值，王桂林被迫辞职。在此期间，英帝国主义又在武汉及广州沙面制造血案，死50余人，伤170余人，东大教职员联合会、教授会即通电严重抗议。中共南京支部经研究决定在南京学界发起组织学生军，宗旨是锻炼身体，保国卫民，在东大体育馆召开成立大会。7月16日，应东大学生邀请，恽代英来校作了《高举五卅运动的反帝旗帜，把运动推向前进！》的演讲，号召在全国、在各地组织统一领导机关，以废除一切不平等条约为目标，并要求青年把反对上海五卅惨案的斗争，转变为全国民众的长期反对帝国主义的运动。

在全市人民反帝意志高昂的形势下，和记洋行遭受了一连串政治、经济打击后，英国资本家假意宣布接受工人复工条件。7月18日，和记工人在坚持了42天罢工斗争后复工。复工十余日，英商背信弃约，借口原料缺乏，宣布停工，减发工资。7月31日，在党的领导下，1 000余名工人包围和记洋行办公楼提出抗议，英帝国主义竟派海军陆战队开枪射击，数十名工人受伤,这就是 1925 年南京的"七·三一"血案。当天傍晚南京警察厅还派便衣持枪闯入东大,威协同和记工人一起战斗的东大学生,并企图逮捕吴致民等同学,经广大学生愤怒抗议未果。南京和记血案,震惊全国。南京学界联合会等组织一面通电全国,一面派代表见省长,要求禁捕工人,撤走陆战队,赔偿、惩凶、道歉等。8 月上旬,全国总工会特派秘书长林育南同志来宁慰问工人、学生并调查真相。东大学生宛希俨等在上海《民国日报》发表了《南京学界后援会对和记案件之调查报告》。8 月 11 日,中共中央、共青团中央联合发表文告指出:"工人、学生和士兵们,帝国主义及其工具虽然用尽种种延宕的或屠杀的办法镇压中华民族的解放运动,然而我们确信今后的中华民族解放运动绝非帝国主义及其工具的种种方法能镇压下去。最后的胜利属于我们。"驻上海的全国学联派华岗同志来宁慰问,并勉沪、宁学生间加强联系和合作,东大学生袁孟超(共产党员)代表受伤学生向华岗报告了东大的学运情况。

在五卅运动期间,东大教授还做了一件十分有意义的事,显示了东大教授的无私爱国精神。因五卅惨案发生后,上海一地罢工者即达 20 余万人,一大批英、日工厂的工人,甘担饥饿,退出了工厂,失业人数甚众,私人捐助虽颇踊跃,但杯水车薪,无济于事,势难持久,如此则对英、日两国之交涉,失去其有力之后盾。故经教授会议决议,将全国 12 所大学共享有金法郎(法国的货币单位)款项下的 150 万元巨款,全部移充救济失业工人之用。为此,东大教授会特致函各有关机关:① 致函财政部,请将东大应得金法郎项下 14.8 万元全数作为救济失业工人之用,其中第一批已分配到校的 49 000 余元,尽速汇上海中国银行转上海总商会,以便支配救济。② 致函 11 所大学,提出如上倡议,并谓:"人有同心,以莛撞钟,切望响应,临电不胜翘企之至。"③ 致电东大驻京代表赵叔愚教授,谒见教育部、财政部当局面商速催。④ 致电段执政,请饬财政部急速办理。至 7 月,东大已将金法郎全数分批汇沪。

五卅运动,严重地打击了帝国主义,大大提高了中国人民的觉悟。在五卅惨案、青岛惨案、武汉惨案、沙面血案、南京血案面前,封建军阀总是讨好、维护帝国主义利益,压制镇压自己的同胞,铁的事实教育了中国人民,反帝反封建必须同时进行。五卅运动揭开了大革命高潮的序幕。

二、共产党、社青团的建设与活动

20 世纪 20 年代的东南大学,是南京地区革命的摇篮、党团活动的中心。

1923 年 10 月,中共上海地委兼上海区执行委员会决定将南京的 5 位共产党员编为第 6 小组,其中就有 4 名是南高、东大学生,即:谢远定、李国琛、吴肃、宛希俨,谢远定为组长。在此以后,东大学生先后参加共产党的有彭振纲、段翰笙、陈天雷、邹渭清、吴致民、陈君起、袁孟超、陈兴霖、文化震、齐国庆、王澄、钟天樾、陈庸之、王崇典、梁永等。当时南京社会主义青年团及《南京马克思主义学说研究会》的主要成员,也是南高、东大的学生。

1923年中国社会主义青年团第二次代表大会，原来决定在湖南召开，毛泽东同志代表中共湖南省委已复函团中央表示同意。后来因江浙沪一带青年工作较有基础，特别是以谢远定为委员长的南京团地委卓有成效的工作，并同意筹备这次会议；而参加这次大会的一些重要人物如邓中夏、瞿秋白、施存统等当时在上海，故最后决定团的"二大"于1923年8月20日至25日在东南大学梅庵举行①。东大学生谢远定代表南京团组织参加了该次会议。10月10日，东大学生在党、团组织的影响下，联合全市各校学生三千多人，召开声讨军阀曹锟贿选总统大会。10月21日，在南京团地委召开的第二次大会上，谢远定被选为委员长兼秘书，宛希俨负责宣传。11月8日，南京团地委执委会重新分工，谢远定为委员长。宛希俨为秘书兼会计。10月下旬，南京团地委决定东大建立团支部。12月24日，谢远定因担任南京党内职务，辞去团地委执委会委员长职务。12月下旬，按照中共中央和团中央的指示，为了推动国共合作和发展国民革命的大好形势，南京的共产党员和社青团员，全部以个人名义加入国民党，并设法扩大其组织。唯共产党员和社青团员参加国民党后，仍应保持本党本团的独立的严密组织，拥护和贯彻中国共产党的主张，保持语言和行动的完全一致，而把国民党改组为民主联合战线的组织。12月30日，东大教授陈去病，在南京国民党召开的全体党员大会上，被选为南京出席中国国民党第一次全国代表大会代表。

1924年1月，东大学生彭振纲参加共产党，并接任谢远定为南京团地委委员长。

1924年初，东大、河海工程专科学校等学生代表在东大梅庵开会成立南京社会科学研究会，宗旨是组织会员学习马克思学说。研究会成立后的第一次活动就是举办演讲会，讲题有：马克思主义是什么？共产主义与中国等。东大的宛希俨、河海工专的乔心泉等均参加，当时对外均以国民党面目组织活动。3月12日，东大学生自治会改组，宛希俨被选为学生会代表。4月21日，南京团地委和国民党南京支部合办《南京评论》，宛希俨化名阮继严，任发行人，刚出版第一期就被军阀查禁。东大地学系学生袁孟超被约为《南京评论》撰稿人，并在此期间被介绍加入社会主义青年团。4月，以东大为中心的国民党南京市第一区党部成立。五月榴花红似火，五一国际劳动节，南京团地委在下关怡和码头召开有8 000多人参加的庆祝大会。同日，市团地委组织团员分别到城南、下关等工人较集中之地宣讲五一节的意义。5月4日，南京学联召开五四运动纪念会，东大杨杏佛教授在会上说：民主与科学的实现，全靠青年去争取去奋斗。这给数千与会青年以启迪。接着是40余所学校的6 000余学生举行纪念"五·九"国耻的集会、游行和宣讲活动，反帝、反封建的活动一浪逐一浪。

1925年1月，宛希俨担任团南京地委宣委兼非基督教委员。2月，宛希俨被选为国民党南京市党部筹备委员会委员。同月，上级党组织任命宛希俨为中共南京支部书记。3月12日，东大举行孙中山先生追悼会，高度评价中山先生毕生致力革命的丰功伟绩。3月中旬，南京国

---

① 郭必强：《中国社会主义青年团在南京召开"二大"情况》，刊于《南京史志》1988年第3期，P28—30。

民会议促进会、南京学生联合会等32个团体，在秀山公园召开联席会，成立南京各界追悼孙中山筹备会，推举东大学生代表宛希俨为主席。4月中旬，南京各界人民隆重举行追悼孙中山纪念会，历时二天，参加人数达10万人，邵元冲、杨杏佛、何香凝、恽代英等讲话，宣传国民党第一次全国代表大会通过孙中山的革命三民主义，即联俄、联共、扶助农工的三大政策。追悼会后不久，国民党南京市党部正式成立，东大成立了国民党东大第一区党部。宛希俨、吴致民、陈兴霖、邹渭清等12位国民党员（其中一部分跨国、共两党或社青团），响应和参加中共上海地委和团上海地委联合召开的宣传会议，未几，中共上海地委开会讨论国民党上海市党部和国民党江苏省党部的工作，决定成立"特别指导委员会"，由任弼时负责；研究国民党江苏省党部的人选，推举侯绍裘、宛希俨、柳亚子等10余人为省党部委员，促进了国共两党合作，1925年上半年，中共南京支部的负责人为宛希俨、谢远定、林剑成、曹壮父，前二人为东大学生①。6月，东大学生袁孟超参加共产党，自6月至8月，东大的共产党员、社青团员和国民党员，均全力投入五卅运动及工人运动，活动内容在本节第一点中已有记载，不赘述。8月，国民党江苏省党部开成立大会并进行分工，宛希俨任青年部长。8月下旬，团南京地委改组，书记兼组委王觉新，学委侯绍裘，宣委宛希俨，农工委员吴致民，妇委陈君起，其中后三人为东大学生。9月，中共江浙区委决定成立浦口地委，地委下辖南京、浦口、清江三个支部，共有党员53人。是年，东大国家主义派②学生活动猖獗，在学生中进行种种分裂活动，1925年11月27日，东大党、团员和进步学生81人发表宣言，谴责国家主义派提出南京学联脱离全国学联的提案，以及自行宣布退出南京学联的恶劣行径。

　　1926年初，宛希俨、袁孟超向学生报告了北洋军阀吴佩孚向国民革命军发动进攻，学生群情愤怒，校内开展了讨伐吴佩孚和声援国民革命军出师北伐的活动。3月12日，国民党南京市党部召开纪念孙中山逝世周年大会，国民党右派为争夺大会主席，同左派展开斗争。下午于紫金山举行中山陵奠基典礼，礼毕，大会主席侯绍裘同志在保护国民党元老柳亚子和女同志下山时，遭右派雇佣流氓的袭击，侯被击伤，左派挺身解围，侯被护送至医院，东大、河海工大众党员前往慰问。时国民党南京市党部系由中共与国民党联合组成，在执行委员中有三名东大学生，他们是宛希俨、陈君起、陈兴霖。中共浙江区委决定成立高级党校，南京有28人参加。3月18日，在李大钊、赵世炎、陈乔年等组织领导下，北京人民在天安门广场集会，反对帝国主义侵略和段祺瑞执政府的卖国罪行，会后列队向执政府请愿时，段下令开枪，死50余人，伤200余人，李大钊亦负伤，此即北京"三·一八"惨案。东大党支部闻讯，立即发动学生自治会与国民党东大区执行委员会，联合成立"三·一八"后援会，在体育馆声讨段祺瑞政府卖国、屠杀爱国民众罪行，学生千余人参加，宛希俨主持大会，吴致民、陈兴霖、袁孟超等先后发言，

---

① 材料引自袁孟超同志祝贺母校校庆的回忆文章，袁孟超1922年考入东大地学系，1925年参加中国共产党，30年代曾任中共江苏省委书记。
② 国家主义派是中国青年党的前身，旧中国的反动政党之一，鼓吹国家主义，反对共产主义，进行反共人民活动。

在群众高呼"打倒英、日帝国主义,打倒卖国军阀"口号之际,东大国家主义派头目卢琰大嚷"国家至上万岁!"等口号,学生群起反驳,国家主义派分子辱骂学生,动手打人,会场秩序大乱。事后学生自治会决定勒令卢琰认罪道歉。自此校内国家主义派活动渐趋消沉。5月30日,东大等七校1 000余人在东大操场召开五卅惨案周年纪念会,会后集队赴英领事署作和平示威。6月10日,东大农艺系学生吴致民任中共南京地委书记。7月30日,东大经济系学生、共产党员文化震任南京市团委书记。1926年5月20日,北伐军叶挺独立团率先攻入湖南击败直系军队,7月国民革命军大举北伐,乘胜进击,东大党、团组织乘此时机大做宣传工作,校内外墙上贴满了欢迎北伐军的标语口号。南大门收发室周围成了最好的宣传战场,各派政治力量都投入了较量,有宣传三民主义的,有宣传新三民主义的,有宣传国家主义的,有讨论俄国十月革命和中国辛亥革命异同的,有比较国民党与共产党谁最适合中国国情的,观者人头攒动,不时争得面红耳赤。东大党支部在恽代英指引下,把从《共产党宣言》《新青年》等著作中所学到的知识,结合当前形势,一齐搬上墙报,赢得了较多读者的心声。

1927年春,在北伐军迫临江苏的前夕,封建军阀做垂死挣扎,表现出十倍的疯狂。3月14日,东大学生成律(国民党左派)、吴光田(社青团员)两人被直鲁军逮捕,17日于小营被砍头示众。成律于狱中就写好遗书。"勿为我开追悼会,革命尚未成功,同志仍须努力。"具体内容共19条:我所用之衣服,赠慰寒士;父母百年之后,家产交公,每年送两人到东大或湖大习农,男女各一;我的尸体不要安葬,敬赠苏州博习医院解剖,以利医学事业等。就义时坚不屈膝,被颈戮五次,惨不忍睹。4月7日,东大学生会临时执委会致电《申报》,刊出军阀残暴恶行及烈士坚贞。后来全校进步师生为纪念成、吴两烈士,在校园梅庵六朝古松旁建纪念亭,立纪念碑。此一时期,学生齐国庆任东大党支部书记;共产党员王澄(女)考入东大,成为进步力量的骨干。3月25日,东大体育系学生、共产党员陈庸之担任南京工人纠察队总指挥,多次组织游行示威,与敌人作顽强斗争,不幸壮烈牺牲。4月上旬,军阀孙传芳派兵先后来校搜查11次,共逮捕学生42人,东大学生会致电《申报》,揭露军阀捕杀学生罪行。4月10日,东大学生、共产党员文化震、钟天樾、梁永,在参加中共南京地委紧急扩大会议时,被已叛变革命的国民党公安局侦缉队逮捕,几天后,三同志均被秘密杀害。灾难深重的中华民族,艰难曲折的中国革命,为了推翻帝国主义、封建主义的统治,仅我东南大学一校,就流淌了多少鲜血,付出了多少宝贵的生命!

三、东大众英烈

生而为英,死而为烈!
热血染山河,浩气弥千古!
十月革命的隆隆炮声,马克思主义的烨烨光芒,五四运动滔滔浪潮,中国共产党的诞生和影响,东南大学的民主科学精神及优良校风,哺育了20年代东大的一群优秀儿女。他们以自己的鲜血和生命,为推翻帝国主义、封建主义的罪恶统治,为中华民族的振兴,谱写了一曲曲感人肺腑、气壮山河的历史篇章。

敬录众英烈简历如下①。

成律(1901—1927)

成律,男,字辛六,又名应钟,湖南省宁乡县人。1925年,成律由湖南雅礼大学转入东大农科农艺系。参加了国共合作的国民党及知行社、协难社等群众性进步组织。1926年下半年,为迎接北伐军而进行了繁忙的活动,并毅然弃学,专职从事革命工作,1927年3月14日,被直鲁联军前敌总执法处逮捕。酷刑不屈,于狱中写下了感人肺腑的遗书。3月17日英勇就义。

吴光田(1907—1927)

吴光田,男,江苏松江县(现属上海市)人。早年在东大附中读书,后考入东大文理科政治经济系。吴光田在东大附中时,就参加了共青团的外围组织"合作"社,后参加国共合作时期的国民党。1925年,在五卅运动的洗礼中参加了中国社会主义青年团,被编了城北支部,积极投身工人运动和迎接北伐军的活动。1927年3月14日与成律同时被军阀逮捕入狱,3月17日慷慨就义。

钟天樾(1905—1927)

钟天樾,男,原名正抚,字尧弼,四川省永川县人。1924年考入东大,积极参加共产党、社青团组织的各项政治活动。五卅运动中,积极组织示威游行、组织演讲团、抵制英货日货等活动,发动同学一起参加和记洋行的工人罢工斗争。1926年加入中国共产党,任共青团南京城北支部书记。在校积极参加反对军阀孙传芳和国家主义派的斗争,后与同学孙为福、杨世昌、陈安民等在东大宿舍内被捕,敌人严刑拷打,左臂致断,被判刑五年。1927年3月24日南京光复,由南京党组织迎接出狱,任南京总工会执行委员。不久蒋介石背叛革命,4月10日晚,钟天樾、侯绍裘等十位同志同时被捕。在狱中受尽折磨,宁死不屈,几天后被敌人乱刀杀害后抛尸秦淮河中。

宛希俨(1903—1928)

宛希俨,男,湖南省黄梅县人。1921年考入东大,1922年5月参加社青团,1923年加入共产党,复因工作需要参加国民党,在校时曾任南京团地委宣委、秘书、中共南京支部书记、国民党南京市党部执行委员、国民党省党部青年部长等职。因经常组织领导重大群众运动、担任大会主席等因,军阀密谋逮捕,他机警地辗转各地,曾任董必武同志主办的《楚光日报》主编。北伐军攻占武汉后,历任国民党武汉市党部执行委员兼宣传部长,武汉《民国日报》总编辑、武汉新闻记者联合会筹委会主任及执行委员会负责人。1927年7月15日汪精卫公开叛变

---

① 黄一鸾:《东南大学十英烈》,刊于《东南大学校史资料》第4期,1988年5月。

革命后，宛希俨即去江西。"八一"南昌起义前夕，党中央决定陈潭秋为中共江西省委书记，宛希俨任省委常委兼宣传部长。起义军撤离南昌后，宛希俨坚持在江西发动农民武装反抗国民党反动派。1928年1月兼任赣南特委书记。3月下旬特委机关被敌人破坏，主要负责人全部被捕。4月初宛希俨等在赣州英勇就义。

谢远定（1899—1928）

谢远定，男，字伯平，湖北襄阳人。1920年考入南高，后转入东大。1922年加入共产党，在校期间历任中共南京城内党小组长、南京团地委委员长、中共南京支部书记等职。1924年秋毕业后回湖北，1925年夏受党派遣建立中共襄阳党团特支，为鄂北地区的革命斗争奠定了基础。1927年10月带领随县农民赤卫队举行武装暴动。1928年在汉口遇叛徒后被捕。敌人威胁利诱，严刑拷打，谢远定毫不动摇，未久被敌人枪杀于汉口大智门车站外，壮烈捐躯。

齐国庆（1903—1928）

齐国庆，男，字仲嘉，安徽太和县人。1922年考入河海工专，次年考入东大，1927年参加共产党。蒋介石发动"4·12"反革命政变后，白色恐怖笼罩南京。1927年下半年，省委在极困难情况下派人来恢复南京地下党组织，市委召开第一次党代会，齐国庆出席了会议，后担任东大及中大党支部书记。1928年5月5日，齐国庆组织中大党员和进步学生，到国民政府门前示威请愿，提出"对日经济绝交""恢复民众运动"等要求，当晚和八位中大党员一起被捕。党组织千方百计营救未果。9月27日，齐国庆等四位烈士倒在血泊中。齐临刑前高呼口号："打倒国民党！""共产党万岁！"

王崇典（1903—1928）

王崇典，男，字彝文，又名逸文，安徽涡阳县人。1926年考入东大，1927年加入共产党，后曾任中大党支部书记。1927年12月，在中共南京市委召开的第一次党代表会上，王崇典当选为市委委员。这次大会主要讨论在南京发动武装起义的问题。会后王即积极从事组织发动工作。由于叛徒告密，王被逮捕。在狱中表现英勇顽强，除承认自己是中共党员外，其余一概拒绝回答。父母探监，伤心落泪，劝他认错出狱，他对弟弟说："人总是要死的，只要革命能成功，我就是死了，还是有价值的。"他与齐国庆在雨花台临刑时，均高唱国际歌，高呼革命口号。

黄祥宾（1905—1930）

黄祥宾，男，江苏武进县人，中学时代在无锡市三师读书，即邀请恽代英到校演讲，后由恽介绍参加国民党。1926年考入东大，后执行党的决定，暂停学业，回乡发动群众，组织农会。1928年回中大，1930年2月，鲁迅先生等发起组织"中国自由运动大同盟"，南京地下党按上级指示，以学校为重点，组建"南京自由运动大同盟"，黄祥宾借机发展了一批同学入党，成立中大地下党支部，黄任党支部书记。该支部被市委表扬为模范支部。1930年8月7日，黄祥宾被国民党卫戍司令部逮捕。在狱中，黄祥宾大义凛然，敌人一无所获，于8月18日被敌人谋害，同时牺牲的共有28位同志。

顾衡（1906—1934）

顾衡，字屏叔，号孟方，江苏无锡人。1923年插班东大附中，1927年考入东大习数学，后转物理，同年参加进步组织"大地社"。1930年10月参加共产党，年底赴安徽太和县开辟工作，组建县委，被选为县委书记。1933年夏南京党组织遭受了第七次大破坏，被杀害30余人，被捕100余人，幸存党员仅八九人，党组织派顾衡到南京任特支书记。顾衡进行了艰苦卓绝的工作，组织党员举办各种进步群众组织，通过上层知识分子的工作营救了九位同志出狱，至1934年，南京党组织已发展了几十名党员。后因江苏省委书记赵跃珊等被捕叛变，南京市党组织遭到了第八次大破坏。8月7日顾衡被捕，被投入即将行刑的"要犯"牢房，顾临危不惧，对革命仍充满必胜信心。由于多方营救，军法官拟判顾衡为无期徒刑，但案卷送到宪兵司令部首脑谷正伦处，谷亲笔改批："怙恶不悛，改处死刑，立即执行。"1934年12月4日，顾衡在雨花台英勇就义。

吴致民（1900—1935）

吴致民，又名吴铁汉、胡梓，湖北黄梅县人。1921年考入东大，先入体育系，次年转农艺系。1922年10月参加社青团，1924年11月被选为团南京地委执委。五卅运动中全力投入发动和组织和记洋行的罢工斗争，曾被南京警察厅逮捕，由于同学群起抗议而获释。经革命风暴锻炼成长的吴致民由团员转为共产党员，后任中共南京地委书记。大革命失败后，吴致民去鄂东领导秋收暴动，任特委书记。1929年后历任中共中央巡视员、大冶中心县委书记、鄂东南特委书记、彭德怀创办的彭杨军事学校校长、中国革命军事委员会委员、中共湘鄂赣省委执行委员、常务委员、宣传部长、组织部长、鄂东南道委书记等职。1935年2月，在敌人偷袭冷水坪一役中，吴致民为掩护机关干部和群众转移而不幸中弹牺牲。人民为了纪念他，曾把修水等四县的交界处，改名为胡梓县。

陈庸之、梁永，均东大学生、共产党员，先后于1927年3月、4月牺牲，详情待查。

本章结语

一、东南大学主张文理并重,"学"与"术"并重,通才教育与专才教育并重,寓文、理、工、农、商、教育于一体,把一个单科性的高等师范学校改建成多学科的综合性大学,学科之齐备,居当时全国之冠。其好处是易收学科互济互补之效,相得益彰,既重视学理,又重视应用,使通才不致流于空疏,专才不致流于狭隘,有利于教学质量的提高、研究工作的开展人才的培养和深造。此种组合为当时国内所仅见,是东大的特色之一,符合现代大学建设发展的规律。

二、郭秉文的办学方针,一方面注意综合平衡,即通才与专才的平衡、人文与科学的平衡、师资与设备的平衡、国内与国际的平衡,而收平正通达之效另一方面注意轻重缓急,把延聘名师作为首要条件,广揽人才,俊彦云集,教学、研究和学科建设各有首领;把改善物质基础作为必备条件,兴馆建舍,充实设备,使各有其用武之地、用事之器;把繁荣学术空气作为必需条件,沟通中西,面向世界,广泛开展国内外学术交流,使东大成为中西文化学术交流的热点。致东大建校的初、中期,校务日良,校业日振,生机勃勃,出现了东大校史上的第一个鼎盛时期。

三、东南大学各科名师荟萃,学科建设各有特色,全校始终将国文、英文列为必修。文科主张弘扬民族文化,广纳西方文史哲理,国学大师与留学生有密切之合作,沟通融会,充实发展中国文化,有独具一格之精神。农工商教育各科,强调打好科学基础,面向社会,面向实践,发挥应用科学的优势,创造了很大的社会效益和经济效益,备受社会赞誉。理科重视基础教育和训练,重视实验、实践和实验室的建设,于数理化地等各个领域,都为国家培养出一批杰出的人才,其中物理和地学的成绩尤为卓著,友校赞:"东大以科学名世",学界称:"东大为中国自然科学发展的基地"。

四、在阶级社会中,教育受制服务于统治阶级。东大的办学者主张教育独立、学术自由,学校应避免卷入政潮,这在半殖民地半封建的旧中国,特别在军阀专政和混战的年代,只能是不切实际的幻想。1925年皖系军阀段祺瑞执政,数度直接干预东大校政,乱免乱命,武装查办,迭下整顿、改组令,甚至不惜停办解散东大,导致风潮经年,余波三载,东大由盛而衰,便是严重的教训。

五、在十月革命、五四运动和中国共产党的影响下,20年代的东大,曾经是南京地区革命的摇篮、党团活动的基地、马克思主义的传播中心,培养出大批革命知识分子,数十位青年为革命而献身,形成了革命传统。这一传统,经国立第四中山大学而至中央大学,代代相传,成为我校校风中最为宝贵的组成部分。

第四章

第四中山大学至中央大学（1927—1949年）

1927年3月24日，北伐军攻占南京。1927年6月9日，国民政府教育行政委员会明令将国立东南大学、河海工科大学等九所高校组建为国立第四中山大学。自第四中山大学至国立中央大学，是现代综合大学的迅速发展时期，可分为四个阶段：

第一个阶段，第四中山大学至江苏大学（1927年6月—1928年5月），试验"大学区制"，九校联合，为中央大学的创立奠定了基础。

第二个阶段，抗战全面爆发前的中央大学（1928年5月—1937年7月），从更名为中央大学起，由混乱走向稳定，逐步得到充实和发展。

第三个阶段，全面抗战中的中央大学（1937年8月—1945年8月），举校西迁重庆，校业恢张，成为校史上第二个鼎盛时期。

第四个阶段，抗战胜利后的中央大学（1945年9月—1949年4月），欢庆胜利，复员南京，艰苦维持，英勇护校，迎接解放，迎来了新中国高等教育事业的蓬勃发展。

第一节　第四中山大学与江苏大学（1927—1928年）

1927年国民政府定都南京以后，国民政府教育行政委员会委员蔡元培等，试图改革中国的教育管理制度，他们提出并试验了"大学院"和"大学区制"的改革方案，其原意是欲改官僚化的教育部、教育厅为学术化的大学院、大学区。但是，事物的发展不以人的善良愿望为转移，在官僚制度下，"学术化"的大学院和大学区，也不免陷于"官僚化"的泥淖，结果导致一片混乱，以失败而告终。

国立东南大学，由于历史悠久、规模宏大、学术地位居于全国前列，被列为首批试行大学区制的学校。1927年6月9日改组为第四中山大学，试行大学区制。对于东南大学来说，一方面中央和地方之间、大学和普教之间的矛盾和纷争，造成了混乱的局面；另一方面，江苏省区内九所高等学校的联合，学科、师资的集中，却为以后中央大学的发展，奠定了坚实的基础。

一、大学院和大学区制

所谓大学院和大学区制，其大略，是将全国依省份划为若干大学区，按北伐进军的序次，命名为第一中山大学（广东）、第二中山大学（湖北）、第三中山大学（浙江）、第四中山大学（江苏）……在中央则不设教育部而成立"中华民国大学院"，统管全国的学术和教育行政，在省则撤销省政府教育厅，而由各中山大学统管全省的学术和教育行政。

1927年6月，蔡元培等向中政会（国民党中央政治会议的简称）提出的议案云："关于国民政府应添设教育部问题，元培等筹议再三，以为近来官僚化之教育部实有改革之必要，欲改官僚化为学术化，莫若改教育部为大学院。"1927年6月27日，中政会第109次会议，通过了《中华民国大学院组织法》，其第一条规定："中华民国大学院为全国最高学术教育机关，承国民政府之命，管理全国学术及教育行政事宜。"第三条和第四条规定："本院设大学委员会，议决全国学术上、教育上一切重要问题。""大学委员会，由各学区中山大学校长、本院教育行政处主任及本院院长所选聘之国内专门学者5至7人组织之，以院长为委员长。"

1927年10月"中华民国大学院"正式成立，蔡元培任院长，原国民政府教育行政委员会即行结束。1928年4月12日，蔡元培讲话[①]指出："设立大学院之主张，其特点有三：① 学术教育并重，以大学院为全国最高学术教育机关；② 院长制与委员制并用，以院长负行政全责，以大学委员会负议事及计划之责；③ 计划与实行并进，设中央研究院为实行科学研究……此三点为余等主张大学制之根本理由。"但大学院成立以后，不少人因"大学院"名非习见而颇多责疑，而大学院在试行中又出现了种种矛盾，上下都有反对之声。同年8月蔡元培即辞去大学院院长职，副院长蒋梦麟接任院长。后大学院组织频有变动，分设6个处，实际上已返回原教育部机构。1928年10月，国民党中央及国民政府，又决定撤销大学院，恢复教育部。

关于大学区制，在《大学区组织条例（修正）》稿中，第一条规定全国依各地之教育、经济及交通状况，定为若干大学区，每大学区设大学一所，大学校长一人，总理大学区内一切学术与教育行政事项。第五条规定大学区得设高等教育处、普通教育处、扩充教育处（后改为社会教育处），分别管理区内的高等教育、普通教育、扩充教育一切事宜。最后第七条规定，经国民政府核准后，暂在浙江、江苏等省试行之（1928年暑期，增加北平大学区）。

江苏试行大学区制的大学，定名为国立第四中山大学，管辖全省的学术和教育行政事宜，校本部即设在南京市四牌楼东南大学原址。除大学本部外，管辖全省14所中学、13所实验中学、乡村师范学校及实验小学5所、农业职校4所。各县的教育局局长均由第四中山大学校长委派。南京、上海两特别市教育按规定由校长指导。第四中山大学还管辖设在南京的国学图书馆（时藏书16万册，其中善本书2万册）及各地省立图书馆和扩充教育机构。大学区的教育经费独立，设教育经费委员会和教育经费管理处，其经费来源为屠宰税、牙税、漕粮附税和卷烟税，后来卷烟税收归国税，以田赋收入拨补。

试行不到一年，第四中山大学区内的中等学校联合会，就举出了大学区制的五大害处[②]，表示强烈不满，要求不再做试验的牺牲品。所谓五大害处：① 易受政潮之影响。② 经费分配不公，原来江苏教育经费，大学占30%，普教占50%，而实行大学区制后，中小学经费一再

---

① 何炳松：《三十五年来中国之大学教育》，刊于《最近三十五年之中国教育》，第111—117页，商务印书馆，1931年。
② 上海《申报》，1928年6月16日。

削减，大学经费已过半数。③ 行政效率低，致教育厅公文，一周可复，大学区则三月未批。④ 大学风潮迭起，影响中学。⑤ 易酿成军阀把持之势力。从这五大害处可见，本欲改官僚化为学术化的大学区趋向于官僚化的症候已日渐显露。

大学区制试行后，除中小学校不满外，其还遭到各市县教育行政当局的抱怨，而以南京、上海两个特别市教育局的反对尤烈。1927年11月26日，南京市教育局的《南京特别市教育局反对将宁沪两特别市教育划归第四中山大学管理书》认为[①]：把两市教育管理权划归第四中山大学是侵犯了市政主权，破坏了市政统一，特别市同省是平等的，省的大学区不能对特别市漫加并吞；特别市的教育行政均禀承大学院的命令办理，不劳第三者梗塞其间。其反对第四中山大学区的态度十分强硬。

在这些纷争中，第四中山大学处境困难，乃向报界公布教育行政委员会的第49号训令，训令指出：本会议决，并经国民政府同意，特别市的教育事宜，应归该区中山大学管理。第四中山大学还向报界进一步解释称：大学区制系采取法国制，法国巴黎市的教育行政，即隶属于大学区管辖之下，其用意亦不过是同在一区之内，学校章制、教育方针及教职员资格待遇等，不应各自为政，互相参差，致生窒碍，国府委员会此举，即本斯旨，正所以谋行政整齐划一之效，而贯彻大学区制之精神，现在特别市教育局之不满意，并攻击第四中山大学，未免失当云云[②]。

尽管国民政府明令执行，并对两特别市教育当局的反对予以驳斥，但是大学区制的试行，由于各方面的抵制反对，中小学请愿抗议之声不绝，加之试行期间，第四中山大学易名、易长风潮迭起，势难维持下去。到1929年6月18日（其时第四中山大学已易名为中央大学），国民党三届二中全会遂决定，停止试行大学区制。教育部拟定了分期停止的办法，定浙江区、北平区限暑期内停止，第四中山大学限本年年底停止。但国民党江苏省党部称："今者学潮之渐起纠纷正未有艾，为今之计，惟有迅速取消大学区制。"又说："迟早先后，困难皆同，未必年底即可避免。"江苏省的大学区制终于没有等到年底，提前在1929年9月1日，将教育行政处撤销，次日正式移交给江苏省教育厅。历时二年余的大学区制改革，以失败而告终。

二、院系设置及领导体制

国立第四中山大学是在国立东南大学的基础上同河海工科大学、江苏法政大学、江苏医科大学、江苏公立南京工业专门学校、江苏省第一农业专门学校、上海商业专门学校、江苏公立苏州工业专门学校和上海商科大学等8校联合组建而成的，其中除江苏法政大学外，全部都

[①] 《南京特别市教育局反对将宁沪两特别市教育划归第四中山大学管理书》（1927年11月26日），刊于《南京大学校史资料选辑》，第202—204页，南京大学出版社，1982年。
[②] 上海《申报》，1927年11月28日。

是农、工、商、医等当时被称为实科教育的高等学校。东南大学本以文科、理科、农科、师范科著称，此时在学科领域方面有了很大扩充。全校共有教员257人，学生1 421人。

国立第四中山大学共设9个学院和一个统辖全省教育行政的教育行政院。教育行政院设在镇江，9个学院中，医学院和拟议迁宁未果的商学院在上海，农学院在南京三牌楼江苏省第一农业专门学校旧址，工学院的一部分在南京复成桥南京工业专门学校旧址，另一部分和其他各院均在南京四牌楼东南大学原址，统称大学本部，以示与教育行政院的区别。

9个学院共设36系科，开课367门。东南大学于1924年停办的工科原只有三个系，此时增为7个系科。其他学院的系科、师资、图仪设备也都有所增加。从前各个学术领域均称"科"，如文科、理科、工科等，自第四中山大学起，改称"学院"。

表4-1 第四中山大学院系设置（1927年）

序号	学院	系科
1	自然科学院	算学系、物理学系、化学系、地学系、生物学系、人类学系、心理学系
2	社会科学院	史地学系、社会学系、经济学系、政治学系、法律学系
3	文学院	中国文学系、外国文学系、语言学系
4	哲学院	哲学系
5	教育学院	教育学系、师资科、附设教育专科
6	医学院	医学基本学系、临床系、附设护病专科
7	农学院	植物农艺科、动物农艺科、农产制造科
8	工学院	机械工程科、电机工程科、土木工程科、建筑科、矿冶工程科、化学工程科、染织科
9	商学院	银行科、会计科、工商管理科、国际贸易科

教育行政院下设高等教育部、普通教育部、扩充教育部，三个部后来都改为处。当教育行政院改为教育行政处时，原来的三个处又都改为课，扩充教育处改为社会教育处。

第四中山大学校长张乃燕，浙江吴兴人，1894年生，1913年赴欧洲留学，在英国伯明翰大学、伦敦皇家理工大学及瑞士日内瓦大学习自然科学，以化学为主科，获日内瓦大学博士。回国后在北京大学、浙江大学、上海光华大学、广东大学任教授。1924年任孙中山大元帅大本营参议。1927年任江苏省政府委员兼教育厅厅长。同年调任第四中山大学校长，兼大学院大学委员会委员、江苏省政府委员。

张乃燕于1927年7月9日到校视事，1928年2月29日第四中山大学易名江苏大学，张乃燕继任校长，同年5月学校又定名为国立中央大学，张乃燕留任，为中央大学的首任校长，直到1930年11月辞职获准，在校任职3年有余。其间大学区制从试行到失败停办，又经历了易名、易长和经费风潮，处于上下左右交攻之中，勉力支撑，确也十分艰辛。

当时聘任的9个学院的院长，都是本学科的名家，自然科学院院长为胡刚复教授，社会科学院院长为戴修骏教授，文学院院长为楼光来教授，哲学院院长为汤用彤教授，教育学院院长为郑宗海教授，农学院院长为蔡无忌教授，工学院院长为周仁教授，商学院院长为程振基教授，医学院院长为颜福庆教授。胡刚复还曾兼任大学区高等教育部部长、辅助校长，襄理一切，并聘杨孝述教授为秘书长，皮宗石教授为图书馆馆长。

国立第四中山大学不再设董事会，而以校务会议为具有一定民主决策程序的领导机构。校务会议负责审议大学本部的预算，院系的设置和废止，大学课程，各种规章，学生的考试、测验和训育，校舍建筑和设备添置以及校长交议的事项。

校务会议由校长、秘书长、高等教育部（处）部长、各学院院长、图书馆馆长及教授代表组成。教授代表须为本大学的专任教授或讲师，于每学年开学后两星期内投票选举产生。选举方法分两种：① 每学院各选举1人，若学院的专任教授、讲师超过15人者，得加选1人，超过25人者，加选2人，余类推。② 由大学全体教授、讲师组成的"教授会"，在全校专任教授、讲师中，不分院别，投票选举10人。各学院选出的代表，若于教授会共同投票时再当选，其本学院的代表由该学院另行选人替补。这就使校务会议的组成人员，有半数以上是经民主选举产生的，而在这些选举产生的成员中，又有一部分（大致半数）不是一个局部（学院）的代表，而是大学本部全体教授、讲师的代表。这就使校务会议所作的决策具有较为广泛的民主性和群众基础。

1927年10月23日公布了校务会议的选举结果[①]，全体教授、讲师中选出的代表为竺可桢、孟宪承、高君珊、王琎、何鲁、吴有训、张士一、张天才。

各个学院投票选出参加校务会议的代表有：

自然科学院　蔡堡、徐善祥、张景钺

社会科学院　龚贤明、叶元龙

文学院　闻一多

哲学院　宗白华

教育学院　沈履

农学院　郭须静、常宗会

工学院　张谟实、卢恩绪

商学院　张竣、陈清华

医学院　蔡翘

校务会议除临时委员会外，设9个常设委员会：① 政治训育委员会；② 群育委员会；③ 招生委员会；④ 图书委员会；⑤ 出版委员会；⑥ 卫生委员会；⑦ 体育委员会；⑧ 校景

---

① 东南大学档案馆档案，编号 2—20028045 卷。

委员会；⑨ 稽核委员会。

校务会议议事情形，举例说明：如有一次群育委员会会议，产生了歧义，郑晓沧的意见为群育工作之范围甚大，包括陶冶学生性情、纠正缺点之事，职责甚重，须另聘专家5人，专理其事。而汤用彤、吴有训则认为学生人数众多，散处各地，用专任干事5人恐亦难收效果，当另由学校方面建立指导制度，使教员与学生接近，随时加以纠正。他俩认为用专任干事的办法，施诸中等学校最为适宜，施之大学生似可不必。于是将不同意见提交校务会议讨论。最后，会议主席将汤、吴提案交付表决，多数赞成，议决通过。

从这个事例的议事程序来看，先由群育委员会议出两个不同的方案，在校务会议上讨论，各抒己见。最后进行表决，以少数服从多数的原则，做出决定，确具有一定的民主性。从这个事例本身来看，汤用彤、吴有训所提方案，实际上提出了大学教师不仅要教好书，而且要负起同学生接近，帮助他们陶冶性情、纠正缺点的责任，已寓有"教书育人"的思想。

三、易名江苏大学

第四中山大学成立不到半年，1927年11月间，教育行政要人中，就已在酝酿改校名。当初定名，是为了纪念孙中山先生，并以北伐军到达先后的省份，依次定名。改校名的理由是：中山大学不只一处，继以次第名之，不易辨记，已发现致甲中山大学函件，误投乙校，若全国统一增至29个中山大学更易混淆。有广东的中山大学，已足纪念总理（孙中山）。大学院，冠曰中华民国大学院，以统辖全国各省的大学，各省的大学就应以省为名统辖全省的大中小学，自有一贯之系统。

此项更改校名的办法，经大学院大学委员会通过。1928年2月29日，第四中山大学奉大学院第165号训令，改称江苏大学。

改名江苏大学后，立即受到了师生普遍的反对。江苏大学学生三次上书大学院，以美国有华盛顿大学、英国有伦敦大学、法国有巴黎大学、德国有柏林大学为由，要求改名"国立南京大学"。第三中山大学改名浙江大学后，则呈请加"国立"二字。

1928年4月5日，大学院第6次会议议决的答复是："大学区大学均不必加'国立'二字。"原第四中山大学仍称"江苏大学"。

江苏大学学生得悉后，群情激愤。4月13日在体育馆召开全体大会，一致反对改名"江苏大学"，然后来到大门口，摘下"江苏大学"名牌，一路游行，抬送到大学院，奉还校牌，以示抗议，并宣称在未达到要求前，仍用第四中山大学名义。大学院副院长杨杏佛（杨原系东南大学教授）接见，先说名称与学校无大关系，不必再改，继又说：下星期召开大学委员会临时会议时，当提出此案交会讨论，大学招牌，仍请诸君抬回去。学生遂又到国民党中央政治委员会请愿，无结果而回。其间又传来大学院的严词训斥，说："竟有不叙姓名而自称国立中山大学学生者百余人，忽将江苏大学牌子舁至本院，似此儿戏举动，殊不类曾受高等教育者之所为"[①]云云。学生闻之，益形愤慨，乃议决自20日起罢课三天，并将江苏大学招牌保存于学生会，永远不许悬挂。4月24日，大学委员会临时会议议决，并以大学院第337号训令下达称："江苏大学改称中央大学，得加'国立'二字。"5月4日，由大学院院长蔡元培亲自到校宣布，校名风潮始息。

江苏大学存在的两个多月的时间内，除闹了一场易名风潮外，余无可述，仅存的一份"预算简表"，录以观其概略。

从学校的收入来看，学校自筹的收入，包括学费收入、其他收入、临时收入共128 620元，占总收入的6.85%。库拨收入1 750 000元，以当时学生人数1 421人计，人均1 231元。由于当时军政开支庞大，教育经费的下拨，常常七折八扣，故预算中的库款收入及经常费支出，都只能按七五折计算。

在支出方面，教职员工的俸给工食等人头费总计1 045 596元，占经常费支出总额1 750 000元的59.75%，图书费占4.79%，仪器费占4.81%，标本费占0.67%，消耗费占3.80%；整个预算中，人头费和行政办公费的支出，约占85%以上。

表4-2 江苏大学预算简表

岁入	经常	库款	1 750 000元(按即省府拨款)
		学费收入	50 000元
		其他收入	73 620元
		计	1 873 620元
	临时		5 000元
	合计		1 878 620元
岁出	经常	教员俸给	783 500元
		职员俸给	200 560元
		校役工食	61 536元
		图书购置	83 810元
		仪器购置	84 256元
		标本购置	11 800元
		消耗费	66 472元（试验亦在内）
		其他支出	458 066元（文具、邮电、校具、水电、消防等项及附设相关均在内）
		计	1 750 000元
	临时		128 620元
	合计		1 878 620元
	备注		现库款收入及经常支出均照七五折计算

注：国立大学暨专门学校报告用表之二，报告日期十六年度（1927）下学期。

[①] 上海《申报》，1928年4月22日。

第二节　抗日战争前的中央大学（1928—1937年）

中央大学成立之初，由于日本帝国主义的侵略，爆发了全民抗日救亡运动。在学校里又发生了争取经费的经费风潮和反对官僚政客的易长风潮，使中央大学处于动荡之中，直到1932年被宣布解散、彻底整顿。

经过整顿后的中央大学，取得了一个相对稳定的间歇，学校工作的各个方面都有所充实和发展。1937年7月发生卢沟桥事变，日寇大举入侵，平津淞沪相继沦陷，南京危在旦夕。中央大学遂于1937年10月西迁重庆。

一、建校初期的基本情况

国立中央大学于1928年4月24日成立，仍由张乃燕任校长。7月间对学校的院系进行了调整[①]，原第四中山大学的自然科学院、社会科学院，因名义过于宽泛，改称理学院、法学院，又将仅一个系的哲学院撤销。中央大学将原第四中山大学的9个学院调整为文、理、法、教、农、工、商、医等8个学院。在系科方面，把史地学系分为史学系和地学系，前者划归文学院，后者划归理学院。理学院撤销人类学系，文学院撤销语言学系，将外国文学系改称外国语文系，把原社会科学院的社会学系划归文学院。

调整后的院系设置如表4-3。

此外，还有附属实验学校，农学院附属的探先农村小学，工学院附属的苏州职业学校（1930年7月24日由教育厅接办）及医学院附属的苏州产科学校等。

中央大学建立之初，共有教职员432人，学生1552人，分布状况如表4-4、表4-5[②]。

表4-3　国立中央大学院系简表（1928年）

序号	学院	系科
1	文学院	中国文学系、外国语文系、哲学系、社会学系、史学系
2	理学院	算学系、物理学系、化学系、地学系、生物学系、心理学系
3	法学院	政治学系、经济学系、法律系
4	教育学院	教育学系、师资科、艺术专修科、体育专修科

---

① 东南大学档案馆档案，编号2—20028045卷。
② 东南大学档案馆档案，编号2—20028050卷。

（续表）

序号	学院	系科
5	农学院	植物农艺科、动物农艺科、农产制造科
6	工学院	机械工程科、电机工程科、土木工程科、建筑科、矿冶工程科、化学工程科、染织科
7	商学院	银行科、会计科、工商管理科、国际贸易科
8	医学院	基本系、临床系

表4-4 各学院教职员统计表　　　　　　　　　　　　　　单位：人

学院	教授、副教授	讲师	助教	助理	职员	小计
自然科学院	25	6	14	11		56
社会科学院	20	5	2	4		31
文学院	9	8	12			29
哲学院	5			2		7
教育学院	12	17	16	14		59
医学院	4	8		4	3	19
农学院	14	6		44	8	72
工学院	16	8	12	10		46
商学院	4	31		3	15	53
小计	109	89	56	92	26	372

注：此为1928年7月院系调整前，中央大学成立时的统计。

从表4-4可以看到，师资队伍的职称结构，呈倒金字塔形。助理的人数较多，多分布于农学院、工学院、自然科学院社会科学院及教育学院。校部行政机构的职员，有注册组12人、文书组10人、会计组8人、事务组15人、图书馆9人、出版部3人、医药室3人，计60人，加上各学院的教职员372人，共计432人。

表4-5 学生统计表　　　　　　　　　　　　　　单位：人

性别	自然科学院	社会科学院	文学院	哲学院	教育学院	医学院	农学院	工学院	商学院	预科	其他	合计
男生	189	293	124	11	138	22	44	130	147	199	63	1360
女生	10	10	7		17	5	1		1	11	13	75
合计	199	303	131	11	155	27	45	130	148	210	76	1435

另有特别生48人（其中女生12人）。所谓特别生者，据《特别生章程》云：是为了学术研究，发展特殊个性，具有选读大学二年级课程的能力并有教学经验或其他成绩者，经大学招生委员

会审查认可入学,学制三年,学习成绩70分以上为及格,60分以下不予补考。其余为借读生、旁听生等。

当时,国立中央大学的规模、系科设置、图仪设备及学校经费等,在全国各大学中均居前列。从1931年1月22日《申报》教育消息版发表的教育部民国十七年度(1928学年)工作概况统计中可见一斑(见表4-6)。

表4-6 教育部工作概况统计(1928学年)

校名	学院/个	系科/个	学程/门	学生/人	教职员/人	图书/册	设备/元	年度经费/元
中央大学	8	34	555	1 731	565	118 405	340 991	1 555 116
北平大学第二工学院	1	4	90	465	61	4 841	84 257	127 564
北平大学医学院	1	5	40	302	115	8 416	14 100	98 778
北平大学女子学院	4	7	138	175	92	3 706	1 454	62 135
北平大学河北学院	4	8	305	859	180	28 238	18 490	248 854
北平大学俄文法政学院	1	3	30	12	54	2 189		25 183
清华大学	4	13	166	305	130	170 361	196 741	725 681
交通大学	2	4	130	773	133	52 808	144 165	295 425
武汉大学	3	6	54	314	106	45 297	34 846	304 796
浙江大学	5	13	290	343	142	25 085	136 680	309 562
同济大学	2	4	94	182	53	3 522	185 992	254 428
中山大学	6	20	277	1 625	410	221 199		1 266 564

注:其他学校略。北平大学,即原北京大学。表中中央大学缺法学院、文学院、理学院等的数据,无合计数,原表如此。交通大学唐山部分未计。表中"学程"即今"课程"。

学校的教育行政机构也作了适当的调整,大学本部设教务、事务、秘书三个处,由教务长、事务长、秘书长领导,不另设处长。注册组、出版部及图书馆属教务处;庶务组、会计组、医务室及水电煤气管理委员会属事务处;文书组、编纂组属秘书处。

其组织系统见图4-1国立中央大学组织系统。各学院所属的系科名称见表4-3"国立中央大学院系简表(1928年)"。

1929年5月,聘戴志超为副校长,负责分管教育行政处。教务长为叶元龙,事务长为刘藻彬,秘书长为张衡。

理学院院长为孙洪芬,法学院院长为戴修骏,文学院院长为谢寿康,农学院院长为王善佺,商学院院长为程振基,医学院院长为颜福庆。1929年7月,教育学院院长郑宗海和工学院院长周仁辞职。聘韦悫为教育学院院长,陈懋解为工学院院长。

1930年9月，因大学区制已停止实行，决定不设副校长。自此以后，基本上就再没有委派过中央大学副校长。即便是后来1943年蒋介石兼任校长而又不能实际到校理事的情况下，也没有设副校长而只增设了一位教育长，负责学校工作。

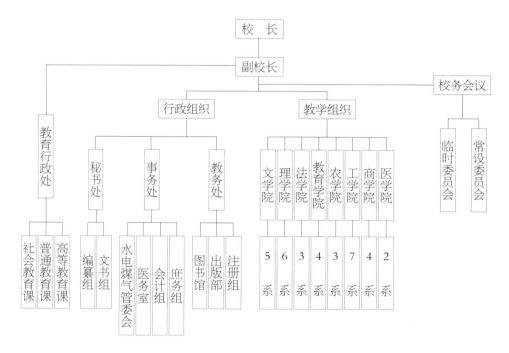

图 4-1　国立中央大学组织系统（1928 年度）

大学区制停止实行后，中央大学摆脱了管辖全省高等教育、普通教育等繁杂的工作和各种矛盾纠纷，得以专注于中央大学自身的发展和建设，除行政机构照旧外，对系科的设置又作了进一步的调整①，此处只述及调整部分。至本章第三节，再将系科沿革作一综述。

1. 文学院

1930年1月校务会议决议，将理学院地学系中的地理门，独立成为地理系，同年2月，又将其划归文学院办理。至此文学院共设中国文学系、外国语文系、哲学系、社会学系、史学系、地理系等6个系，开设102门课程。

文学院院长谢寿康，1930年5月出任驻比利时大使馆代办，院务由中文系主任汪东代理。

2. 理学院

1929年9月，生物学系的动物门和植物门，都独立成系。1930年1月校务会议议决，地学系改称地质系。设置数学系、物理学系、化学系、地质系、动物学系、植物学系、心理学系

---

① 时系以下的门、组、科等用语较乱。门近似专业而又不尽相同，一般理学院多称门，其他学院称组或科，而农学院则门、组、科都有。科的用法更泛，原来的学院都称科，如理科、文科、工科等。科改学院以后，学院以下所设的科，有相当于系的，如工学院的各科，有的相当于门或组，有的是学制上区别于本科的专修科。下文仍沿袭旧称未加改动。

等共 7 个系，开设 84 门课程。

蔡堡为理学院代理院长。

3. 法学院

法学院仍为政治学系、经济学系、法律系等 3 系，共开设 72 门课。

4. 教育学院

1929 年 9 月起，改艺术专修科为艺术教育科，改体育专修科为体育科，毕业年限改为四年，与本科程度相等。又将教育学系分为教育心理、教育行政、社会教育 3 个系，暂时停办师资科。全院调整为教育心理系、教育行政系、社会教育系、艺术教育科、体育科等共 3 系 2 科，开设 59 门课程。

5. 农学院

原来的 3 个科，共有农作物、园艺、畜牧、蚕桑、农产制造 5 门，森林、农艺化学、昆虫、植物病理、农艺工程 5 组。1929 年的调整，将农作物门和农艺工程组并为农艺垦殖科。农产制造门和农艺化学组并为农业化学科。畜牧门、蚕桑门、园艺门、森林组分别改为畜牧兽医科、蚕桑科、园艺科、森林科。昆虫组和植物病理组并为病虫害科，增设农政科，全院共设农艺垦殖科、农业化学科、畜牧兽医科、蚕桑科、园艺科、森林科、病虫害科、农政科等 8 科，开设 61 门课程。

6. 工学院

工学院停办染织科和矿冶工程科，共有机械工程科、电机工程科、土木工程科、建筑科、化学工程科等 5 科，开设 97 门课程。

7. 商学院

一、二年级不分系科，到三、四年级分别升入银行科、会计科、工商管理科、国际贸易科等 4 科，共开设 42 门课程。

1930 年春，程振基院长辞职，院务由教务主任杨荫溥代理。

8. 医学院

医学院有基本系、临床系。基本系设解剖学科、病理学科、生物化学科、生理学科、药理学科、细菌学科、寄生虫学科、卫生学科等 8 科；临床系分为内科、外科、妇科、产科、眼科、耳鼻喉科、皮肤花柳病科、生殖器及尿道科、精神病科、X 光科等 10 科，合计两系 18 个科，共开设 38 门课程，预科课程由理学院开设。

但是，医学院的系科又和其他各学院的分系分科有所不同。上述各科的所有课程，学生都要学完，才可毕业。

9. 军事教育

军事教育科是 1928 年夏正式成立的，由中央训练总监部委派军事教官 6 人任教。1929 年又成立普通军事教育科。前者是选修的，主要是为 1929 年度以前的老生开课；后者是强制的，也可说是必修的,为当年的新生开课。到 1930 年暑假,普通军事教育科结束,以后一切军事教育均归军事教育科办理。

10. 体育教育

中央大学历来重视体育,这是德智体三育并重的教育思想的体现。中央大学除教育学院设有体育科外,还开设普通体育课,前者是为训练体育专门人才而设,后者则是一门公共必修课。1927 年第四中山大学时期即订有《普通体育暂行规定》,学校改名中央大学后,继续沿用。规程规定学生入学后,必须修满 8 个普通体育学分方得毕业,本科生每周上课 2 小时,每学期为 1 学分,积四年可得 8 学分。1929 年春,江南八所大学在上海举行田径赛运动会,在 15 项运动竞赛中,中央大学获 10 个第一名,得团体锦标。

11. 教学制度改革

1929 年还进行了一次重大的教学制度改革。11 月校务会议议决,学年制和学分制并用,即既要学满额定的学分,还要达到规定的学年,才能毕业。决定各学院为四年毕业,医学院为七年毕业,以纠正仅采用学分制的流弊。这个学年学分制一直沿袭到后来采用苏联学制时止。

12. 学术刊物

中央大学为了促进学术研究,出版了各种学术刊物。教务处下属出版部专司其事,除继续出版《日刊》外(按:《日刊》于 1927 年 11 月 5 日创办,当时规定以登载本校报告、规章、布告、讲演及新闻等为限,重事实不列言论),还有探讨学术的《半月刊》,文学院的《艺林》和《地理》杂志,理学院的《中国植物图谱》和《中国植物名录》,法学院的《法学院季刊》和《法律系季刊》,教育学院的《教育季刊》《体育杂志》和《教育心理学研究报告》,农学院的《农学杂志》《农学研究报告》《农学丛刊》《农学浅说丛书》和《农学院旬刊》,工学院的《工学杂志》和《河海友声》,商学院的《商学院丛刊》《商学院学报》和《院刊》等学术刊物[①]。

二、易长风潮和经费风潮

中央大学在教学和学术研究方面都逐步取得成效,但为时不久就发生了易长风潮和经费风潮,以致一度陷入困境。

1928 年到 1932 年的 4 年中,张乃燕校长任职两年半(1928 年 5 月到 1930 年 10 月),三次辞职,朱家骅校长任职一年余(1930 年 12 月到 1932 年 1 月)也是三上辞呈。前者主要是经费问题,后者主要是政治原因。4 年中,任命而拒不到职的有吴稚晖、任鸿隽;任命到职而

---

① 东南大学档案馆档案,编号 2—20030055 卷。

遭拒被驱的有桂崇基、段锡朋。

张乃燕第一次辞职，是在他留任中央大学校长后的次月，即1928年6月24日，以不愿久任繁剧为由，要求调动工作。大学院准备调张乃燕任大学院参事，所遗校长缺，拟请吴稚晖接充。国民政府遂于1928年7月8日议决，任命吴稚晖为中央大学校长。但是吴稚晖却致函大学院，坚辞不就。张乃燕也表示不就参事职。此前，中央大学教育行政处全体会议，列举张校长主校以来的政绩，发表宣言呈请大学院免调张乃燕，此事遂寝。1929年暑假，张乃燕第二次提出辞呈，部令慰留，张乃燕同意维持到年底大学区制停止试行时。1930年10月张乃燕第三次直接上书蒋介石，呈请辞职，函发后就离校去了上海。理学院院长（代理）刘树杞专程赴沪挽留，但张氏辞意坚决，无挽留余地，遂于1930年11月获准辞职。

张乃燕校长辞职的原因主要是经费问题。国立中央大学成立之初即为经费问题所困扰。当时正在试行已经遭到各方面反对的大学区制，既有中央财政与地方财政之争，又有大学经费同中小学经费之争，导致了多起经费风潮，波及全省教育界。

原来东南大学的教育经费是由江苏省财政负担的，成立第四中山大学时，并入八所省属大专学校，故全部经费仍由江苏省的教育经费管理处拨款。1928年度中央大学预算175万元，按惯例仍由教育经费管理处支付。江苏的教育专款，原来由屠、牙两税和卷烟税而来。中央财政部划分国税和地方税时，将屠、牙税定为地方税，而卷烟税则定为国税。江苏财政部门认为国立大学的经费应由国家负担理所固然，况且卷烟税（每年约180万元）收归国税后，也确有难处。可是1928年11月4日全国预算委员会议决：中央大学的经费"暂仍旧案办理"，即仍由江苏教育经费管理处拨款。中央和地方两下推诿，几使中央大学陷于绝境。而大学区内的中等学校联合会又不断抗议大学和中小学的教育经费分配不公。1929年8月9日，财政部、教育部和省政府联席会议，讨论中央大学（简称"中大"）经费问题，讨论结果报经行政院以训令下达："中大经费应按十七年度（1928年）实支款132万元，永久由江苏省教育经费管理处支给，十八年度（1929年）预算不足数（预算为187万元）由财政部按月补贴5万元，不折不扣。"于是就有了中大区61县的教育局局长联席会议力争教育经费独立的呼吁，中小学校教职员两次赴镇江（时省公署设在镇江）请愿，要求由中央负担中大经费，或削减由江苏省负担的中大经费。中央大学学生则数度去教育部游行请愿及发表宣言，要求维持中大经费。到1930年财政部应不折不扣按月补助的5万元，竟有3个月未付。省拨中大教育费则已积欠一个半月，以致发生了中大校长同教育部部长蒋梦麟相互责难的纠纷。张乃燕之所以不惜离职而他往的原因，盖肇于此。

张乃燕辞职后，经行政院会议决定，并于1930年12月13日以当时兼理教育部部长蒋中正的名义，发布第1315号训令，任命朱家骅为国立中央大学校长。12月20日朱家骅到校接事，同日在中大体育馆举行就职典礼。

朱家骅（1893—1963），浙江吴兴人，曾留学德国获博士学位，为国民党中央执行委员，中央政治会议委员。来校前曾任广东中山大学校长。从中央大学辞职后，历任教育部部长、交通部部长、国民党中央秘书长兼中央调查统计局局长、三民主义青年团中央常务干事和国民党中央组织部部长等职，去台湾后曾任"总统府"资政。

朱家骅在就职典礼上就宣称"中大自东南改革而成，不幸近来校内发生不安之现象，殊属可惜"云云，对学生的状况表示不满。所谓"不安之现象"，如学生为中大经费问题而游行请愿，发表宣言，以及张乃燕离职去沪前，将教务处、秘书处合并为总务处，委总务长黄振寰维持校务。教授与学生咸认为未经校务会议通过即行改变学校行政组织已多不妥，且近不伦不类。故11月28日，在黄振寰做纪念周报告时，同学纷起质问，言语激烈，黄氏不能答复，遂宣布对中大事不再负责等情况均属之。1931年1月24日，朱家骅以纪念周秩序不佳为由，布告严戒学生"嚣张"。4月18日又以不守校规、侮辱师长为由，开除学生2人。"九一八"事变后，9月28日，中大学生为反对日寇侵略东三省举行游行示威，上午9时冒雨游行到中央党部后，国民党中常委丁淮汾在二门前接见，中大学生因校长朱家骅正在中央党部出席纪念周，即要朱家骅同去外交部请愿，朱家骅初尚犹豫，嗣见群情激愤，恐滋纷扰，即出与学生同赴外交部。部长王正廷初拟派代表接见，学生大愤，相率到楼上部长办公室责问王正廷，言语间发生冲突。学生愤懑不已，不禁拳脚相加，王头部略有受伤，当即去鼓楼医院治疗。事后朱家骅即引咎自请撤职未果，这是朱家骅第一次辞职。1931年12月5日，中央大学为声援北京大学抗日救亡南下示威团被捕学生，举行示威游行，出发前到校长室取校旗，秘书长郭心崧拒绝给旗，发生冲突。朱家骅当天下午就第二次向教育部引咎辞职，部令慰留。12月8日朱家骅第三次提出辞呈，并即离开南京，以示坚决，终于获准。朱家骅坚决辞职的直接原因如上述。内里没有解决的中大经费问题也是个重要的因素，1931年11月至1932年1月，江苏省政府停拨中大经费，以致对中大教职员欠薪三个月，中大教职工怨愤已极，风潮一触即发，加速了朱家骅的辞职决心。

朱家骅校长任职一年，三次辞职，对学校工作几无建树。唯可称道者，是大礼堂的建设。

中央大学大礼堂的建设，其始是张乃燕校长筹款于1930年3月28日动工兴建的，后因经费困难而停工。朱家骅以其在国民党中央的地位和影响，借召开国民会议的名义，请得拨款，大礼堂由建筑系卢毓骏教授主持续建，1931年4月底竣工。5月5日召开的国民会议就在这个礼堂开幕。这座矗立在校园中心的大礼堂，在众多校园建筑中独具特色，前廊有爱奥尼克式的列柱和三角顶，堂内是欧洲文艺复兴时期建筑风格的穹隆顶，顶高34米，3层，可容2 700余人。这座大礼堂以其庄严雄伟的造型，90多年来，成了这所大学的标志，在数十万校友心目中，成为母校的象征。

朱家骅辞职后，被调任教育部部长。国民政府1932年1月8日任命桂崇基为中大校长，学生拒之，当月下旬桂即辞职。同年1月26日，国民政府又任命任鸿隽为中大校长，任鸿隽曾任教育部司长、东南大学董事、中国科学社社长、东南大学行政委员会副主任，素来热心于教育事业，但他接奉任命后，坚辞不就，只得请法学院院长刘光华代理。6月间，刘光华又坚辞代理职务，以致校政无人，陷于混乱。就在这个时候，1932年6月6日，中央大学全体教师因索欠薪，宣布总请假，后因接受学生要求忍痛复课。朱家骅却广播流言，以解散中大相恫吓，众教职员忍无可忍。6月15日中大教授、学生开大会，组织"中大经费独立运动委员会"，21日师生代表9人、24日师生代表20余人，两次赴行政院请愿。26日全校师生开会讨论经费问题和因朱家骅辞职、新校长任鸿隽不愿就职的悬而未决的校长问题。27日又为此开全体大会并到行政院请愿，通电反对朱家骅任教育部部长。7月1日中大教授会复派张士一、倪尚达等10人去教育部索讨欠薪，结果补发了一个半月的欠薪。与欠薪索薪事件同时，6月27日中大学生会为解决久悬不决的校长问题，到行政院请愿，提出三项要求：（1）从速任命新校长来校主持工作；（2）要求派知名学者担任，反对政客式人物来当校长；（3）提出竺可桢、翁文灏、任鸿隽等三人，供当局遴选任命。翌日，行政院议决派教育部政务次长段锡朋代理校长，当晚消息传来，群情哗然，认为不合要求。29日段锡朋到校接事，学生正在体育馆开大会，闻讯派人去请段锡朋到体育馆来。当时段锡朋到校刚下汽车，走进南高院（校行政在南高院二楼办公）上楼时遇到学生。段不允去体育馆会见全体学生，只答应叫学生派代表来谈，争执不下，被学生拽下楼。扭扯间段的长衫被撕破，段被殴伤数处，从学校西门逃走，径赴鼓楼医院治疗。教育部部长朱家骅闻讯震怒，在国民党中央的支持下，悍然宣布解散中央大学，彻底整理，布告所有学生立即离校，听候甄别。学生会乃组织纠察队，把守学校各大门和出入口道，国民党政府遂用飞机在学校上空抛撒"解散令"。6月29日当晚，教育部内定开除学生60余人，30日逮捕工学院学生1人，警备司令部传讯学生会主席团全体成员，一时校内风声鹤唳，师生惴惴不安，经费独立运动委员会和护校运动委员会主要成员，纷纷离校他避。

7月2日下午4时，教育部派接收委员4人到中大接收。3日封锁各侧门，仅留大门出入。4日封锁宿舍。令全体学生即日离校（唯路远学生允留）。6日接收工学院，工学院院长顾毓琇教授断然拒绝，声称若强迫接收，则一切损失由接收者负责，故无结果。中央大学教授继请撤出接收委员，以恢复常态。

7月6日行政院议决聘蔡元培、钱天鹤、顾孟余、竺可桢、张道藩、罗家伦、周鲠生、谭伯羽、俞大维为中央大学整理委员会委员，指定蔡元培为委员长。随后，行政院又增聘李四光为副委员长，并于整理期间代行校长职务。聘竺可桢为教务长、钱天鹤为总务长。

中央大学整理委员会提出整理方案报行政院，其大略有：上海商、医两院独立，系科适当调整，行政组织在校长下设教务长、总务长及校长室秘书，中大经费依实发给不得减成，本年度停止招生等项。中大整理委员会7月10日的会议称，中大风潮实为钱与人两个问题。只发五成经费，实不足以维持，8月份起，拟十足发给。校长人选应定与党政关系较少、不带政客式的纯学者，各方均可满意。会议认为整理委员会工作已毕，无必要不再开会。行政院8月23日第57次会议议决：中大整理委员会蔡元培等函请辞去整理委员职，李四光同时请辞代行校长职，经议决分别准予辞职。

中央大学的易长风潮，引起了社会广泛的注目。上海各大学教授会于 7 月 10 日联合发表关于中大风潮宣言，声援中大师生。宣言略称：近年以来官僚主义、党派势力侵入教育界，以致发生无穷的纠纷，任段锡朋为代理校长实为失当。少数学生动用暴力，有逾常轨，但反对不分黑白任意拘捕。学生妄动殴人固属非法，政府随便拘捕，亦是违法。政府解散学校，罢免全体教师，处置太过。少数学生闹事，何至于牵动全体教授，使神圣教育事业随当局的喜怒而中断。政府有解散国立学校的权威，但不能推卸履行聘约的义务；政府不履行发清薪俸的义务，教授便有不服从政府接收的权利。政府可以违约，则教授可以抗命。中大学潮不过是全国教育病态的象征，若不根本澄清，教育前途不堪设想，而风潮之来，恐更有甚于此者。

8 月 23 日，行政院决定任命罗家伦为中央大学校长。罗家伦于 8 月 25 日接到任命，但他表示不愿接任中大校长，26 日他说："命令朝达，辞呈夕上，余时任中央政治学校校长，决无弃之而从事风波时起、百端待理之中大的意愿。"但屡辞不果，终于申明，以一年为期，接受了这一职务。历时 4 年的中大经费风潮和易长风潮乃告结束。

三、罗家伦的治校方针和教育思想

罗家伦校长于 1932 年 9 月 5 日，偕同钱天鹤到校接事，到 1941 年 8 月 13 日辞职获准，前后跨 10 个年头，是中央大学 21 年历史中任期最长的一位校长，在校期间建树甚多，对学校的发展有较大贡献。

罗家伦（1897—1969），字志希，浙江绍兴人。1914 年就读于上海复旦公学。1917 年考入北京大学文科，为北大新潮社的发起人之一。五四运动时，参加示威游行，并被推为代表，向各国领事馆递送说帖，在五四游行集会时散发的《北京学界全体宣言》，就是罗家伦起草的。1920 年出国留学，先于美国普林斯顿大学和哥伦比亚大学研究所研究历史，后至伦敦、巴黎、柏林诸大学深造。1925 年回国，任东南大学教授，翌年参加北伐，曾任国民党中央党务学校教务主任、代教育长。1928 年清华大学改为国立，罗家伦任校长。在中央大学辞职后于 1943 年任新疆监察使。抗战胜利后曾任联合国教科文组织筹备会议代表及驻印度大使等职。1950 年后任国民党党史编纂委员会主任委员，台湾"考试院"副院长及"国史馆"馆长等职。1969 年 12 月 25 日逝世，终年 72 岁。

罗家伦到中央大学接事前，曾声明一年为期，还提出了三个先决条件，他在呈文中说："窃以闻长中大之命而不引以为忧者非愚即妄也。以国立之一最高学府而使爱惜羽毛之士，望而却步，国家教育事业之可痛心，孰甚于此。"接着就提出"家伦敬请于钧院长者尤有三端：① 经费应该切实维持与保障；② 请循成规，对校长予以专责及深切之信任；③ 如有建设计划，请督促其实现。"应该说这三条基本上得到了满足，在抗战全面爆发前的这一段时间内，学校经费得到了保证，按时拨发，并无欠拨或七折八扣等情况。由于罗家伦同蒋介石比较接近，他也得到了较为充分的信任和支持，较少受到横加干涉，后来蒋介石还曾亲自批准，拨款240万元，支持罗家伦建设中大新校址。大抵也鉴于这些情况，一年期满后，罗家伦在1933年8月，如期呈文辞职，行政院慰留，他也就没有坚辞而留了下来。

罗家伦在就职时，就宣布了他的治校方针是安定、充实、发展。后来他在《中央大学之回顾与前瞻》一文中又作了进一步的阐述。他说："我到中大之时，正值一个大紊乱以后，所以我当时宣布治校方针分为'安定、充实、发展'三个时期。原来打算每个时期约略三年。他又说：我是学历史的人，知道时期是不可以严格划分的。在安定时期，应当有所充实；充实时期应当亟谋发展；就是到了发展时期，也还应当安定。"他认定这三个目标去做，确实使中央大学在国难深重之际，得到了充实、发展而逐步臻于鼎盛。

罗家伦的教育思想，在他于1932年10月11日的全校大会上所作的就职演说《中央大学之使命》中，可见一斑。他认为：中国的国难深重到如此，中华民族已临到生死关头，作为设在首都的国立大学，当然要对民族和国家尽到特殊的责任和使命。这个使命就是为中国建立有机体的民族文化。他认为：所以今日中国的危机不仅是政治社会的腐败，而最重要者在于没有一种足以振起整个民族精神的民族文化。他曾经在德国的柏林大学，法国的巴黎大学和英国的牛津大学、剑桥大学从事过研究工作。在他的心目中，这些大学都是其民族精神的体现。他说：柏林大学代表了德意志民族的灵魂。他期望中央大学承担起这样的使命。他解释"有机体的民族文化"有两层意思：第一，大家必须具有复兴中华民族的共同意识。他说：我们今日已面临生死的歧路关头，若是甘于从此灭亡，自然无话可说；不然，就惟有努力奋斗，死里求生，复兴我们的民族，我们每个人都应当在这个共同的意识之下来努力。第二，必须使各部分文化的努力，在这个共同的意识之下，互相协调。若是各部分不能协调，则必至散漫、无系统，甚至弄到各部分互相冲突，将所有力量抵消。所以无论学文的、学理的、学工的、学农的、学法的、学教育的，都应当配合得当，精神一贯，步骤整齐，向着建立民族文化的共同目标迈进。他说：有组织的民族文化就是有机体的民族文化。

他所提的"有机体的民族文化"，由于对中国的半封建、半殖民地的社会历史条件和帝国主义势力日益扩张的国际环境缺乏具体分析而不免流于空泛。只有中国共产党根据马克思主义的普遍原理同中国的实践相结合而提出来的新民主主义的民族文化，才是具有凝聚力和战斗力的民族文化。中央大学师生经过一系列抗日、民主的斗争，终于成为人民革命解放战争第二条战线的前锋，加速了反动派的败亡和新民主主义革命的胜利。当然，这是忠诚于国民党的罗家伦始料未及的。至于他认为，大学应当具有振兴中华民族的共同意识的论点，在当时的环境下，还是很有意义的，于今而言，也不无借鉴之处。

罗家伦还提出了"诚、朴、雄、伟"四个字的学风。他说，要负起上述使命，必须先要养成新的学风。

"诚"即对学问要有诚意，不以其为升官发财的途径，不以其为取得文凭资格的工具。要知道从来成大功业、成大学问的人，莫不是备尝艰辛、锲而不舍地做出来的。我们对学问若无诚意，结果必致学问自学问，个人自个人。现在一般研究学术的都很少诚于学问。看书也好，写文章也好，都缺少对学问负责的态度。至于人与人间，应当以诚相见，就更用不着说了。

"朴"就是质朴和朴实的意思。现在有些人，以学问做门面、做装饰、尚纤巧、重浮华；很难看到埋头用功、不计功利而在实际学问上作远大而艰苦的努力者。要体念"几何学中无王者之路（捷径）"这句话，须知一切学问之中皆无"王者之路"。崇实而用笨功，才能树立起朴厚的学术气象。

"诚朴"二字，可以说是两江师范、南高、东大以来，多年形成的学风传统的基本内涵。罗家伦针对时弊，加以阐述，便有了新意。当年在中央大学物理系任教的戴运轨教授，是原子物理学家，后来在台湾担任作为台湾"中大"前身的地球物理研究所所长和1969年成立的台湾"中大"的首任校长，他在回忆母校的文章《中大、金大、台大与我》中说：诚朴二字是中大相沿成习、蔚然大观的校风。他说唯其朴实无华，方能刻苦用功。他还谆谆告诫同学们：语云精诚所至，金石为开，以此求知，何患不成？由此可见当时的中大从校长到教授对学风建设的重视。

第三个字"雄"，是指"大雄无畏"的雄，以纠正中华民族自宋朝南渡以来的柔弱萎靡之风。第四个字"伟"，指的是伟大崇高的意思，要从整个民族文化的命运着眼，不可有偏狭纤巧，存门户之见，故步自封。这后两个字，无疑是针对当时国难深重、民族危亡的形势有感而发的。故而在整个就职演说中，他一再强调要时刻把民族存亡的念头放在胸中，让其成为一种内心的推动力。他认为只有这种内心的推动力，才能继续不断地创造"有机体的民族文化"，以完成振兴中华民族的伟大事业。

他说理想的学风，一时不能做到，也当存"高山仰止，景行行止"的心愿。

关于德育、智育、体育，东大历任校长江谦、郭秉文等均有论述，而罗家伦也自有其见解，既是形势变化使然，也是罗家伦善于结合当时实际所作的独立思考。罗家伦根据自己对全体教授和全体学生两次惜别会上的演讲而撰写成的文章——《炸弹下长大的中央大学——从迁校到发展》，对青年学生和大学教育提出三点要求：第一，青年要有理想、有抱负。第二，形成和实现这种理想，要靠确切的知识，要靠广泛而深湛的修养。第三，要贯彻理想，完成理想，不能不注意体魄。这就是罗家伦对德智体三育的观点。

关于理想，他说：现在的青年对于"现实"看得太重了，尤其是对于物质的"现实"。他说：我们不能不认识现实，但我们决不能陷死在"现实"的泥淖之中。若是陷落下去，必致志气消沉，正义感与是非一道湮灭。若是我们没有抱负而只以个人的实利主义为前提，则我们于问世之前，已经堕入流俗的涢溠之中而不自觉。关于智育，他说现在大学教育的缺陷，就是太注重学生的专门知识，而太忽视其整个的人生修养，所以大学往往只能造就专才而不能造就通才。他说：时尚所趋，现在的青年多倾向于应用科学而忽视基本的理论科学，这也是不对的。他特别指出，文学、哲学和艺术的修养是很重要的。人生是要经过千磨万折的，若是平素没有修养，一经磨折，便要流入偏激、烦闷、崩溃或是悲观的路上去。1936年9月，中央大学新设"近代文化概论"课程，规定为一年级的必修课，由罗家伦、翁文灏、秉志主讲，就是这一思想的体现。他还写过一本《新人生观》的小书，论述他的这些观点。当然，受其本身世界观的局限，实际上并无多少"新"意，但是，他认为人生观对于青年人的成才、立业十分重要的论断，确是很有意义的。关于体育，他说现在大学的课程，加在不用功的学生身上，固无所谓；加在真用功的学生身上，确是忙不过来。他还指出现在大学一年级的课程，有三分之二为中学补习的课程，而四年级的课程，却有三分之一左右，是外国大学研究院初年级所开的课程。真正大学本科的课程要挤在二年半到三年期间学完。为此，他提出要精简课程，减轻学生的负担。（此说未必十分确切，但其基本的精神是可取的）把所余的时间，强迫学生锻炼体魄。这里他用的是"强迫"二字，以示强调。他认为个人体魄不健全，精神绝不能健全，因为体魄不健全，所以自己的行为便把握不住，不是褊狭多疑、愤恨嫉妒，便是丧失自信、漂泊彷徨。这种民族病态，非纠正不可。甚至于说，做民族复兴的青年，必须有最野蛮人的体魄、最文明人的头脑。

罗家伦组织能力甚强，长于教育行政管理，他认为要办好大学，教育行政自然不能偏废，教育行政不外教务行政和事务行政两个方面。就是事务行政管理，他也十分强调要以办教育的理想为目标。他说事务行政固不可废，但是我们办学校不是专为行政事务而来的，不是无目的去做事的，若是专讲事务，那最好请洋行买办来办大学，何必需要我们？

关于教务行政，他提出了四项：

第一，要准备学术环境，多延学者讲学。原有本校有学问的教授，自当请其继续指教，外面好的学者也当设法增聘。学校方面应当准备一个很好的精神和物质环境，使一般良好的教授都愿意聚集本校讲学，倡导一种新的学风，共同努力建设民族文化。他在另一个场合还曾说过，我们主持教育行政的人，乃是牺牲了自己做学问的机会，来为大家准备一个好环境做学问。他说这也可以说是大学校长的悲哀！

第二，注重基本课程，让学生集中精力去研究。果能如此，则岂不比开上名目繁多的课程而反使学生只能得到东鳞西爪的知识更为实在，更有益处？

第三，提高程度。做到上面两项，程度自然提高了，先要充实主要的课程，循序渐进，以达到从事高深研究的目标。

第四，增加设备。中大此前行政费漫无限度，不免许多浪费。以后必须在这点上极力改革，节省行政费来增加设备费。

关于事务行政，他提出了三点：

第一，厉行节约，特别是注重行政费的缩减。拿公家的钱来浪费，来为自己做人情，是很容易的事。现在要节约起来，一定会引起多方面不快之感。他声明道："对于这点（按：指引起不快），我是不暇多顾的。"

第二，力持廉洁。确立全校的会计制度，使任何人无从作弊，并且要使任何主管者也无从作弊。

第三，增加效能。过去人员过多，办事效能并不见高，总希望从合理化的事务管理中，获得最大的行政效能，使每一个人员能尽最大的努力，每一文经费获得最经济的使用。

罗家伦有自己的教育思想，有一个比较切合实际的治校方针，有一套教育行政管理的措施，因而自他掌校以来，中央大学逐步出现了新的面貌。

中央大学在解散、整理之后，于1932年10月开学复课。共有教职员312人，在校生1 405人。以后在院系设置和人事方面都逐步有所调整。聘孙本文为教务长，1934年4月孙本文辞聘，改聘陈剑修为教务长。事务长先由钱天鹤兼任，后由张广舆接任。

1933年8月聘李善棠为总务长，翌年4月李善棠他调，仍由张广舆接任。文学院院长为汪东，工学院院长为卢恩绪，法学院院长为童冠贤，农学院院长为邹树文，教育学院院长为黄健中，理学院院长孙洪芬未到任，由李昌济主持，1933年9月改聘庄长恭为理学院院长。

1932年7月，商学院、医学院划出独立，两学院的经费，由中央大学从每月经费16万元中拨13 892元为上海医学院经费，9 641元为上海商学院的经费。中央大学由原来的八个学院减为六个学院。1935年5月18日，中央大学再度创办医学院，共有文、理、法、教、农、工、医七个学院，直到1949年没有变动。创办医学院同年，中央大学又奉令主办国立牙医专门学校，其经费单列，计经常费8.4万元，开办费8万元。由大学校长兼任校长，设主任一人主持日常工作。牙医为专科，学制四年。

在系科方面。1932年7月，将农学院的蚕桑系并于畜牧兽医系，园艺系并于森林系，到1933年6月，这两个系又再度恢复。1933年9月教育学院增设心理学系，工学院恢复化工组，后改为系。1937年工学院增设水利工程系，1934年11月筹办机械特别研究班，后发展为航空工程系。

此外，为适应南京中小学的需求，扩充附属实验学校，自幼稚园到小学、初中、高中各年级一应齐备。

办学最首要者为师资。罗家伦说："聘人是我最留心、最慎重的一件事。"1933年8月，也就是罗家伦就任后的第二个学年，中央大学仅理学院就新聘了10多位学者为教授。如留美的数学博士孙光远和曾远荣，化学博士孙宗彭，留日的生物学博士罗宗洛，留法的物理博士施士元，地理博士胡焕庸、王益崖以及前清华教授胡坤院，两广地质调查所所长朱庭祐和德国籍物理、化学教授各一人。为了开创我国航空工程教育，罗家伦电请在美国航空公司任职的罗荣安教授回国主持。罗荣安毕业于麻省理工学院，他签署的应力分析计算书，在美国商务部曾获无条件通过的信誉。罗家伦还十分重视文科教育，其中仅艺术系就聘有一大批享誉国内外的著名画家，如徐悲鸿、张大千、高剑父、吕凤子、汪采白、张书旂、黄君璧、傅抱石、乔大壮、陈之佛、谢稚柳、许士骐、吕斯百、吴作人等，使抗战中的中大，成了我国美术家的大本营。

据1937年的统计，中央大学的师资阵容如表4-7。

表4-7　中央大学师资统计表（1937年）

单位：人

院别	教授、副教授		讲师		助教	小计
	专任	兼任	专任	兼任		
文学院	19	8	6		8	41
理学院	27	6	5		32	70
法学院	13	16	1		3	33
教育学院	21	7	9	3	20	60
农学院	20	5	2	1	29	57
工学院	26	8	5		25	64
医学院	4		1		5	10
牙医专科	3		5		1	9
合计	133	50	34	4	123	344

时中大的师资实力已处全国的前列。其中尤以理学院和工学院的教授为多，几占全校教授的40%。此外，还有实验学校教员76人和助教4人。

1932年到1937年间，中央大学在校舍的扩建、图书仪器设备以及实验室（场）的充实等各方面，均有长足的发展。

1933年4月，图书馆扩建部分落成，沿用至今的新建校门竣工。

学校的主要校舍，计有：

① 校礼堂　可容2 700余人，两翼为行政办公处所（原在南高院）。

② 体育馆　两层，上层为健身房，下层为办公室、特别教室、淋浴室、更衣室、储藏室。

③ 游泳池　1936年动工兴建。

④ 图书馆　1933年扩建，阅览室扩大4倍，书库容量扩大1.5倍。

⑤ 科学馆　理学院的数学系、物理系、地理系、地质系以及化学系的一部分在内。

⑥ 生物馆　1933年重修，生物系在内。

⑦ 中山院　文学院各系的研究室、教室和图书室在内。

⑧ 东南院　法学院各系的研究室、教室在内。

⑨ 南高院　教育学院的各系，除体育系（科）在体育馆，音乐系（科）在梅庵外，均在内。1933年重修。

⑩ 新教室　1929年落成，工学院各系及部分实验室在内。

⑪ 工学院各工场　金工场、木模工场、电力实验室、电信实验室、水力实验室、风洞实验室、引擎实验室等在校园北部。

⑫ 医学院　1936年落成，医学院各系科在内。

⑬ 牙医大楼　在建。

⑭ 农学院　集中于三牌楼，新建的有昆虫研究室、蚕桑馆、种子室等建筑。
⑮ 梅庵　1933年重修，为音乐教室。
⑯ 实验学校　在校园西南隅，共30余亩。

图书杂志是高等学校进行教学和研究所必备的基本资料。中央大学撙节其他费用，极力增加图书期刊。1937年馆藏书刊共407 203册，内中文书刊204 514册，外文书刊202 689册。若按书、刊分类，其中书籍186 617册，杂志519种222 626册。中文书中善本甚多，西文书中亦多较珍贵者。其中尤可贵者，从1932年以来，5年间购齐补足西文杂志30余种（大多为理工科期刊），少则补齐了三五十年的，多至补齐百余年的，其中最贵的时价每套六七千元，为研究计不惜巨资购得之（详见表4-8、表4-9）。

表4-8　馆藏书籍分类表

单位：册

类别	总数	中文	外文
总类	43 051	35 237	7 814
哲学	17 426	11 432	5 994
宗教	5 694	4 974	720
社会科学	37 351	19 123	18 228
语言	2 094	1 279	815
自然科学	15 400	3 954	11 446
应用科学	13 764	2 959	10 805
美术	4 289	2 981	1 308
文学	23 767	17 908	5 859
史地	23 781	17 999	5 782
总计	186 617	117 846	68 771

表4-9　馆藏期刊分类表

类别	种树/种	册数/册
中文	4 574	88 668
日文	159	4 852
英文	1 634	107 406
法文	136	4 897
德文	164	14 995
其他	46	1 808
总计	6 713	222 626

在30年代，一个学生规模不过千余人的大学，拥有这么多馆藏书刊，在全国来说也是少有的。

实验是高等教育中一个重要的教学环节。一个大学实验室的多少、仪器设备的优劣、实验质量的高低，是衡量大学教学质量的重要标志。中央大学系科众多，尤其是理、工、医、农等学院，实验室所需的仪器设备种类繁多，为简明起见，将学院的实验室列表于后，以见其规模的恢宏，所配备的仪器设备从略（详见表 4-10—表 4-14）。

表 4-10 中央大学理学院实验室配备

系别	实验室名称	间数/间	可供实验人数/人
物理系	普通物理实验室	1	45
	电磁学实验室	1	16
	物性论实验室	2	10
	光学实验室	1	16
	无线电实验室	2	14
	近代物理实验室	3	14
	X 光研究室	1	2
	光学研究室	3	8
	无线电研究室	1	4
	工场	3	10
化学系	吹玻璃室	1	40
	理论化学实验室	4	20
	分析化学实验室	5	40
	有机化学实验室	3	40
	无机化学实验室	3	250
	煤气厂		（供各实验室用）
地质系	岩石分析实验室	1	6
	高等岩石光理矿物实验室	1	6
	古生物实验室	1	15
	普通地质实验室	1	40
	矿物学实验室	1	25
生物系	普通植物实验室	1	40
	普通动物实验室	1	40
	植物生理实验室	1	18
	胚胎学实验室	1	15
	神经学实验室	1	10
	无脊动物寄生虫实验室	1	8
	植物切片实验室	1	10
	植物形态实验室	1	8
	细胞遗传实验室	11	
	比较医科解剖实验室	1	30
	植物分类和禾本科植物实验室	1	30
	动物生理实验室	1	
	照相暗室	1	
	植物标本室	1	
	动物标本室	1	
	药房	3	
	动物室	5	

表 4-11 中央大学工学院实验室配备

系别	实验室名称	间数	可供实验人数
土木系	水力实验室	11	20
	测量仪器室	1	60
	材料实验室	8	4
机械系	金工场	7	50
	木模工场	1	30
	锻工场	5	30
	铸工场	7	30
	热工实验室	6	15
电机系	电信实验室	7	9
	电力实验室	4	15
	电机制造室（修配）	2	12
化工系	化工机械实验室	1	20
	工业分析实验室	1	18
	国防化学实验室	1	12
	肥皂实验室	1	12
	制纸实验室	1	16
	制革实验室	1	16
机械特别研究班	风洞实验室	1	
	航空仪器室	1	20
	飞机库及金木工场	1	
	化工实验室	1	
	材料试验室	1	

表 4-12 中央大学教育学院实验室配备

系别	实验室名称	间数/间	可供实验人数/人
心理系	普通心理实验室	3	
	应用心理实验室	3	

表 4-13 中央大学农学院实验室配备

系别	实验室名称	间数/间	可供实验人数/人
农艺系	稻作实验室	1	20
	麦作实验室	1	30
	棉作实验室	1	20
	粮食实验室	1	30
	细胞实验室	1	6
	普通昆虫实验室	1	35
	高级病虫害实验室	1	20

（续表）

系别	实验室名称	间数/间	可供实验人数/人
森林系	标本室	4	80
	森林经理室	1	40
	造林实验室	1	20
	森林化学实验室	3	30
畜牧兽医系	细菌实验室	1	12
	细菌研究室	1	4
	解剖室	1	12
	生理药物室	1	15
	兽医院	1	
	摄影室	1	
	饲料分析室	1	
农业化学系	土壤化学肥料检定室	1	12
	土壤物理室	2	6
	农业微生物室	1	12
	农产制造室	10	16
园艺系	园艺实验室	2	20
	蚕桑研究室	1	5
	蚕种检定室	2	10
	蚕病实验室	2	10
	解剖实验室	1	10
	练丝室	4	16
	干室	1	4
	生丝检验室	2	10

表 4-14　中央大学医学院实验室配备

实验室名称	间数/间	可供实验人数/人
生物化学实验室	1	32
生物学实习室	5	30
人体结构实习室	3	32
组织胚胎实习室	3	32

以上为1937年中央大学各学院实验室的概貌，这里特别值得提出的是农学院。由于科学研究能够紧密结合农业生产，同浙江、湖南、安徽、江苏、江西、云南、湖北等省举办合作事业，其中大部分是稻麦、棉作改良试验农场。农学院拥有农、林、畜、牧、园艺、蚕桑等试验场地20处，近3万亩。其中：江苏省政府将南京市郊的乌龙山、幕府山林地22 150亩，拨交中央大学辟为实验林场；农场7处，2 700亩；牧场2处，72亩；园艺场4处，200余亩；蚕桑场1处，100亩；农产制造所1处，5亩。

除了上述充实和发展的情形之外，中央大学还有一个雄心勃勃的发展宏图，那就是建设中央大学新校址。从 1902 年的三江师范学堂起，一直到中央大学，校本部都在南京市鸡鸣山北极阁下的四牌楼。这里处在城市的中心区，车马喧嚣，市气逼人。工学院亟待添建的实验工厂，尤其是机械特别研究班的实验工厂，均需要比较大的土地面积；农学院在三牌楼，同校本部分离，教学、设备均不经济。而四牌楼校本部又无发展余地，故拟在南京市近郊，选地建造新校舍。这个设想得到了教育部部长王雪艇的同意，并经 1934 年 1 月国民党四届四中全会议决通过。同年 9 月，蒋介石核定中大迁校建筑费 240 万元，自 1934 年起支付。1934 年 9 月，中央大学派员在南京四郊选址，勘定了中华门外约 7 公里处的石子岗一带为新校址。1935 年 11 月 2 日，内政部颁发文告，征收石子岗 2 700 亩土地，以供中央大学建设新校址之用[①]。随即开始征地，并聘请叶楚伧等 9 人为新校舍建筑设备委员会委员。1937 年 7 月 1 日，罗家伦为石子岗校舍经费事，上庐山面见蒋介石，获准先拨 200 万元。中央大学新校址所在的石子岗，北对紫金山，南连牛首山，东倚方山，登高西瞩，大江在望。有山林环抱，小河前横，林木蓊郁，风景秀美，诚办学的理想境地。1936 年 8 月聘徐敬直、李惠伯为新校建筑设备委员会专任工程师。11 月土方工程开始动工，1937 年 1 月钻探。新校址采取分期建筑、分批迁移的办法。除医学院和牙医专门学校以在城市中心为宜，仍留四牌楼原址外，余均陆续迁移。需要土地最多的农、工、理三学院，首先兴建。1937 年 5 月，已投标开工的有工学院本部，航空工程系的教室、实验室，以及农学院本院三大幢房屋。正在动手设计的有理学院、图书馆和运动场，预计全部工程 30 个月完成。

不幸的是 5 月动工，6 月日寇就在河北宛平举兵挑衅，7 月卢沟桥炮声响起，8 月日军占领上海，10 月中大西迁，12 月南京沦陷。在日本帝国主义的铁蹄之下，中央大学新校址建设的美丽宏图最终还是破灭了。

四、抗战全面爆发，西迁重庆

中央大学决定内迁四川，是有所准备的，1935 年冀东事变时，罗家伦校长已令总务处做好 500 只大木箱，以备迁校之用。1937 年 7 月他又通知总务处将该批木箱加钉铁皮，以备长途搬运之需。同时派出三路人马寻访迁校地点。一路是法学院院长马洗繁和经济系主任吴干向四川重庆出发。一路是心理系王书林向两湖出发。后来又派第三路医学院蔡翘向成都出发，向华西大学接洽容纳中大医学院事。当时，各方面议论纷纷，阻力甚多，有主张就在南京城外挖壕上课的，有主张迁上海的，还有主张迁牯岭、迁武昌珞珈山、迁沙市、迁宜昌等地的，众说

---

① 东南大学档案馆档案，编号 2—20035068 卷。

纷纭，莫衷一是。当接到各路寻址报告后，罗家伦力排众议，决定一举西迁重庆。他认为：这次抗战是长期的，文化机关不比军事机关，不便一搬再搬；所迁地点，以水路能直达者为宜。搬过小家的人，当知搬这样大的家的困难。重庆不但在军事上险要，而且山峦起伏，宜于防空。9月23日，教育部复令，准迁重庆。并得四川刘湘复函，表示欢迎中大来渝建筑临时校舍，重庆大学有相当土地面积可借，可以迅速开工，以备应用。

这时，战火已日渐逼近南京。1937年8月15日敌机第一次轰炸南京，向中央大学投弹扫射，弹中图书馆和实验学校大门，8月19日下午6时许，敌机第二次轰炸，中央大学落弹7枚，炸死校工7人，毁房屋七八处。大礼堂被炸，讲台上笨重的椅子被炸得飞上三楼。罗家伦在大礼堂的办公室被炸得不像样子，他就站在校门内梧桐树下办公。见到罗荣安教授，就请他务必将航空工程系的风洞设备装箱运走。罗荣安教授直到办完此事方离校。在礼堂后面女生宿舍的全体女生，下午4时许刚搬到三牌楼农学院，2小时后，女生宿舍就被炸塌了。成贤街男生宿舍的学生才从三楼二楼集中搬下底层，一辆装有高射炮弹的汽车在宿舍门外马路上被弹片击中，起火爆炸，楼上的门窗都被击碎，而已搬下底层的学生却安然无恙。8月26日敌机再度轰炸中大，弹中实验学校，罗校长到实验学校，站在炸弹坑边，对几位教职员说："寇能覆之，我必能兴之。"几经筹措，几千箱图书、仪器、设备，包括航空工程系3架拆卸的飞机、医学院泡制供解剖用的尸体24具，还有农学院禽畜中的优良品种，都已运抵下关码头装船西上。学校又通告老生于10月10日集中汉口转船入川。并请原来被派往两湖探寻校址的王书林在汉口设办事处，负责中转。另外即派员到重庆沙坪坝筹建校舍。临时校舍完工，中央大学就在1937年11月初开学复课。医学院和牙医专门学校则已先期在成都开学。就这样，几千箱物资、数千师生和眷属浩浩荡荡的千里西迁顺利完成，使中央大学在抗日战争中的损失降到最低程度，学生的学业以最快的速度得以恢复，避免了辗转迁移、颠沛流离之苦。这一切都证明了，决定一举西迁重庆确实是个有胆识、有魄力的决策。罗家伦后来在1942年离开中大时的告别演说中，谈到他筹建南京中华门外新校址未成而西迁时，曾不无幽默和聊以自慰地说道："造化的安排，真是富于讽刺性。我在南京没有造成大规模的新校址，但这点领到局部而未用完的余款，竟使我在兵荒马乱的年头，在重庆沙坪坝和柏溪两处，造成两个小规模的新校舍，使数千学生没有耽误学业，真可以说是'失之东隅，收之桑榆'了。"

在全校西迁之时，校方吩咐牧场职工，对牧场所余禽畜，能保则保之，不能保也只得弃之不顾。1937年12月13日南京沦陷之前，牧场职工王酉亭等，将那些荷兰牛、澳洲羊、英国猪，以及用笼子装着、骑在它们背上的美国鸡、北京鸭等，渡江赶到浦口，取道江浦、全椒、合肥、商城一线，撤向河南信阳，在六安至叶家集之间的山村里休整以后，又兼程西进，在休整期间又新生了一批小禽畜。8月信阳、武汉又吃紧，乃越平汉路西行，向襄樊、老河口方向进发。10月25日武汉沦陷时，这支家畜大军正行进在桐柏山地区，并就地休整过冬，开春后由桐柏山沿鄂西丘陵地带行进，10月抵宜昌，转船赴渝。到重庆时，只剩下了荷兰牛20头和少数家禽。

这支家畜大军，日行十几里，辗转一年多，终于到达了重庆沙坪坝中央大学。罗家伦在《逝者如斯矣》一文中说："在沙坪坝见到这批家畜时，就像看到了久别重逢的老朋友一样。当我和这些南京'故人'异地重逢时，心中一面喜悦，一面引起了国难家仇的无限感慨，不禁热泪夺眶而出了。"中大师生对此都十分感动，誉王酉亭为"中大的焦大"。

第三节　抗日战争时期的中央大学（1937—1945年）

1937年10月中央大学西迁重庆后，在8年全面抗战中，办学条件异常艰苦，师生生活亦十分困难。但由于地处"陪都"，各地青年，包括沦陷区的青年学子，在抗日热情的鼓舞下，纷纷奔向重庆；各方名流学者云集于此，使中央大学在教学科研、系科设置、师资阵容及学生规模等方面，都有了长足的发展而臻于鼎盛。

一、校分四处，沙柏蓉贵

中央大学入川后，分为4处：（1）重庆沙坪坝校本部；（2）重庆柏溪分校；（3）成都华西坝的医学院和农学院的畜牧兽医系；（4）贵阳的实验学校。

1. 重庆沙坪坝校本部

中央大学入川之前，于1937年9月30日即致函刘湘商借重庆大学土地，以备建筑临时校舍。10月2日，刘湘复函表示同意并即知照重庆大学。10月6日，中央大学在重庆市都邮街紫家巷设立"重庆办事处"。派水利工程系主任原素欣、工程师徐敬直和事务主任李声轩前往办理校舍建筑事宜。

选定的校址在沙坪坝松林坡，与重庆大学校园毗邻，地处磁器口、小龙坎、嘉陵江和歌乐山之间。松林坡为一布满青松的小山峦，山清水秀，林木葱郁，诚为办学胜境。图书馆建于山顶部，可以俯瞰学校全景，遥望市区万家灯火。沿山坡建造教室、办公室及宿舍。另有一部分宿舍建于小龙坎。环山坡筑一马路，是校中要道。每天上下课调换教室，学生就像跑马般在山坡间上下奔跑。有几个球场，但无大操场。要进行足球、田径等体育活动，则借用重庆大学操场。全部工程，分18个包工组，1700名工人日夜劳作。可容千余学生的全部校舍，竟于42天内完工，并于当年11月初就开学复课。各类房舍多为竹筋泥墙、瓦顶土地的简易建筑，与相邻的重庆大学校园的水泥、砖石结构的建筑相比较，其艰苦简陋的状况，不可同日而语。1940年5月敌机三次袭击轰炸，办公室、宿舍多处被毁。在1941年2月的一次轰炸中，松林坡中弹80余枚，损失惨重。所幸本是简易房舍，随毁随修随建。全校师生同仇敌忾，团结镇定，在如此严峻的形势之下，坚持教学科研，弦歌不辍。

由于学校规模不断扩大，师生人数激增，校舍不敷应用。于1939年9月，经校务会议议决，筹建柏溪分校，以供一年级新生之用。

2. 重庆柏溪分校

柏溪位于嘉陵江上游，距沙坪坝校本部约15公里。该处环山而中间平洼，面积约为148亩。

山上有广柑林1 500余株，中间平洼处原有楼房8间，平房5间，均作价购得。原有房合作办公之用。在其对面建饭厅，兼作分校集会场所。两建筑之间，辟为操场。靠近饭厅建宿舍，为生活区。教室集中建于坡道两旁，为教学区。当年10月动工，11月建成宿舍、饭厅、厨房、水炉、盥洗室、厕所、合作社等生活设施，共19座房舍，12月建成教室、图书馆。新生入学上课之后，又续建实验室等。前后共建房44座，建筑费13万余元。各系科新生至二年级即转入沙坪坝校本部，个别系科三年级转校本部。

3. 成都华西坝部分

中央大学的医学院和农学院的畜牧兽医系，以及附属牙医专门学校迁至成都华西坝。1937年10月，派蔡翘、郑集两教授前往成都，向华西大学商借校土地、房舍以资办学，得到华西大学慨然允诺。1938年7月，又同华西大学、齐鲁大学合办"联合医院"作为三校医科学生实习医院，由中大医学院院长戚寿南教授兼任联合医院院长。1941年中大脱离"联合医院"，又与四川省政府合办"公立医院"，作为中大医学院的实习医院。

4. 贵阳实验学校部分

1937年10月10日，中央大学实验学校迁至安徽屯溪，借用邵家祠堂开学上课，才一个月，战局吃紧，屯溪岌岌可危，遂又经南昌迁至长沙岳麓山，借用长沙高农的新校舍上课和住宿。上课8个月，于1938年初秋，又再迁贵州贵阳市，以南门外观音洞与水口寺间的马鞍山为校址。原来实验学校的图书仪器设备已由中央大学一并运到重庆沙坪坝，此时亦由重庆运到贵阳。学校始得安定正常恢复教学，唯与在重庆的中大校本部相隔太远，来往需三天的车程，大学生的实习和各种教育实验难于安排。于1941年3月，经教育部同意，将实验学校更名为第14中学，改隶贵阳市。另由师范学院教授赵廷炳代表中央大学接收重庆青木关中学为中大附中。到1945年抗战胜利后，原贵阳实验学校复迁回南京市三牌楼，仍为中央大学附属学校，而青木关中学则移交重庆当局。

二、校长更迭和行政管理

全面抗战8年，中央大学校长换了4人，前4年仍是罗家伦任校长，从1941年8月到1945年8月4年间，换了三任校长，任期都只有一年左右。这三位校长是：顾孟余、蒋介石、顾毓琇。

罗家伦是1941年6月获准辞职的。辞职的原因，罗家伦公开的说法是经费拮据，无法维持。他说：在宁时，年度经常费172万元，到重庆后，学生增加3倍，物价涨了10倍，而经费却只有1 664 700元。已到了筋疲力尽、难以支撑的地步。在他和叶楚伧的诗中，就有"官家筹著关铁盐，学府平章到米煤"的感叹。其实内里另有苦衷。一方面是国民党党政方面，对罗家伦的攻讦日甚，以至于蒋介石后来都曾问王世杰，说："罗志希很好，为什么许多人批评他，攻击他，这是什么原因？"王答："据我所知，罗志希做大学校长时，政府中党中许多人向他推荐教职员，倘资格不合，他不管是什么人都不接受，因此得罪了不少人。"① 另一方面，或者说更为根本的原因是陈立夫时任教育部部长，国民党CC派的势力，在中大膨胀，上呼下应，制造困难，终于使罗家伦在派系倾轧中黯然离开了他苦心经营了近十年的中央大学②。

顾孟余（1888—1972），浙江人，曾留学德国，毕业于柏林大学，后在北京大学执教，曾任北大经济系主任、教务长及广东大学、中山大学校长等职，对高等教育工作有一定经验。1927年当选国民党中央执行委员会常务委员，在政府中曾任铁道部部长、交通部部长。1949年去香港，后在美国定居，1969年到台湾，1972年病逝。在国民党内，属汪精卫、陈公博等一起的改组派，与汪、陈过从甚密，汪逆投敌，顾曾劝阻无效。后经陈布雷推荐，于1941年8月，任中央大学校长。11月聘童冠贤为教务长、张庆桢为训导长、王书林为总务长。顾孟余掌校后，曾筹款兴建礼堂，并于1942年4月竣工。他家住歌乐山，每日上午姗姗来迟，午后即回，与师生接近甚少。但在教育行政管理上，比较宽容，师生对之较少恶感。国立中央大学校长历来是"特任官"，顾孟余向为部长级以上的"特任官"，此时降为"简任"，颇难堪，这也是顾孟余持消沉态度的因素之一。当然，更重要的是在国民党内派系争斗中，顾孟余等失势所致。1943年初，蒋介石在复兴关中央训练团举行纪念周，调集重庆各大学校长参加。顾不肯去，由训导长代表，各校校长站在前排听训话，训话中对中央大学有所责备，顾孟余闻悉，乃忿而辞职。蒋介石两次亲自出面慰留不果。学生也书写挽留标语、壁报，贴满了饭厅的四周和各院系外壁。并有1 500余学生游行挽留顾校长。学生之所以挽留顾校长，并非因为顾孟余任职一年半有多大的建树，也不只因顾孟余为政宽容，主要是当时风闻教育部拟派CC分子吴南轩来当校长。中央大学全校师生对于国民党派系势力在学校日益膨胀的现状本来就极为不满，乃爆发了全校规模的风潮。继又传陈立夫拟亲掌中大，也遭到了师生的反对。挽顾实为驱吴拒陈。校长的任命，遂成僵局。在此情况下，行政院第60次会议乃决定：准予顾孟余辞校长一职，由行政院院长蒋介石自兼。

蒋介石（1887—1975），浙江奉化人。时任国民党中政会主席、国民政府主席（1943年8月林森逝世后继任），兼行政院院长、国民革命军总司令，集党政军大权于一身。此番亲自兼任国立中央大学校长，势又不能到校主持工作。乃经行政院决定，以"国立中央大学为首都所在地最高学府，范围广大，院系单位甚多，学生人数逐年激增"为由，修改《国立中央大学组织规程》，增设简任教育长一职，协助校长综理校务。于是任命湖南省教育厅厅长朱经农为中大教育长，并聘理学院教授胡焕庸为教务长，法学院教授何以均为训导长，师范学院教授胡家鉴为总务长。

---

① 王世杰：《我对罗先生三点特别的感想》，原载台湾《传记文学》，第30卷第1期，1977年1月。
② 王作荣、范馨香：《最堪回首是沙坪》，刊于台湾《中央大学校友会会刊》，"松林拾翠"栏，1990年。

蒋介石于1943年3月4日到校视事，召集院系负责人开会，点名注视，未讲话即散。3月7日开全校大会训话，无论年老体弱，一律肃立听训一二小时。蒋介石对于综合大学文、理、法、师、工、农、医各学科的教学和科研工作，素无所知，在校一年多时间内，最重视的是军事训练和食堂、厕所、宿舍。3月到校，4月即开始实行"军事管理"，其目的是要训练学生"生活军事化、行动纪律化、思想团体化"。

有一次，中央训练团干训班举行毕业典礼，蒋介石亲临主持，并要中大学生前来观礼。教育长朱经农估计可派800人来，后来说只能到400人，最后只来两三百人，且因迟到，影响典礼延迟半个多小时。典礼结束，蒋介石命中大学生留下，严加训斥[①]。

蒋介石于1944年8月辞去兼校长职。同时决定中央大学不再设教育长，任命朱经农为教育部次长，任命顾毓琇为中央大学校长。

顾毓琇，字一樵，于1931年2月至1932年7月曾任中央大学电机工程系教授兼工学院院长，对高等学校的教育、科研工作素所熟知。他就任中大校长时就提出了："注重学术研究，提高研究风气，改善研究人员待遇。盖尊重学术为教育人才、培植文化之根本原则。"他提出了"学校行政方面，应以教授为第一""避免学校机关变为行政机关"等观点，在中大为之耳目一新。聘张士一为教务长，王书林为训导长，吴世瑞为总务长，刘宝善为柏溪分校主任。

顾毓琇任职时间恰为一个学年，于1945年8月抗日战争胜利之际，辞职离校。

全面抗日战争时期，中央大学的组织机构和领导体制，据当时的《国立中央大学组织规程》规定，设校长一人，由国民政府任命。下设教务、训导、总务三个处，分别由校长聘任教务长、训导长、总务长各一人。各处均不设处长或处主任这个层次，由三长直接管辖。教务处注册组设主任一人；训导处设生活指导、军事管理及体育卫生三组，各设主任一人；总务处设文书组、事务组及出纳室，各设主任一人。以上各组、室的主任均由校长聘任。此外大学所设的会计室，其主任、佐理员及雇员等，均由国民政府主计处任用，依法受校长之监督指挥，在出纳室与会计室之间、学校与会计室之间，寓有相互监控制约之意。

各学院的院长和各系科主任，由校长就教授中聘任之，唯师范学院院长须由校长呈请教育部选定后聘任之。研究院院长则明定由校长兼任。

教师分为教授、副教授、讲师、助教四种，由各院院长与系主任商议请校长聘任之。

学校的行政体系大致如此。此外设校务会议，由校长、教务长、训导长、总务长、各研究所主任、研究部主任、各系主任、会计主任以及由全体专任教授、副教授选出的代表组成之，以校长为校务会议主席，审议下列事项：① 预算审议事项；② 院系增废事项；③ 课程编制事项；④ 重要章则制定事项；⑤ 学生成绩审核事项；⑥ 学生训导规划事项；⑦ 校长交议事项。

---

① 白榆：《出身世家而爱惜羽毛的顾先生》，刊于"台湾中央大学"出版的《中央大学七十年》，第8页，1985年6月。

设立柏溪分校后,又经过校务会议议决制定了《中央大学分校章程》。章程规定在分校设校长办公室,为校长驻分校办公地点,办公室设主任一人秉承校长指示综理分校事务。分校又设教务室、总务室,各置主任一人,分别为教务长、总务长的驻分校代表,办理分校教务、总务事宜。章程第七条规定,"分校设置主任导师室,主持分校训导事宜"。这与教务、总务主任为驻分校代表有所不同。

三、系科沿革和学术研究

从东南大学改建为第四中山大学,后又更名为中央大学以来,其学院系科的设置、调整变动频繁,甚至多有反复,至全面抗战时期,初步定局。此后只有局部的调整(见下节),现将各学院系科沿革做一比较系统而概略的记述,以清眉目。

1. 文学院

文学院在第四中山大学时期,仅设中国文学、外国文学两系,至1928年秋,原来的哲学院撤销,其哲学系并入文学院,社会科学院撤销后,其史学系、社会学系也划归文学院,又将普通英、德、法、日文,独立为外国文补习科,撤销语言学系,将外国文学系改称外国语文系。1932年夏,中大整理委员会议决,将社会学系并入哲学系为社会学组,裁撤外国文补习科,仍归入外国文学系。1934年哲学系的社会学组,复独立成系,1936年因经费关系又暂时停办,但保留其基本课目,附属哲学系,直到1941年改由法学院承办社会学系,始才稳定。1938年将史学系改称历史学系。1945年2月又增设了一个俄文专修科。至此,文学院共设中国文学系、外国语文系、历史学系、哲学系及俄文专修科等4系1科。

抗战前谢寿康、汪东为文学院院长,1941年11月聘楼光来为院长,1944年9月聘李翊为院长。

2. 理学院

理学院是第四中山大学的自然科学院和农学院的动物植物两系及教育学院的心理系合并改组而成。1928年秋,理学院分设数学、物理学、化学、地学、生物学、心理学等6系。其时,设在上海的医学院预科生,也在南京,由理学院开课。1929年秋,生物学系的动物门、植物门(按:所谓门,类似于某一学科内的专业,有的系称之为"门",有的系称之为"组")均独立成系。1930年1月校务会议接受胡焕庸教授建议,议决将地学系分为地质系和地理系。同年2月,又将地理系划归文学院。1932年2月又议决:地理系仍隶属理学院。1932年夏,中大整理委员会议决,又把动物学、植物学二系仍合并为生物学系。心理学系则同教育学院的心理系合并隶属教育学院。1940年夏,教育部又令心理学系复归理学院。至此理学院共设数学系、物理学系、化学系、生物学系、地质系、地理系、心理学系等7系。

理学院院长先后为蔡堡(代理)、李学清和庄长恭。1941年11月改聘孙光远为院长,直到抗战胜利。

3. 法学院

第四中山大学的社会科学院设政治学、经济学、法律学、史地学及社会学等 5 系。中央大学成立之初,改社会科学院为法学院,设政治学、经济学、法律学 3 系。原有的社会学 2 系并入文学院,把史地学系分为史学系和地学系,前者划归文学院,后者划归理学院。1932 年法学院将每系分为若干组。政治学系分为公法组、外交组、政治理论组。经济学系分为金融组、财政组、经济理论组。1944 年 9 月受国家主计署委托增设统计组。法律学系分为司法组、行政法组、法学组。各系学生自第三学年起,即选定一组专修,以培养各科专门人才。1941 年 8 月,奉教育部令,承办社会学系。1944 年 6 月又创设边政系。至此,全院共设政治学系、经济学系、法律学系、社会学系、边政系等 5 系。

戴修骏、刘光华、马洗繁先后为法学院院长。1944 年 9 月改聘卢锡荣为院长。

4. 师范学院

第四中山大学时期定名教育学院。1938 年 7 月,奉教育部令,更名为师范学院。1928 年教育学院设教育学、教育心理学、社会教育学及教育行政等 4 系及体育、艺术两专修科。1929 年艺术专修科更名为艺术教育科。1938 年更名师范学院时,除原有教育学院各系科外,增设了国文、英语、史地、数学、理化、博物、公民训育等系。1940 年心理学系划归理学院。1941 年体育、艺术两科改科为系。1939 年 10 月增设三年制的童子军专修科。至此,全院共设国文系、英语系、教育系、公民训育系、数学系、理化系、博物系、史地系、艺术系、体育系及童子军专修科等 10 系 1 科。

韦悫、程其保、艾伟相继任院长,1941 年 11 月聘孙本文为院长,1944 年 9 月聘教务长张士一兼任院长。

5. 农学院

第四中山大学的农学院,设植物农艺科、动物农艺科、农产制造科等三科。1929 年,中央大学时期,调整为农艺垦殖科、农业化学科、畜牧兽医科、蚕桑科、园艺科、森林科、病虫害科、农政科等八个科。随后又调整为农艺系、森林系、园艺系、畜牧兽医系、农业化学系等 5 系。1939 年 1 月增设畜牧兽医专修科,1945 年 7 月专修科又并入畜牧兽医系。1939 年 10 月农艺系增设农业经济组,于 1942 年改组为系。1944 年 8 月,又增设农业机械组。至此,农学院共设农艺系、农业经济系、园艺系、森林系、农业化学系、畜牧兽医系等 6 系。1937 年前共有农林实验场 2 万余亩,迁渝后附设农场 3 处,牧场 1 处。1938 年 9 月武汉大学农学院并入中大农学院,转入学生 45 人。

中大农学院院长先后为王善佺、梁希、邹树文,1941 年 11 月聘韩培光为院长,1944 年 9 月聘冯泽芳为院长。

6. 工学院

全面抗日战争时期,工学院设土木、机械、电机、建筑、化工、航空、水利等 7 系。全面抗日战争时期历任院长是卢恩绪、杨家瑜、陈章、刘敦桢。到1944—1945学年，工学院学生人数达1 060人，为全校规模最大的学院。

中大工学院，将于第五节专门记述，此处从简。

7. 医学院

1927年，第四中山大学接管江苏医科大学，并设医学院于上海。1932年中大整理委员会决定将上海的中大医学院和商学院独立，更名为国立上海医学院和国立上海商学院。中央大学的医学院至此中断了一个时期。1935年，以"南京为首都所在，而无一完善之医学教育机关"为由，呈准添设医学院，首先设立解剖学科和生物化学科。1937年春，生理学科亦筹备就绪。抗日战争全面爆发后医学院迁至四川成都，权借华西大学的教室、实验室作医学前期教育的场所。药理学科、病理学科、寄生虫学科也相继成立。1938年秋，四年级学生开始临诊实习，于是临床各科，内科、外科、眼科、耳鼻喉科、神经精神病科、小儿科、泌尿科及放射科等亦先后添设。并与华西大学、齐鲁大学两校在教学上合作，彼此借用教师及设备。唯医前期各科则仍分开。1939年秋增设牙科，同为6年毕业。牙医专科学校为中央大学主办的独立单位（经费独立），其学生3年后毕业，欲求深造转入医学院牙本科再学3年，也是6年毕业。医学院一年级学生在重庆柏溪分校就读，至二年级转到成都上课。

全面抗日战争时期，医学院院长为戚寿南。

8. 研究院、所

1934年11月，中央大学设立理科研究所算学部和农科研究所农艺部。1935年1月设研究院筹备委员会，罗家伦、邹树文、陈剑修、艾伟等为筹备委员。至1936年8月算学部和农艺部开始招生，学制二年。成绩合格者被授予硕士学位。在此之前于1935年开始招生的机械特别研究班（航空）虽不具有研究所学部的要求，但也是招收大学工科毕业生，修学一年半，具有研究生班的性质，1936年12月首届毕业生为21人。后由于抗日战争、学校迁渝等情况，研究院的成立推迟了。但是罗家伦一直认为："没有研究工作的大学，在教学上不但不能进步，而且一定会后退。"尽管在战时条件下人力、物力、财力都很困难，仍决定创办国立中央大学研究院。该研究院1938年成立，1939年9月正式招生。1941年7月首届研究生毕业7人，均获硕士学位。

研究院院长由校长兼任，下设研究所，所内按学科设立学部。

文科研究所设：哲学、历史学部
　　　　　　　外国语文学部
理科研究所设：数学部
　　　　　　　物理学部
　　　　　　　化学部
法科研究所设：政治经济学部

　　　　　　　　　国际政治学部
　　　　　　　　　法律学部
　　师范研究所设：教育心理学部
　　　　　　　　　教育学部
　　工科研究所设：土木工程学部（包括水利）
　　　　　　　　　机械工程学部（包括航空）
　　　　　　　　　电机工程学部
　　农科研究所设：农艺学部
　　　　　　　　　农业经济学部
　　医科研究所设：生理学部
　　　　　　　　　公共卫生学部

科学研究和学术研究，虽然在极端困难的情况下进行，却也取得了可观的成绩。如李学清教授的陕南矿产考察；李昶旦、郝景盛、任美谔（时在浙江大学任教）教授等的西北考察；梁希教授的川西大渡河流域木材松脂采集；张可治教授的公路考察；金静庵教授的石门村汉墓发掘；张钰哲教授暨研究生高淑哿，1941年赴甘肃临洮观察日全食，获天文史上的珍贵资料。此外，如1944年4月，国防科技促进会悬奖十种研究专题，中央大学有三项获奖：物理系王恒守、陈廷蕤的直接镀镍于钢铁的方法，获奖2万元；化学系方振声的汽油精，获奖1万元；梁守渠的耐酒精涂料，获奖7 000元。

中央大学每年都有许多新著问世[①]，深获学术界的好评。如：农艺系金善宝的《中国小麦区域》、邹钟琳的《普通昆虫学》，地理系胡焕庸的《中国经济地理》、朱炳海的《普通气象学》、黄厦千的《航空气象学》，教育系艾伟的《高等统计学》、肖孝嵘的《教育心理学》，畜牧兽医系罗清生的《家畜传染病学》，心理学系潘菽的《普通心理学》，地质系孙鼐的《岩石学》，史地系缪凤林的《中国通史要略》，社会学系孙本文的《中国社会问题》，中国文学系常任侠的《汉唐之间西域乐舞百戏东渐史》、罗根泽的《周秦两汉文学批评史》，等等。

中央大学还经常举办各种学术报告会、座谈会等活动。潘菽、梁希、金善宝、干铎等教授组织"自然科学座谈会"，提倡既要学科学又要学哲学。汪辟疆教授的"唯美主义诗人李义山"、宗白华教授的"歌德与浮士德"、卢翼野教授的"元曲之艺术"、王玉章教授的"牡丹亭"等学术报告，都深受师生的欢迎。艺术系则经常举办画展，如张书旂教授的"港美画展"，傅抱石教授的"重庆画展"，徐悲鸿教授在南洋举办画展，以售画所得，捐献40万元（当时国民政府的"法币"）支援抗战。这些学术活动在国内外获得了良好的反响。此外，中央大学

---

① 袁李来：《琐谈抗日战争时期的中央大学》，刊于南京大学《校史研究专刊》，第81—85页，1987年。

还经常约请校外学术界人士来校讲课或讲演。如请郭沫若讲"屈原",请邵祖平讲"楚辞",请茅以升讲"桥梁工程",请舒舍予(老舍)讲"现代文艺",请冯友兰讲"贞元三书"以及数次请马寅初讲"战时经济问题"等。这些做法,对于扩展学生的知识面、提高文化素养,都有着积极有益的影响。

四、师生概况与教学生活

中央大学迁渝后,1941年有教授、副教授183人,讲师39人,助教179人。1944年,有教授、副教授290人,讲师76人,助教224人。高级职称(当时称学衔)的教授、副教授和初级职称的助教各近半数,其师资队伍的结构呈蜂腰形。高级职称的教授、副教授是教学的主力军。中央大学教授,大多为年龄在40岁上下的中年学者,50岁以上的比较少。最年轻的教授,如翁文波(翁文灏之弟)、张宗燧、黄玉珊、李旭旦、时钧等,都在30岁上下,被戏称为"Baby Professors"(婴孩教授),或称"Boy Professors"(少年教授)。师资队伍的年龄结构处于较佳状态。当时的教学质量是相当高的。

1941年后,教育部实行"部聘教授"制度,挑选一批学术造诣高、资历较深的教授,由教育部直接聘任,月薪600元(一般教授约360元),并有研究费400元。1941年教育部学术审议委员会通过中央大学地理系教授胡焕庸、教育系教授艾伟、法学院教授孙本文、农学院教授梁希、医学院教授蔡翘为部聘教授。1943年审议通过文学院院长楼光来教授、中文系胡小石教授、历史研究部主任柳诒徵教授、教育系常导直教授、化学系主任高济宇教授、法律系戴修骏教授、艺术系徐悲鸿教授为部聘教授。两届共在全国(国统区)审定部聘教授45名,其中中央大学有12名,约占总数四分之一。这也是中央大学在抗日战争时期学术地位比较高的标志之一。

由于中央大学所特具的一些有利条件,如学科多,学者专家多、名师云集,学术地位比较高,加之,重庆市交通相对比较便利,又是抗日战争时期的"陪都"所在地,故学生人数逐年剧增。全面抗日战争初期,1937年学生数1 072人(1932年度未招生),到1938年度增为2 254人;中期,1941年度增至3 082人;抗战末期,1944年度为3 837人,几为初期的3.6倍。

8年全面抗战,中央大学师生的战时生活是非常困苦的,可谓艰辛备尝,但是就在这样的生活条件下,素有爱国主义传统的中央大学师生,始终精神昂扬,学生"学而不厌",教师"诲人不倦",呈现出一副动人的景象,罗家伦誉之为"弦歌不绝""炸弹下长大的中央大学"。

全面抗战之初,重庆米价不过每石10元,教授月薪多者300余元,助教70元,温饱有余,但以后物价不断上涨,到1941年米价已涨至每石300元,虽有少量平价米供应,还发了米贴补助费,但收入最多不过增加一倍,教师们不得不外出兼职,疲于奔命,以谋糊口。在当时物价腾飞、米珠薪桂的情况下,教授们携家带眷,离乡背井,其家庭生活清寒窘迫,较抗日战争全面爆发前比较宽裕的生活，已不可同日而语。至于中低级教职工的生活和学生生活，则更是贫苦。尤其是来自沦陷区的学生，经济来源断绝，生活无着，几乎全靠学校为救助清寒学生而设的资金制度维持。食堂的主食，号称"八宝饭"，盖因有许多泥沙、石子、稗子、稻壳混杂其间，煮熟用膳，常有霉气，又有涩味，难以下咽；副食则"飞机包菜"，胡萝卜、大头菜、烂榨菜、盐水豆芽汤乃是桌上常菜，偶或增加点荤食略作改善，称为"打牙祭"（川语）。当时，所谓国家之栋梁、社会之英才的知识分子，过着如此清寒贫苦的生活，面对日本帝国主义疯狂的进攻、官僚富商们灯红酒绿的糜烂生活，怎能不激起他们反帝、反封建的怒潮？他们胸怀祖国安危之忧，誓立振兴中华之志，一方面奔走呼号，投入抗日救亡的行列，另一方面专心致志于教学、科研，学好知识、技能，以期报效祖国。战时的松林坡，天刚黎明，就显出了动人的景色：坡前林下，到处可见学生在那里温习各门功课。早餐后，理化、生物、地质、材料等各个实验室里，充满着埋头做实验的师生。在实习工场里，许多学生做着锻工、铸工等实习劳动，实习农场里进行着育种遗传实验或病虫害等研究。艺术系、建筑系人数比较少，他们在专设的画室里素描，一站就是 4 个小时，而忘却腿酸脚痛。像土木、机械、电机、化工、水利、航空等各个热门学系，人数众多，尚无那种便利的条件，大家挤在图书馆和寝室里拉计算尺，绘工程图，熬到深夜。正所谓"不愤不启、不悱不发"，这种出于爱国热情，在任何困难面前，乃至风潮激荡之时，都坚持不懈、刻苦钻研、精进治学的精神风貌，正是中央大学人才辈出的重要原因之一。

第四节　抗日战争时期的南京中央大学（1940—1945年）

一、沦陷区之中央大学梗概

1937年7月7日，日本帝国主义悍然全面发动侵华战争，8月13日日军攻打上海，国立中央大学10月一举西迁入川。

1937年12月13日，日军侵占南京，继而自华北、华中以至华南，半壁江山沦于日寇铁蹄之下。亿万同胞，生灵涂炭，莘莘学子，或不及撤退，或无条件撤至后方，大部分滞留在敌占区内，备受日伪蹂躏，深受失学之苦。

1940年3月，汪精卫叛国投敌，潜至南京组织伪国民政府，其教育部部长赵正平，建议恢复中央大学。同年4月，伪行政院通过在南京设立中央大学案，设立"复校筹备委员会"，命赵正平兼筹委会主任，并饬教育部拨发临时经费40万元，经常费68万元，以充建校之用。旋即成立招生委员会，分别在沦陷区之南京、北平、上海、苏州、杭州、武汉、广州等7城市招收新生。报考学生踊跃，逾3 000人，录取了674人。学校对录取之学生，一律免收学费、杂费及住宿费，教育学院及农业专修科学生，还免收膳食费。此外，按学生学业、操行、体育成绩之差异，设立甲、乙、丙三等奖学金。家境确实清寒的学生，可以申请清寒补助金。另设占学生总人数1%的工读生，每月可获10元生活补助金。

校址初设于南京建邺路红纸廊原中央政治学校内，校舍简陋，设备缺甚。1942年8月，迁至天津路2号原金陵大学旧址（即今汉口路南京大学校址），得以利用金大遗留下来的图书、设备及仪器，办学条件有较大改善。

学校设文、法商、教育、理工、农、医六个学院，以及附属实验中、小学。建校之初，全校仅有教授、副教授23人（含兼职），讲师29人（含兼职），助教3人，日籍教员2人。至1942年，教师人数有较大增加，计有教授、副教授110人，讲师39人，日籍教员15人，德籍教员1人。所聘教授，多学有专长，教学经验丰富，热爱学生，循循善诱。至1945年夏，共培养两届毕业生，计476人，其中：本科生416人，授予学士学位；专科生53名，发给专科毕业证书。时沦陷区的中大学生，多数为城市小本工商业者及中下级公教人员的子弟，经战火洗劫，家境较为困难，更有大量从东北、华北等地流亡来南京的青年，他们有家难归，生活无靠，且目睹身受日伪的种种迫害与侮辱，都有一腔愤恨，也深深地寄希望于民族的复兴、祖国的强大。是故在学期间，极大部分的同学勤奋学习，刻苦钻研，年有所进，学有所长，期待自己学成以后，能报效社会，对祖国有所贡献，形成了较好的尊师、敬业、重学风尚。

在忧患中成长的学生，确实后来有一大批或在学术上作出优异的成绩，或在事业上有重大的成就，或成为卓越的政治家、革命家。如中国矿业大学著名教授余力，中国科学院院士、中国地球物理研究所研究员胡聿贤，台湾大学著名教授赵荣澄博士，以及台湾实业巨子程志新、邹祖焜等。

1945年8月15日，日本宣布无条件投降。历经八年苦难的师生终于熬过了漫长的黑夜，庆幸回到了祖国的怀抱。岂料国民政府教育部却于9月下旬下令，解散沦陷区的中央大学及各公立学校，并颁布"伪专科以上学校学生、毕业生甄审办法"，该办法规定，凡在收复区（即日军占领区）专科以上学校包括已经毕业及尚在学校学习之学生，必须通过甄审，始承认其学籍。并于1945年10月中旬在南京、上海、北平、天津四地，设立临时大学补习班，令在校学生经过补习，进行甄别考试，同时通知已毕业的学生须补交学科论文及蒋介石之《中国之命运》阅读心得报告各一篇，经审查合格，方由教育部颁发"审查合格证书"。与此同时，一些新闻媒介和某些官员的讲话中，迭有侮辱性的言辞出现，诸如"伪学生""伪学校""顺民""小汉奸"等等，引起了全体学生及社会有识之士的一致不满。学生们乃组织游行、请愿，提出"学校无伪，学术无伪，学生无伪"及"反对歧视，反对甄审"等口号，进而开展了罢课、绝食等斗争。由于学生的强烈反对，当局作了某些变动，如取消甄别考试，改由学生自己按原来年级程度，选择相应院系就读。后来又应学生要求，将"南京临时大学补习班"名称中"补习班"三个字去掉了。

南京临时大学设在金陵大学内。南京中大的文、法商、教育、理工学院的一、二年级，农、医学院高班学生，按原班级分配到南京临时大学相关院系学习；理工学院三、四年级学生，以南京师资不足为由，被分配到上海临时大学，在交通大学上课；医学院四年级名在南京临时大学，实与上海东南医学院五年级学生合并在军政部第一临时医院（暂设于南京四牌楼中央大学内）上课。1946年6月，临时大学撤销，应届毕业生修业期满，发给毕业证书，授予学士学位。南京临时大学未毕业的学生，则按其所学院系与地区，分别被分配到中央大学、安徽大学、交通大学、江苏医学院等校继续学习。在上海临时大学未毕业的南京中大学生中，土木系和电机系学生大都留在交通大学，少数转入中央大学，化工系学生则分散到浙江大学、交通大学和中央大学。这样，由临时大学分配到中央大学的南京中大各院系的学生，就成为复员后中央大学的组成部分。

综上所述，政府当局对上述问题之处理，后来虽有所让步，但细观之，确有失当之处。对伪政府和学府不加区别，对在沦陷区中身处逆境之学子，非但不加垂察体谅，反而疑之审之，此是非不明也；对南京中大必欲解散之，对其师生必欲大分散而治之，乃歧视不信任也；对"伪学校""伪学生"等说终未正名，使众师生心灵伤处久久不得愈合，系不仁不情也。

时过近半个世纪后，1994年10月，中央大学两岸三地[香港、台湾及大陆（内地）各地]校友联谊会在南京举行，22名代表集会研讨中央大学校史有关问题。与会者有较广泛的代表性。

从年龄看，有从20世纪20年代至40年代的历届毕业校友；从地区看，有两岸三地的中大校友；从个人经历看，多数是专家教授、大学院校院长及部门负责人，其中8位现担任"中央大学"各地的名誉会长、正副会长、正副理事长或正副总干事。会上讨论了如何看待1940—1945年的南京中央大学及其学生，取得了如下共识：学校不同于政府，不能把当时沦陷区的学校称作"伪学校"，更不能把学生称作"伪学生"。如有所谓"伪学校"，岂不也要有"伪医院""伪工厂""伪商店"等？这显然是不当的。当时政府当局对南京中大（1940—1945年）及其学生所采取的做法是失当的，使学生们受到了不应有的歧视。按史实，南京中央大学（1940—1945年）应成为中央大学的组成部分，建议有关学校在撰写或修订校史时，对于这段史实，作出客观的记述。

二、组织机构与院系设置

1. 校长之更迭

1940年7月12日，汪伪国民政府任命樊仲云为校长，钱慰宗为副校长。嗣钱氏辞职，副校长一职遂不复设。1943年6月，樊仲云勾结私商、贪污学生伙食费等情况被揭发，学生开展了"倒樊"运动，樊某终被解职。汪伪政府乃命其教育部部长李圣五暂代校长，未几正式任命文学院院长陈柱为校长。1944年春，陈柱调任沦陷区之浙江大学，校长乃由陈昌祖继任。

2. 校行政机构

建校之初，于校长之下，设教导长、秘书长各一人。教导长为全校教务之主管，下辖教务、训育两处。秘书长掌管学校的文书、人事、财政、庶务等，辖秘书、总务两处。

1941年6月，撤销教导、秘书两长，将教务、训育、秘书、总务4处，直接置于校长领导之下。教务处设注册、出版两课；训育处设辅导、体育两课；秘书处设文书、编印两课；总务处设庶务、卫生两课。又将图书馆、农场管理处、实验中小学等直接置于校长的领导之下。

3. 院系设置

5年中，因社会动荡，人员迁流，院长、系主任更迭频繁，如教育学院院长曾七易其人，医学院曾十易院长。院系之设置，也常因主管人员及主要教授的变动而时有更动。兹概述如下：

文学院

先后担任过院长的有王钟麒、杨正宇、陈柱、龙沐勋。

文学院始设文史、外语两系，刘诗孙任文史系系主任，杨为桢任外语系系主任。后分为如下3系：

中国文学系，系主任朱建新、钱仲联。

历史系，系主任龙沐勋（兼）、李长傅、吕贞白（兼代）。

外国语文系，系主任严士弘。

法商学院

建校初设法学、商学两院,樊仲云兼法学院院长,文学院院长王钟麒兼商学院院长。后法、商两院合并,前后任院长为胡道维、黄邦桢。设如下3系:

政经系,系主任为唐有梁、胡道维(兼)、郎依山、胡道维(兼代)、甄洪铭、黄邦桢(兼)。

法律系,系主任康焕栋、狄侃。

商学系,系主任王雨生、郭瑞璋、狄侃(兼代)。

1943年上学期,政经系曾分为政治、经济两系,奚树基任政治系主任,胡道维兼任经济系主任。1944年上学期,政治、经济两系复又合并为政经系。

教育学院

先后担任过院长的有钱慰宗(兼)、樊仲云(兼)、杨正宇、萧恩承、吴康、龙沐勋、黄曝寰。该院设一系、二专修科。

教育学系,系主任朱光溥、吴康(兼)、黄曝寰、张季信。

师范专修科,1940年设,科主任纪国宣,1942年停办。

艺术专修科,1942年设,科主任钱万选。

理工学院

建校初设理、工两院,未久即合并为理工学院,前后任院长为金其武、徐仁铣、崔九卿。先后设下列4系:

土木系,系主任金其武(兼)、朱汉爵、吴昌初。

化工系,系主任为赵曾隆、陈善晃、林庶华。

数理系,系主任吴咏怀、丁明星(兼代)。后更名为数理电工系,又易名为物理电工系。

机械电工系,1944年由物理电工系分出,分出后,物理电工系又恢复数理系原名。机械电工系系主任为丁明星。

农学院

先后担任过院长的有陆锡君、陈兆骝(代理)、沈寿铨。始设农学、生物学2系及农业专修科,1944年2月扩为农艺、园艺、生物、农业经济4系及农业专修科。

农艺系,系主任陈兆骝。

园艺系,系主任王复生。

生物系,系主任缪端生。

农业经济系,系主任童玉民。

医学院

建校初设医学、药学两院,罗广霖任医学院院长,叶秉衡任药学院院长。1941年将药学院并入医学院。前后任院长的有罗广霖、樊仲云(兼代)、陶炽孙、黎国昌、蒋鸥、问缵曾、陈昌祖(兼代)、徐开、黄济。

三、教学、研究工作概况

1. 学制及课程总则

学校的学制分为三类：一般院系本科生学制为 4 年；专修科学制为 2 年；医学院学制为 6 年，其中一年为临床实习。

根据学校课程总则规定，各院系学生所学课程可分为 4 种：一是校共同必修课；二是院共同必修课；三是系主修课；四是选修课。入学第一年，不分院系，以院为教学单位，开设校、院共同必修课。除体育和军训①外，有基本国文、基本英文、基本日文、中国通史、伦理学（文、法商、教育学院必修，理工、农、医学院选修）、社会学、经济学、政治学（法商学院必修两门，其他学院选修一门）、数学、物理、化学、生物（文、法商、教育学院选修一门，理工、农学院选修两门，农学院必修生物课，医学院全部必修）。

从第二学年开始，学生分入各系学习系主修课及选修课。所学课程皆以学分计算，并规定文、法商、教育学院学生，必须修满 144 学分，理工、农、医学院学生，必须修满 156 学分，方准予毕业，授予学士学位。全年必修课的授课时数为 976 课时（包括实验课），选修课的授课时数为 1 074 课时。

2. 教学及研究工作

现就各学院教学及研究工作中带有共性和较有特色的部分，作一简介。

学用结合，理论联系实际，是各学院共同具有的特色。

如文学院的教学方针是"旧学新知，一炉共冶"，务以培植文史为根基，融贯古今，沟通中西，而奠定民族复兴之柱础，使培养出来的学生能适应社会的客观需要。是故对外语系的学生，除开出大量文史课外，并重视英语书信、英文讲演、英文修辞、英文翻译、英日文互译等训练，故学生英语水平较高，并掌握一定的实用技能。如商学系，教材多采用英文原版书，要求学生从原始记账到年月结算，完整地全部用英文计算核算，能用英文独立处理账务。如法律系，设立模拟中央大学特区地方法院、特区地方检察署、特区高等法院，令学生担任审判长、推事、检察官、书记官等，并编制案情，由学生充当原告、被告、证人及律师，又设假法庭公开审判，而当事人的诉状、律师的辩状及拟定的判决书等，均作为实习课之成绩。学生对此，兴趣极浓，皆作精心准备。又组织学生参观首都高等法院、地方法院的开庭。学生经受训练及参观，有的在学期间即曾受理民事、刑事案多起。如教育学院，经常组织学生进行地区、县乡、街道各类人员的受教情况调查，举办工人夜校，通过调查、实践，增进学生的知识和经验，鼓励学生献身教育事业。如理工学院，在财力十分困难的情况下，为土木系、化工系、机电系筹

---
① 军训未形成制度，仅有教官三四人，属训育委员会，其训练内容亦仅徒手操演陆军步兵的基本动作而已。

建了约 20 个实验室，添置了必要的仪器、设备，满足学生实验的需要。工厂及野外实习，被列为必不可少的教学内容。如农学院设胡家菜园农场，栽种数十种田间作物，供农艺系专用；辟汉口路南北两园，培植各种蔬菜、花卉，供园艺系专用；置太平门果园及成贤街园艺场，种植优良果树及珍贵的蔷薇、牡丹凡数百种，除供实习、研究外，还作为生产基地。如医学院的基础课和临床各科课程，多聘请南京中央医院和南京防疫站的院长、站长、科主任授课，教学方式多为边授课、边见习、边实习，易理解，易记忆，成效明显。又规定学生必经一年的临床实习，故大多数学生的诊断与治疗准确率均相当高。

重视理论，重视学术研究，是该校的又一特点。

各院系普遍设立研究会。龙沐勋出任文学院院长后，于图书馆内辟一研究室，将部分馆藏图书及其私人藏书之部分，供全院师生阅读参考，各种座谈会、学术报告会频频举行，研究学术之风骤盛。"文史联会"复作出决定，文史学生必须参加专题研究。法学院成立了"政经学会"和"法学研究会"。教育学院建立了"教育研究会"。土木系 1945 年全体毕业班同学，一起投入了编译土木工程丛书的工作，计完成材料力学、工程力学、测量学、初等结构、高等结构、木结构设计、钢桥设计、钢筋混凝土建筑物设计、铁道建筑等 10 余种。农学院建立了"农艺学会"和"农业经济学会"，创办了《农衡》月刊。农学院所设农场，皆分实习、标本及研究三区，实习区专供实习，标本区供见习，研究区供学生研制毕业论文和供教师作科学研究。医学院建立"医学研究会"，开展多种学术交流会和研讨会。师生们虽身处日伪统治下，仍深信最后胜利必属于我，故均勤奋攻读，刻苦研究，迨学有所成，终有报国之日。

四、铁蹄下的抗争

1. 师生们的反日爱国活动

沦陷区南京中大师生的反日爱国活动，初时多带有自发性质，活动较为分散。稍后共产党、国民党力量陆续进入学校，与各爱国进步团体相结合，队伍不断壮大。时南京为日伪统治的中心，环境险恶，三青团即因处事不够缜密，于 1942 年 2 月遭到严重破坏，国民党地下组织亦受影响，至 1943 年才稍有转机。中共江苏省委、中共苏皖区党委和新四军先后派员前来开辟工作，善于利用公开合法组织，隐蔽开展抗日进步活动，迄未受到损失，凡政治面目暴露者，即及时被送往解放区、根据地，至日本投降后，留校党员尚有 10 名。

"群社"是学校中最早成立的抗日秘密团体，于 1940 年 8 月由理工学院、农学院的部分学生组建而成，后在中共南京工委影响下扩建为"团结救国社"，发展社员达 60 人，出版《萤光》半月刊，在社会上秘密散发，影响较大。1941 年 11 月，理工学院的学生建立秘密的"青年救国社"，积极在各院发展社员，该社在中共南京工委的领导下，在学校的抗日进步活动中，发挥了核心的作用。教育学院、文学院的学生组建"民社"，传播进步思想，鼓励社员为新四军做工作。法商学院、文学院的部分学生，在江浦抗日根据地参加"中国青年抗日救国会"后，即在本校组建"青抗中央大学分会"。三青团曾布置理工学院一学生，抄收重庆广播电台的新闻，印成传单后在社会上秘密散发。文学院一位英文教授是国民党地下工作者，他办了一个英语补习班，借此进行抗日宣传，并介绍多位同学赴内地读书。1943年任训育主任的是一位留法教授，他是20世纪20年代入党的中共党员，从事秘密情报工作，在斗争关键时刻，以合法身份对学生进行鼓励支持。

沦陷区的中大进步学生，还善于利用汪伪的上层关系及日伪间的内部矛盾，开展隐蔽的抗日活动。如汪伪南京市市长周学昌，企图拉拢中大学生，扩大自己势力，中大学生借此成立"学生互助会"，得周某认可，实际该组织的领导权完全掌握在进步学生手中。"学生互助会"先后举办了暑期讲习会、读书会、《学生》月刊、《女青年》、补校、夜校、助学会、图书馆及各种文艺活动。这些活动的内容，形式是增进知识、研讨青年的修养和出路等问题，却含蓄地引导青年认清社会，"在这可咒诅的地方，击退可咒诅的势力""跳出狭小的个人圈子，奔向救国救民的广阔天地"。如汪伪宣传部部长林柏生，妄图利用中大学生，建立了一个"干字运动实践会"，该组织实际上也控制在进步学生手中，正式会员达500余人。"干字运动实践会"利用寒暑假，先后办了六期"生活营"，通过"生活营"凝聚进步力量，开展各项隐蔽抗日活动，如1944年一位同学在营中作"世界形势"报告，将20多万德军在斯大林格勒冰天雪地中被歼灭的惨败景象，描绘得有声有色，暗示着整个德、意、日轴心国阵营败局已定。"学生互助会"和"干字运动实践会"还举办各种文学、戏剧、歌咏活动，传播进步思想，壮大了抗日力量。

2. "倒樊"和"清毒"运动

学生们本来对樊仲云校长卖力推行奴化教育及校方的种种弊端，已极为不满。1943年春，校方勾结私商、贪污学生的伙食费丑行被揭露后，群情激愤，"青年救国社"联络全校进步力量，发起驱逐樊仲云的运动。经周密计划安排，1943年5月31日凌晨2时，近千名学生在饭堂集合，经"临战"动员，集队前往汪精卫住所请愿。当天又进行全校罢课，并成立了由11位同学组成的临时校务委员会，代行校长职权。在全体学生的强大压力下，汪伪政府被迫撤掉樊仲云校长职务。

南京沦陷期间，烟馆林立，一片乌烟瘴气，南京人民莫不愤慨。中大爱国青年，自1943年冬至次年初夏，采取了四次"清毒"行动：第一次是中大学生百余名及中学生百余名，同赴夫子庙砸了几家烟馆；第二次是中大学生组织3 000人队伍，将朱雀路、夫子庙一带烟馆统统砸烂，将缴获的鸦片、烟具、赌具等当众焚毁；第三次是将"白面大王"曹玉成捆绑至新街口广场，当众宣布其罪行，迫使汪伪当局枪决了这个大毒枭；第四次是集合600余名大中学生，到中央饭店查抄烟土、烟具，并当众焚烧。"清毒"行动引起了日特的注意，日本宪兵队特高课找有关学生谈话，同学们利用日伪间因鸦片特税分赃不均引起的矛盾，将责任推到汪伪头目林柏生等人身上，日特一时也无可奈何，后来日寇向汪伪政府频频施加压力，日特并拟具了准备逮捕的黑名单。"清毒"行动的组织者审时度势，认为行动已达目的，作出了及时收兵的决定，"清毒"运动胜利告一段落。

"倒樊"和"清毒"斗争，是南京中大学生为铲除学府腐败、反对日伪黑暗统治而进行的奋然壮举。人们从斗争中悟出了道理，看到了希望：中国人民团结起来，最后胜利必定属于中国人民。

南京沦陷期间，南京中大师生在铁蹄下奋起抗争的事迹，为中央大学的历史增添了新的一页。

第五节　抗战胜利后的中央大学（1945—1949年）

抗日战争胜利后，国立中央大学于1946年复员南京。在中共南京地下党的领导下发动师生群众，于1947年，由中央大学发端，爆发了震撼全国的反饥饿、反内战、反迫害的五·二〇运动。1948年到1949年初，中央大学师生又开展了反迁校斗争，迎来了南京解放。在风雨如晦、鸡鸣不已的北极阁下，这所历史悠久的高等学府，终于获得了新生，翻开了学校历史的新篇章。

一、抗战胜利，复员南京

1945年8月，顾毓琇校长离任，教育部任命西南联合大学理学院院长、著名物理学家吴有训教授为中央大学校长。

吴有训（1897—1977），江西高安人。1920年毕业于东南大学的前身南京高等师范学校。1921年留学美国，1925年获芝加哥大学博士学位。1927年8月任中央大学物理系副教授，1928年8月任清华大学物理系教授、系主任，理学院院长。抗日战争期间，在昆明西南联合大学仍任物理系教授、系主任，后任理学院院长、中央研究院院士。1949年起任上海交通大学教授。新中国成立后历任上海交通大学校务委员会主任、华东军政委员会教育部部长、中国科学院近代物理研究所所长、中国科学院副院长兼数理化学部主任、中国科协副主席和中国物理学会理事长等职。他是国内外著名的物理学家和教育家。

抗日战争胜利后，中央大学即准备复员南京。1945年9月，成立复员计划委员会，吴有训为主任委员，江良规、胡家健为副主任委员。江良规在重庆主持复员事宜，胡家健在南京主持复校事宜。

在重庆方面，经核准领到复员费法币81亿元。包工制作木箱1 400余只。中央大学复员的师生员工及眷属共12 000余人，复员工作极为繁重。

学生分为自行返宁、缓期返宁和随校返宁3类。自行返宁者，发给旅费7万元，并预发3个月的伙食费3万元；缓期返宁者，规定于1946年9月20日集中重庆，由驻渝办事处分配船只东下；随校返宁者，按照年级系别，分批分组，依次东下。

1946年4月15日学生考试提前结束。5月，全校师生分8批，分乘水陆空各种交通工具，返回南京，最后一批于7月底到达。图书仪器设备等，直到10月中旬才陆续运回。

在南京方面，1945年11月28日，吴有训校长赴南京，办理四牌楼校舍的接收工作。因校舍被日本陆军医院占用，伤兵撤离尚待时日，后来几经交涉，始行迁让。丁家桥校产则已被国防部联合后勤司令部接收，作为仓库。经交涉，除将原有的校产归还外，还将原有劝业会旧址及房屋一并拨给中央大学。该处面积 800 余亩，房屋 100 余幢，甚破旧，但为数不少。沦陷后的南京的"中央大学"办在金陵大学原址，经与金陵大学协商，仪器设备归中大接收，图书杂志等归金陵大学接收。原有的学生在学校改组为临时大学并进行甄别后，分别被派到各大学学习。这些学生直接身受日伪的统治压迫，痛感亡国之恨，有些在当年就参加了中共的地下斗争，有些发愤治学，后来逐步成为有影响的政治活动家和专家学者。南京原有的校舍，仅能容纳学生千数百人。1946 年在文昌桥动工兴建的 7 幢二层楼宿舍，可容 3 000 余人，但要到 10 月方可竣工。校园内，东南院、中山院、南高院被航空委员会占用，作为回国空军临时用房，尚未被收回。故先将附属中学房屋加以修缮，作为复员学生的临时宿舍，然而也只能容纳 830 余人。因此大部分教室不得不暂时作临时宿舍。

抗战全面爆发前的中央大学，本不提供教职员眷属宿舍。此次复员，人数激增，原有房舍势难满足需要。于是决定收购四牌楼、兰园、成贤街、九华山、高楼门等处土地 83 亩，楼房 7 幢，以应急需。行政院拨给活动房屋 162 栋，其中除分给医学院、农学院和附属中小学 30 余栋外，其余分别搭建于图书馆前和丁家桥等处，为教工宿舍。

复员之初，南京的物价已高出重庆二三倍，预发伙食费每月 1 万元，确已无法维持，而学生的原籍多在战乱之区，家庭经济来源断绝，他们无力自行补充膳食，就由学校暂借给每生 8 000 元，并由学校供给柴炭，以维持最低的伙食。到 1946 年 9 月后，才增加了学生的伙食费。自 12 月起中大在南京分为两处，四牌楼为校本部，丁家桥称二部。文、理、法、师、工学院和农学院的一部分在校本部。医学院，农学院及理、工学院的一年级新生和先修班，在丁家桥二部。复员之初，医学院先在校本部今西平院，今金陵院原是牙科大楼，被改为大学医院，附属于医学院。随着丁家桥建设进展，医学院和医院遂先后迁到了丁家桥，牙科大楼被改为附属于医学院的牙科医院。丁家桥二部校址，有地千余亩，医学院在校园的东南，农学院在西北，一年级先修班在中间。二部通常被称为新生院，设主任一人，由生物系沈其益教授兼任。另外，附属中学在三牌楼，附小在大石桥。

二、校院系组，教学科研

吴有训担任中央大学校长后，于 1945 年 9 月聘唐培经为教务长，沙学浚为训导长，戈定邦为总务长。复员后，1947 年 2 月改聘高济宇为教务长，刘庆云为训导长，贺壮予为总务长。1947 年 8 月，刘庆云训导长辞职获准，仍由沙学浚继任。吴有训在 1947 年 11 月下旬出国，参加在墨西哥召开的联合国文教组织委员会，会后又到美国短期勾留，决定由医学院院长戚寿南暂代校长（医学院院长由蔡翘暂代），总务长贺壮予改任校长办公室主任秘书，戈定邦复任总务长。1948 年 8 月，吴有训因心脏病复发，坚请辞职获准。教育部任命周鸿经继任中央大学校长。周鸿经改聘罗清生为教务长，沙学浚和戈定邦仍分别任训导长和总务长。1949 年 1

月27日，周鸿经、沙学浚、戈定邦弃职离校。此为校部人事更迭的大略。

中央大学于1946年11月在南京复校开课。复校后第一次招生时盛况空前，报名超过万人，录取学生千人，从四牌楼向南直到大行宫的各中小学都设置了考场，全校教师都参加了监考。据1947年1月的统计，全校共有教职员1 266人，本科学生4 556人、先修班95人、研究生68人，合计4 719人。1947年1月各学院的概况如下[①]：

1. 文学院

院长为楼光来。全院共有学生571人，教师101人，其中专任教授56人、副教授9人、讲师14人、助教15人，专任教师合计94人，兼任教授6人、副教授1人。

设4系一科：

中国文学系主任伍俶，学生141人。

外国语文系主任范存忠，学生207人。

历史学系主任贺昌群，学生153人。

哲学系主任刘国钧，学生49人。

俄文专修科主任姜寿春，学生21人。

研究院设中国文学研究所、外国文学研究所、历史学研究所、哲学研究所。所主任均由系主任兼任。

文学院各系的教室、研究室、图书室等均设于中山院。

2. 理学院

院长为孙光远。全院共有学生380多人，教师158人（内一助教兼任他职），其中专任教授57人、副教授9人、讲师16人、助教67人，专任教师合计149人，兼任教授6人、副教授1人、讲师2人。

设8系：

数学系主任唐培经，学生51人，系附设统计组。

物理系主任赵忠尧，在假期间由施士元代理，学生75人。

化学系主任李景晟，学生78人。

地理系主任任美锷，学生55人。

地质系主任张更，学生46人。

生物学系主任欧阳翥，学生35人。

心理学系主任肖孝嵘，学生20人。

气象学系主任黄厦千，学生20人。

[①] 东南大学档案馆案档，编号2—20047089卷。

研究院设数学研究所、物理学研究所、化学研究所（内分化学组、化工组、农化组）、地理学研究所（内分地理组、气象组）、心理学研究所。所主任多由各系主任兼任。

数学系、物理系、地质系、地理系，以及化学系、心理学系的一部分均在科学馆；生物学系的实验室、标本室、研究室、教室都在生物馆（今中大院）；地理系及心理学系的一部分在南高院。

3. 法学院

院长为何联奎。全院共有学生1114人，教师76人，其中专任教授35人、副教授2人、讲师2人、助教14人，合计53人，兼任教授22人、讲师1人，合计23人。

设5系：

法律系主任何义均，学生149人，司法组学生250人。

政治学系主任黄正铭，学生244人。

经济学系主任程绍德，学生282人。

社会学系主任孙本文，学生121人。

边政学系主任韩儒林，学生68人。

研究院设法律研究所，何义均兼主任；设政治经济学研究所，黄正铭兼主任。

各系的研究室、教室、图书室均在东南院。

4. 师范学院

院长为罗廷光。全院共有学生377人，教师82人，其中专任教授32人、副教授12人、讲师12人、助教23人，合计79人，兼任教授3人。

设3系一科：

教育学系主任徐养秋，学生217人。

体育学系主任江良规，学生44人。

艺术系，分绘画组、音乐组。系主任吕斯百，学生共107人。

体育专修科主任江良规（兼），学生9人。

研究院设教育学研究所，徐养秋兼主任。

师范学院各系，除体育系在体育馆、艺术系的音乐组在梅庵外，其余各研究室、教室、绘画室等均在南高院。

5. 农学院

院长为罗清生。全院共有学生495人，教师91人（内助教1人兼他职），其中专任教授36人、副教授5人、讲师6人、助教44人。

设6系一科：

农艺学系，分植物病虫害组、作物组、农业机械组。系主任金善宝，学生138人。

农业经济系主任吴文晖，学生94人。

森林学系，分造林组、利用组。系主任郑万钧，学生49人。

园艺学系主任章守玉，学生81人。

农业化学系主任刘伊农，学生64人。

畜牧兽医系主任罗清生（兼），学生69人。

农学院在丁家桥二部。

6. 工学院

院长为杨家瑜、刘敦桢。全院共有学生1230人，教师144人，其中专任教授53人、副教授6人、讲师8人、助教68人，合计135人，兼任教授4人、副教授3人、讲师2人，合计9人。

设7系：

土木工程系分结构工程组、道路工程组、卫生工程组。系主任沙玉清，学生200人。

电机工程系分电力组、电信组。系主任陈章，学生281人。

机械工程系主任胡乾善，学生243人。

建筑工程系主任刘敦桢，学生61人。

航空工程系分飞机组、发动机组。系主任罗荣安，学生194人。

化学工程系主任时钧，学生150人。

水利工程系主任须恺，学生101人。

研究院设土木工程研究所（内分水利工程组、道路工程组、结构工程组、卫生工程组），所主任由土木工程系主任沙玉清兼；设机械工程研究所（内分机械工程组、航空工程组），所主任由机械工程系主任胡乾善兼；设电机研究所，所主任由电机工程系主任陈章兼。

工学院各系的教室、图书室及部分实验室均设于新教室（今前工院），各实习工场、电力实验室、水力实验室、材料实验室、风洞实验室、引擎实验室等均在大礼堂北面的平房和一幢二层楼房内，热工实验室及航空工程系实验室在图书馆西面平房。

7. 医学院

院长为戚寿南，全院共有学生383人，教师110人，其中专任教授24人、副教授14人、讲师27人、助教44人，合计109人，兼任教授1人；医本科学生331人，牙本科学生19人，牙医专修科学生30人，高级医事检验职业科学生3人。

各科主任：解剖学科潘铭紫、生物化学科郑集、生理学科蔡翘、药理学科周金黄、病理学科康锡荣、细菌学科白施恩、寄生虫学科郭绍周、公共卫生科俞焕文、法医学科（附司法检验员训练班）林几、内科戚寿南（兼）、外科（附骨科、尿道科）董秉奇、小儿科项全申、神经精神病科高白勒、耳鼻喉科胡懋廉、眼科齐续哲、妇产科阴毓璋、皮肤花柳病科于光元、牙本科及牙医专修科陈华、放射科及物理治疗科邱焕杨、检验科白施恩（兼）、护士专修科林斯。

研究院设生理学研究所，主任蔡翘；设公共卫生研究所，主任俞焕文；设生物化学研究所，主任郑集。

医学院附设的大学医院，院长康锡荣，副院长阴毓璋。

医学院在丁家桥二部，其附属牙科医院在四牌楼。大学医院先在校本部，后迁二部，如前述。

中央大学研究院共设 23 个研究所，其专业研究员多为教师兼任，专职助理研究员 4 人，研究助理 11 人。共有研究生 68 人。

以上均为 1947 年 1 月的情况，到 1949 年南京解放，间有变更，不及备述。

中央大学的系科设置，历来以比较完备而著称。据 1947 年 3 月 7 日《申报》教育消息栏公布的国立大学院系设置的统计资料，可见一斑（见表 4-15）。

抗战胜利之后的中央大学，1946 年可谓复员年，直到年末才开学上课。1947 年爆发了五·二〇运动，延续到 1948 年的周年纪念。吴有训于是时提出了"在安定中求进步，在进步中求安定"的治校方针，勉力支撑。毋庸讳言，在当年那样的时局下，学校的教学和科研不可能不受到相当的影响。但是，中央大学毕竟是一所学科众多、师资雄厚、校风诚朴、学风严谨、历史悠久的高等学府，教学和学术活动，仍能坚持进行。

表 4-15　国立大学院系设置

大学名	学院	院、系数	备注
中央大学	文理法师农工医	7 院 36 系	不包括专修科
北京大学	文理法农工医	6 院 26 系	
清华大学	文理法农工	5 院 23 系	
南开大学	文理商	3 院 13 系	
交通大学	理工农	3 院 12 系	
同济大学	文理法医工	5 院 12 系	
暨南大学	文理法商	4 院 5 系	
武汉大学	文理法农工	5 院 16 系	
复旦大学	文理法商农	5 院 28 系	医学院在筹备中
浙江大学	文理法师农工	6 院 28 系	
中山大学	文理法师农工医	7 院 27 系	医学院在筹备中
四川大学	文理法农师	5 院 21 系	
重庆大学	文理法工商医	6 院 17 系	
余略			

从中央大学 1948 年颁布的大学科目表来看，值得注意的是国文和外国文都是文、理、法、师、农、工、医各学院的共同必修课，两课各为 6 个学分。理学院和医学院还规定了必修第二外语。其他各院也有规定第二外语为选修课的。外语是掌握现代各门专业知识的重要工具。大学生修习国文，以提高和加深其中华民族文化的基础和修养。这些都是值得现代办学者研究借鉴的。

此外，工学院规定"经济学"为工科各系必修课，还特意注明法学绪论、工业法规及有关专门法规是工学院学生特别重要的选修课，鼓励学生选修。文学院各系学生则必须在数学、物理、化学、生物、地质、心理学等课程中任选一种,并在政治、经济、社会、法学中任选一种为必修课。这就能更充分地发挥综合大学学科众多的优势,使学生获得宽厚的基础知识,有利于成才。

1947年2月23日颁布的《中央大学教员新聘及升等资格审查办法》,对于稳定师资队伍、促进学术研究、提高教学质量是有积极意义的。办法规定:凡从国内外大学毕业,得有学士学位,其主科成绩在75分以上,曾在学术机关研究或服务2年,著有成绩,经该系科教授推荐,方得聘为助教。聘为讲师的资格是:凡在国内外大学或研究院得硕士学位或同等学历证书且成绩优良者;或曾任助教5年以上,著有成绩并有专门著作经专家审查合格者;或曾任高级中学或同等学校教员7年以上,著有成绩,并有专门著作经专家审查合格者;或具备前述助教资格,继续从事研究5年以上,对所任学科有特殊研究,其专门著作经专家审查合格者;或者具有助教资格,从事所任学科性质相同的专门职业7年以上,具有特殊成绩者,方得聘为讲师。聘为副教授的资格是:在国内外大学研究院所从事研究,得有博士学位或同等学历证书且成绩优良者;或曾任讲师5年以上者,对所任学科有特殊贡献,有专门著作经专家审查合格者;或具有讲师资格,继续从事研究5年以上者;或从事所任学科相同的专门职业7年以上,具有特殊经验并对所任学科有学术贡献者。聘为教授的资格是:任副教授5年以上,著有成绩,对所任学科有重要学术贡献者;或者具有副教授资格,继续从事研究5年以上,对所任学科有重要学术贡献者;或具有副教授资格,从事与所任学科相同专门职业7年以上,具有学术创作或发明者。

在那个动荡的年代,中央大学仍积极进行国内外的学术活动。1947年3月中央大学物理系主任赵忠尧和教授毕德显,受中央大学和中央研究院的委托,在美国购得供原子能研究的机器设备,设实验室于中央大学东北的太平门附近九华山下,是为我国原子科学研究之始。

1948年3月,中央大学李旭旦、刘庆云、刘世超、徐克勤等4位教授,为了加强学术研究,提高学术水平,提高中央大学在全国学术界的地位,提出下述5项建议:增加各系的设备费和研究费;恢复社会科学季刊和自然科学季刊;扩充出版组为出版部,附设规模完善的印刷所;定期举行学术报告会、科学座谈会;各学院举行教授茶会等。这表现了教授们对于推动中央大学学术研究备加关切的心情。但是,由于校方各种原因,特别是经费方面的某些实际困难,这些建议未能得到充分实现。

中央大学还努力进行国际学术活动。除吴有训校长于1947年11月出席联合国文教组织委员会,并在美国学术考察外,1947年7月,农学院畜牧兽医系汤逸人教授受联合国粮农组织邀请,前往该组织工作一年;1948年6月代校长戚寿南代表我国医药卫生界,出席世界卫生组织成立大会,会后到美国参加心脏病年会;同年10月工学院院长陈章教授到巴黎出席联合国教科文组织广播会议;电机工程系钱凤章教授到墨西哥出席国际电讯会议;等等。中央大学还有许多校友,长期在美国、加拿大、欧洲、东南亚等地的科技界、教育界、企业界担任教授、科学家、工程师和企业家,以他们卓越的业绩,为母校增光,使中央大学在国内外享有盛誉。

三、中央大学的工学院

工学院在中央大学的7个学院中，是规模最大、系科甚多、师资雄厚、设备精良的一个学院。在教学上，理论与实践紧密结合是其特色，所培养的人才，既有宽厚的理论基础，又有解决实际问题的能力。新中国成立以后，为适应社会主义工业化的需要，于1952年院系调整时，以这个工学院为基础，调进其他几个学校的工科，在南京四牌楼中央大学原校址建立起南京工学院，是为百余年东南大学发展史中重要的新篇章。故专对中央大学工学院发展的概略，作一记述。

国立东南大学的工科，1923年在茅以升教授主持下奠定基础，设土木工程、机械工程、电机工程三系。1924年因经费困难暂时停办，师生多转入河海工科大学。1927年成立第四中山大学时，河海工科大学、南京工业专门学校、苏州工业专门学校等并入第四中山大学，翌年更名为中央大学，其时设有土木工程科、机械工程科、电机工程科、建筑工程科、矿冶工程科、化学工程科、染织科。其中矿冶、染织二科，于当年停办。1932年科均改为系。此前曾在复成桥南京工专旧址设立中央大学工学院分院，同中央研究院合办陶瓷试验场于此，不久因缺乏技术人员停办。

中央大学工学院于1935年7月，与航空委员会合作，设立机械特别研究班，开培养高级航空工程技术人才之先河，1936年12月，研究班首届毕业生21人。1938年8月正式成立航空工程系。1937年12月，与经济委员会水利处合作，于工学院创设水利工程系。至此，工学院共设土木工程、机械工程、电机工程、化学工程、建筑工程、水利工程、航空工程等7个系，直至1949年未再变动。

中央大学研究院在工科方面设：机械工程研究所，内分机械工程组、航空工程组；土木研究所，内分结构工程组、水利工程组、道路工程组、卫生工程组；电机研究所，内分电力工程组、电信工程组。

据1948年1月统计，全学院共有学生1 230人，较之10年前中央大学全校的学生人数还略多一些。

工学院在四牌楼校本部，共有房舍4处：

① 新教室（后改名前工院），为二层楼房，倚东面西，1929年落成。院长室、办公室、工学院图书馆、阅览室及藏书库设于二楼，化学工程系办公室及工业分析、工业化学实验室等设于一楼，其余部分均为各系的公用教室。

② 后平房，又称北平房，在大礼堂北面，西邻梅庵，北靠北极阁。土木工程、水利工程、电机工程、航空工程4个系的办公室和大部分实验室均在此，附近毗连的机械工厂、材料实验室等均为战前原址。

③ 南高院西侧平房（后称西平院），机械工程系办公室及绘图教室、公用教室设于此处。

④ 图书馆西侧平房三栋，原为日本人的炊事房，改建后，建筑工程系的办公室、建筑图案室、

美术室、模型室在第三栋；机械工程系的热工、汽车两实验室，航空工程系的风洞实验室及化学工程系的化工机械实验室，分设于第一、二栋。

实验是工科教育的重要环节，工学院历来重视实验室的建设（表4-16）。中央大学工学院实验室的建设也自有一番艰难的历程。如机械工程系的实习工场，始建于20世纪20年代初期的国立东南大学，经逐年充实，有各种机床50余部。全面抗战之初运至重庆的只有9部，其余均运至兵工署万县兵工厂，以充制造军火之用。至复员后，兵工厂归还及赠送一批设备，物资局供应及联勤总部赠送一批设备，始得恢复并略胜于旧观。中大一举迁渝的措施较得力，故各系仪器设备损失较少，如当时电机工程系的电力实验室，大部分电机和全部仪器设备运渝，不仅供本校各系学生实验，而且在抗战期间，交通大学、重庆大学、兵工学校以及中央工专等校，皆商借以供学生做电工实验之用。其他各实验室亦多类似情况。工学院的许多实验室的装备，在当时堪称精良完备，如航空工程系发动机实验室的试验汽油和柴油性质的设备，当时国内仅有两套，曾为空军总部做试验，结果甚为满意；引擎实验室有飞机发动机9部，美制、苏制、日制的都有，线型、V型、星型俱全，在当时亦称完备。电机工程系的电力实验室测定并签署的电机鉴定书为当时社会信赖的有效文件；电信试验室的仪器设备也相当完备。土木工程系的道路工程实验室的设备也比较完备精良，如当时的全套公路压实试验机，对于公路及机场的建筑至为有用，其他如道路材料试验设备等，不仅为本校学生实验之用，而且为南京市工务局做各种测定试验，甚受欢迎。

表4-16　中央大学工学院各系的实验室

系别	实验室
土木工程系	混凝土实验室、材料实验室、测量仪器室、道路工程实验室、结构工程实验室、卫生工程实验室
机械工程系	机械工厂，下设金工场、钳工场、锻工场、铸工场、木工场、热工实验室、汽车实验室
电机工程系	电力实验室、电子实验室、有线电实验室、无线电实验室
建筑工程系	建筑图案室、美术室、模型室
航空工程系	引擎实验室、风洞实验室、结构实验室、仪表实验室、修配工厂
水利工程系	水工实验室、土建实验室
化学工程系	工业分析实验室、化工机械实验室、工业化学实验室

中央大学工学院，历任院长共7人，均为学术精湛、热心教育的名家教授，任职期间，擘画经营，互有建树，这7位院长是：

周仁，字子竞，江苏南京人，机械工程系教授，任期从1927年6月至1929年7月。

陈懋解，字凤之，福建闽侯人，土木工程系教授，任期从1929年8月至1931年1月。

顾毓琇，字一樵，江苏无锡人，电机工程系教授，任期从1931年8月至1932年7月。

卢恩绪，字孝侯，江苏南京人，土木工程系教授，任期从1932年8月至1940年7月。

杨家瑜，字瑾叔，江西新建人，机械工程系教授，任期从1940年8月至1947年6月（1944年出国考察，至1947年2月复任）。

陈章，字俊时，江苏苏州人，电机工程系教授，任期从1944年8月至1945年7月，1947年6月至1949年4月。

刘敦桢，字士能，湖南新宁人，建筑工程系教授，任期从1945年8月至1947年1月。

工学院各系历任系主任的教授有：

土木工程系主任：杨孝述、吴钟伟、沈百先、林启庸、刘树勋、朱有骞、康时振、沙玉清。

机械工程系主任：杨孝述、钱祥标、李世琼、金秉时、张可治、陈大燮、李酉山、笪远纶、彭开煦、胡乾善、钟皎光（钟离任后复由胡乾善接任）。

电机工程系主任：吴玉麟、薛绍清、杨叔艺、许应期、陈章、周玉坤。

化学工程系主任：曾昭抡、丁嗣贤、杜长明、时钧。

水利工程系主任：许心武、原素欣、须恺。

建筑工程系主任：刘福泰、鲍鼎、刘敦桢。

航空工程系主任：罗荣安。

1947年度工学院的教职员人数见表4-17。

表4-17 中央大学工学院教职员统计（1947年）

单位：人

职称		土木工程系	机械工程系	电机工程系	建筑工程系	化学工程系	水利工程系	航空工程系	研究所	办公室	合计
专任	教授	8	9	7	6	4	5	6			45
	副教授	2	2		2		1				7
	讲师	1	3	1		1		1			7
	助教	13	16	9	6	7	6	6	2		65
	小计	24	30	17	14	12	12	13	2		124
兼任	教授	6	1	2		2	2				13
	副教授	1	1				1				3
	讲师			1							1
	小计	7	2	2	1	2	2	1			17
	职员	3	7	3		2	2	3		7	27
	总计	34	39	22	15	16	16	17	2	7	168

师资队伍中，具有高级职称的专兼任教授、副教授68人，初级职称助教65人，而中级职称讲师仅8人。当时主持讲课的，几乎都是教授、副教授，而且大多数是在科学技术上造诣较

深的专家，或是曾经出国深造并获得硕士、博士学位的学者。在工学院历任专任教授的有[①]：

机械工程系：周仁、杨孝述、钱祥标、邓邦逖、李世琼、张闻骏、陈世觉、金秉时、周承佑、张可治、杨家瑜、陈大燮、陆成爻、李祥亨、李酉山、曹继贤、丘颜、曹萃文、王瑞哲、笪远纶、彭开煦、史宣、范从振、胡乾善、钟皎光、石志清、张宝龄、钱钟韩、苏谔、吴学蔺。

土木工程系：张谟实、吴钟伟、林平一、卢恩绪、陆志鸿、孙宝墀、王裕光、陈懋解、沈百先、林启庸、金立基、庄效震、戴居正、许心武、沈祖伟、徐南驺、周尚、王光钊、关富权、刘树勋、董钟林、王兴、方俊、曾威、涂允政、田鸿宾、徐愈、张万久、徐芝纶、朱有骞、罗云平、康时振、丁燮和、方声恒、方左英、金宝桢、徐百川、倪超、方福森、梁治明。

电机工程系：吴玉麟、单基乾、薛绍清、顾毓琇、杨叔艺、许应期、王启贤、陈国康、张钟俊、胡筠、陈宗善、陆鹤寿、周玉坤、陈章、吴大榕、程式、徐璋本、钱凤章、关东伯、茅于越。

建筑工程系：李祖鸿、谭垣、刘福泰、虞炳烈、鲍鼎、李惠伯、黄家骅、杨廷宝、刘敦桢、童寯、李汝骅、徐中、卢树森。

化学工程系：曾昭抡、丁嗣贤、贺闿、张洪沅、张克忠、孟心如、杜长明、宋塽章、陈国符、时钧、谢明山、唐崇礼、李运华、顾敬心。

水利工程系：沈百先、原素欣、张昌龄、刘宅仁、李士豪、严恺、黄文熙、谢家泽、顾兆勋、张书农、须恺。

航空工程系：余仲奎、伍荣林、张述祖、李寿同、李登科、罗荣安、张创、柏实义、黄玉珊、谢安祐、许侠农。

在工学院的实验室、实习工厂中，还有一批勤勤恳恳、埋头苦干几十年的技士、技助等，如土木工程系的刘纲、裴品三、徐正志，水利工程系的吕宗枝，机械工程系的田秀荣、钱正松、张道全，电机工程系的朱薰、许文焕，航空工程系的於全祥、张元兴，化工工程系的宋义全等。值得一提的是，各实习工厂的技术工人，与生产工厂不同，他们不但实际操作的技术水平比较高，而且都有一定的理论知识，在实验、实习教学过程中都发挥了很好作用。此外，如办公室的杨博文、工程图书室的郭子笙，都是数十年如一日，勤恳为教学服务的优秀职工。

工学院的新生入学后，一年级在丁家桥二部上课，二年级以后在校本部。修满一年级课程后，如志趣不合，可以转院转系，但须经双方院系许可，并经教务部门审议通过，以一次为限。

学生修业期限四年，一般修满140学分左右，始得毕业，为学年制与学分制结合运用。每学期选修课目，一般不得超过22学分。所规定的总分和选修学分，各系视情况而略有不同。

---

① 中央大学历任专任教授姓名表（1948年度），刊于《国立中央大学工学院一览》，存东南大学档案馆，并据其他资料增补而成。由于当时实行聘任制，学年间或有变动，难以十分准确。

表4-18　中央大学工学院历年在校生数统计

学年	学生数/人	学年	学生数/人
1927	130	1938	523
1928	184	1939	532
1929	265	1940	887
1930	237	1941	891
1931	318	1942	1 018
1932	273	1943	1 101
1933	265	1944	1 060
1934	270	1945	1 139
1935	275	1946	1 160
1936	344	1947	1 230
1937	367		

1937年抗日战争全面爆发后，中央大学设贷金和公费制度，凡家在沦陷区，接济中断、不能自给的学生，实行膳食补助办法，分全贷金和半贷金两种。自1943年8月起，制定公费生办法。抗战胜利后，1947年起实行部颁奖学金制度：录取的新生中，家境贫寒、其成绩总平均在最前列的40%者，为授予奖学金的对象，但名额不得超过录取新生的20%，经批准后，免交全部学、膳、宿费。以后每年成绩总平均须在70分以上，否则取消其奖学金。中央大学各种奖学金名目甚多。工科学生特有的尚有：资源委员会奖学金，机、电、化3系学生总成绩平均80分以上者始得申请；航空委员会奖学金，每学期4—8名，唯受奖人毕业后，必须往该会服务；航空工程学会荣安奖学金，名额4个，飞机、引擎两组4年级各2名；水利部奖学金，名额限水利工程系5名；水利工程学会百先奖学金，名额1个，授予水利工程系每年成绩最优者。

工学院还有荣誉制度，每系每年级在一学期内平均成绩最高，操行乙等以上，未经任何处分，体格健全者得以为荣誉生；4年总成绩平均80分以上，操行乙等以上，未经处分，体格健全者，得为荣誉毕业生。

荣誉生每学期7个系的4个年级共28名，如1947学年第一学期，建筑工程系四年级学生张致中、三年级学生杭震、二年级学生张明坤、一年级学生潘谷西为荣誉生，其中张致中于新中国成立后，曾任南京工学院建筑工程系教授兼系主任，潘谷西为南京工学院、东南大学建筑系教授，建筑历史博士生导师。

四、坚持护校，迎接解放

1948年末淮海战役以后，中央大学校方即亟谋迁校台闽，校长周鸿经派出人员分赴台湾和福建，洽寻校址，1949年1月初在厦门觅得三层楼两幢，于21日备文向教育部呈请"签核俯准"，并决定采取从速筹应变经费，将图书仪器不急用者装箱运送存储，以及疏散眷属等措施，但遭到了师生员工的抵制和反对。1949年1月10日淮海战役结束，长江以北地区基本解放，校长周鸿经、训导长沙学浚、总务长戈定邦遂于1月27日弃职离校，以上搬迁措施均未能实行。

周鸿经等出走后，教授会决议，成立校务维持委员会，选出欧阳翥、郑集、张更、蔡翘、刘庆云、梁希、吴蕴瑞、胡小石、楼光来、吴传颐、刘敦桢等11人为委员，推定胡小石、梁希、郑集为常务委员。校务维持委员会代行校长职权"维持"校务。其有关成员与中共南京地下党组织保持联系。1月31日，校务维持委员会即向李宗仁呈文备案。2月2日，校务维持委员会常务委员胡小石、梁希、郑集即发布公告，对所有被捕后开释的72名同学，以及被传讯未出庭的50名同学，一律恢复学籍，取消处分；同时对1948年以游行请愿、挟众闹事等名义被勒令退学的同学，一律取消处分；并备文呈李宗仁要求释放已被判刑的朱成学、华彬清、李飞等同学。3月24日，师生代表到监狱探视，欧阳翥、吴传颐教授亲到监狱拜访检查官，要求尽早释放被捕同学。中共南京地下市委，通过有关渠道，对当时任代理最高检察长的杨某晓明形势，阐明政策，做了细致工作。后来杨某亲去广州，当面征得李宗仁同意，下达了释放"政治犯"的文件，被捕同学终于在4月13日获释。

与中大校务维持委员会成立的同时，中大师生为预防南京有围城之战和社会秩序混乱的可能，复于1949年1月22日成立了"中央大学应变委员会"，该组织由教授会、助教联合会、职员应变会、工友应变会、学生应变会等5个群众组织联合组成，目的是广泛发动群众、积极开展护校运动，是在中共南京地下组织领导下的群众性组织。"中央大学应变委员会"由师生员工代表39人组成，常设委员9人，以李旭旦教授为召集人，下设12个组，各组的职责和主任如下：①储备分配组主任钱钟韩，负责购存粮油盐等物资，必要时分配给全校师生员工；②消防组主任方行化，就原有消防机构予以加强，妥善防备；③医药救护组主任孙传兴，由医学院周密计划，组成紧急时期救护队；④联络组主任高植，联合各大专院校和行政院争取储粮、经费，校内联络由学生应变会负责；⑤财务组主任王子鹤，按正常财务手续办事；⑥组织组主任李洪年，由学生应变会负责各项工作；⑦警卫组主任吴蕴瑞，成立警卫委员会，增加警卫力量；⑧舍务组主任金万林，由学生应变会负责各项工作；⑨保管组主任王树声，负责保管物资；⑩事务组主任张名德，负责总务方面的工作；⑪秘书组主任王继兴，办理经常工作；⑫福利组主任包永和，实际工作由学生应变会负责。

校务维持委员会和应变委员会互相支持，配合默契，做了许多有益的工作，深得师生员工的拥护。3月1日，教育部代部长陈雪屏在中央饭店宴请中央大学校务维持委员会全体委员时，极力为周鸿经开脱，并称教育部尚未批准周鸿经辞职，表示对校务维持委员会能否维持校务还有疑问，对校务维持委员会施加压力。3月3日，中大助教联合会、职员应变会、工友应变会、学生应变会立即对此作出反应，联合致函教授会称："周鸿经潜逃离校，置全校师生员工于不顾"，"幸赖诸先生英勇明智的领导，迅速成立校务维持委员会，安定了混乱的秩序，挽救了严重的危机。你们的劳绩已经赢得了无数社会人士的赞扬,你们的精神,更得到全校职工的忠诚的感佩。"3月7日,全体学生、职员和工友向校务维持委员会敬献"万世师表"锦旗一面。4月5日,校务维持委员会向中大教授会提出总辞职称,同人等维持校务已逾两月,心力交瘁,难以继续,决定下星期一(4月11日)起停止工作。4月15日,教授会全体大会改选熊子容、孙本文、陈章、刘世超、胡焕庸、蔡翘、商章荪、刘庆云、高济宇、干铎、范存忠等11位教授为校务维持委员会委员,推定孙本文、熊子容、刘世超三人为常务委员。

4月20日,潘菽、梁希、涂长望三位教授,受党中央的邀请,在地下党的安排下,转道香港赴北平,参加全国政治协商会议。

4月21日,应变委员会召开全校大会,发动师生员工加强护校,迎接解放。

4月23日,百万雄师过长江,人民解放军一举解放了国民党政府统治的首都——南京。在紫金山麓、玄武湖畔的这所历史悠久的高等学府经历千难万折之后,终于迎来了崭新的时期。

第六节　百年树人　郁郁葱葱

中央大学校歌由汪东作词、程懋筠谱曲，其歌词是：

维襟江而枕海兮，金陵宅其中。

陟升皇以临睨兮，此实为天府之雄。

焕哉郁郁兮，文所钟。

宏我黉舍兮，甲于南东。

干戈永戢，弦诵斯崇。

百年树人，郁郁葱葱。

广博易良兮，吴之风。

以此为教兮，四方来同。

歌词中"百年树人"道教育之宗旨，"郁郁葱葱"状人才辈出之景象。中央大学，名师荟萃，俊彦毕至，青蓝相继，英才辈出。其中曾在中央大学任教，于新中国成立后被遴选为中国科学院学部委员的有李四光、童第周、梁希、潘菽、张钰哲、涂长望、王应睐、袁翰青、蔡翘、邓叔群、方俊、严恺、徐芝伦、吴中伦、张文佑、张钟俊、陈荣悌、周同庆、高济宇、庄长恭、张致一、翁文波、汤飞凡、赵九章、曾昭抡、张宗燧、吴学蔺、罗宗洛、刘敦桢、杨廷宝、钱钟韩、时钧等。另中央大学的兼职教授新中国成立后被遴选为学部委员的有侯光炯、黄汲清、钱临照、傅承义。在中央大学的 21 年时间内，在文、理、法、师、农、工、医 7 大学科领域里，共计毕业学生 8 914[①] 人。年度毕业生见表 4-19。

表 4-19　中央大学历年毕业生统计

年	届	毕业人数/人	年	届	毕业人数/人
1928	第 1 届	172	1939	第 12 届	229
1929	第 2 届	301	1940	第 13 届	221
1930	第 3 届	444	1941	第 14 届	430
1931	第 4 届	398	1942	第 15 届	407
1932	第 5 届	344	1943	第 16 届	505
1933	第 6 届	404	1944	第 17 届	604
1934	第 7 届	469	1945	第 18 届	643
1935	第 8 届	454	1946	第 19 届	675
1936	第 9 届	—	1947	第 20 届	800
1937	第 10 届	173	1948	第 21 届	1 060
1938	第 11 届	181	总计		8 914

注：1932 年未招生，故 1936 年无毕业生。

[①] 其中 1928—1931 年的毕业生 1 315 人，系东南大学、第四中山大学时期入学的学生。1945—1948 年入学而在新中国成立后毕业的学生，未统计在内。

一所大学 21 年中培养出 8 000 多名专门人才，这对于我们这个泱泱大国来说，不能算多。但是，最后一届毕业生较第一届毕业生增长六倍多，这种发展速度是十分可观的，更何况这是在十四年内战、八年抗日战争、四年解放战争这种战火连天的环境下培养出来的，这是中华民族勤劳勇敢、发奋图强精神的体现。这些毕业生在他们以后几十年的生涯中为振兴中华民族，在政治、经济、文化等各个领域中作出了不可估量的重要贡献。这里仅就中央大学 21 届毕业生在学界、科技界的情况，作一个概略的介绍以为佐证（其中教授部分，仅列新中国成立后仍在本校工作者）。由于人数众多、分布广泛、年代久远，遗珠之憾，难以全免。

中大毕业生中被遴选为中国科学院学部委员的有：著名物理学家陆学善，1928 年毕业。著名地质矿床学家袁见齐教授，1929 年毕业。著名化学工程学家赵宗燠博士，著名物理学家余瑞璜博士，著名水利学家黄文熙博士，均 1930 年毕业。著名兽医学家盛彤笙博士，1932 年毕业。著名遗传学家徐冠仁博士，著名小麦遗传育种学家蔡旭教授，著名有机化学家高怡生博士，著名地质学徐克勤博士，著名地学家任美锷教授，均 1934 年毕业。著名航天专家、我国火箭导弹总设计师任新民，1938 年毕业。著名热物理学家陈学俊教授，著名医学家王世真教授，著名石油地质学家朱夏总工程师，均 1939 年毕业。著名生物化学家王德宝博士，1940 年毕业。著名古人类学家、解剖学家吴汝康博士，著名地质学家业治铮教授，著名药物学家嵇汝运博士，均 1941 年毕业。著名化学家刘有成教授，著名地理、气象学家陶诗言教授，均 1942 年毕业。著名水利学家钱宁博士，著名化学家高鸿博士，著名植物学家郑国锠博士，著名水利工程学家汪闻韶博士，著名化工、冶金专家陈家镛博士，均 1943 年毕业。著名建筑学家吴良镛教授，著名数学家、计算机科学家冯康教授，均 1944 年毕业。著名有机化学家梁晓天博士，著名石油化工专家闵恩泽博士，著名物理学家冯端教授，均 1946 年毕业。著名物理化学专家张存浩研究员，1947 年毕业（另外，物理学家戴元本、章综，分别是 1947 年、1948 年进入中大，新中国成立后毕业被选为学部委员）。

以上合计学部委员 32 人。值得说明的是，据新华社 1990 年 12 月 2 日讯，新中国成立后，全国两次共评选出学部委员 318 人。这就是说，自 20 世纪初至 1980 年，在全国培养出的人才中，遴选了 318 名学部委员，平均一年出 4 位学部委员。而中央大学在 21 年所培养的学生中，后来就有 32 名成为学部委员，这不能不说是一大贡献（如若自南高、东大至中大合起来算，凡曾在我校任教和毕业的学生均统计在内，共有学部委员 90 余人，约占全国的四分之一；其中毕业学生成为学部委员的有 40 余位，占全国的八分之一强。师生中曾担任中国科学院副院长的有 5 位，他们是竺可桢、吴有训、严济慈、李四光、童第周）。

著名学者专家[①]有：

数学家、华东师范大学副校长李锐夫教授，1930 年毕业（以下简写年）。植物学家吴素

---

① 参见《中国科学家辞典》编委会：《中国科学家辞典》1—5 册，山东科学技术出版社，1980—1987 年。

萱博士，环保学家曲仲湘教授（1930年）。地理学家李海晨教授，电机工程学家程式教授，物理学家与晶体学家吴乾常教授（1932年）。农学、农业生物学家、中国农学会副理事长沈其益博士（1933年）。有机化学家黄耀曾研究员，建筑学家张镈，心理学家朱智贤（1934年）。兽医学家胡祥壁教授，农学家、茶叶专家、中国茶叶学会副理事长庄晓芬（1935年）。植物学、植物生态学家侯学煜，森林生态学家、中国林学会副理事长朱济凡，地理学家、中国地理学会副理事长李春芬博士（1937年）。气象学家徐尔灏教授（1938年）。动物学家伍津教授，电子学家陈涵奎博士（1939年）。环保工程学家、水处理工程学家许宝玖，航空动力学家董绍廉教授，土壤学家朱显谟研究员，化工专家陈鉴远教授，植物生理学家汤玉玮博士，电机工程学家黄纬禄（1940年）。经济地理学家吴传钧博士，电机工程学家、工业自动化专家严筱钧总工程师，土木工程学家施士升博士，眼科专家蔡用舒（1941年）。电子学家孙家炘教授，农机工程专家曾德超教授，物理学家苟清泉，水力学、水工结构专家顾兆勋，化工专家刘联宝教授，当代物理学家杨立铭博士（1942年）。地质学家李毓英（1944年）。空气动力学家罗时钧教授（1945年）。数学家何昶初，化工专家楼南泉教授，农业机械学家、原农机部总工程师杜家瑶（1946年）。生物学家彭加木（1947年）。土木工程学、力学家蔡四维，冶金与化工学家、东北工学院院长陆忠武教授（1949年）。

在国外的著名学者专家有：

吴健雄，世界著名物理学家，美国国家科学院院士，美国物理学会副会长、会长（1934年）。李耀兹，流体力学专家，美国麻省理工学院教授，美国第一届华人协会主席（1937年）。柏实义，流体力学专家，美国马里兰大学教授、航空系系主任（1937年）。冯焕，超声核磁共振、CT成像理论及技术专家，美国伊利诺伊大学哲学博士，GE公司研究员（1938年）。张可南，著名电子科学家，美国布鲁克林理工大学博士，RCA沙若夫研究中心高级研究员（1940年）。沈申甫，国际著名塑模专家，美国康奈尔大学教授，美国国家工程院院士（1941年）。冯元桢，生物力学、生物医学工程专家，加利福尼亚大学圣地亚哥分校教授，美国国家工程院院士、美国国家科学院院士（1941年）。任超北，水利工程学家，美国纽约市立大学教授（1941年）。许靖华，瑞士苏黎世大学教授，美国国家科学院院士、瑞士联邦理工大学地球科学学院院长（1941年）。胡名桂，计算机科学专家，美国锡拉丘兹大学教授（1942年）。唐德刚，史学家、传记文学家，美国纽约市立大学教授（1944年）。鲍微青，心脏学、儿科学家，美国西北大学医学博士，美国小儿科研究院院士，曾获美国"国家科学奖章"（1946年）。沈宗瀛，著名生物化学家，博士，美国弗吉尼亚大学教授（1946年）。陈熙明，原子能发电专家，美国纽约市立大学工学院副院长、博士（1946年）。王庚武，香港大学教授、副校长（1947年）。王国金，美国威斯康星大学博士，康奈尔大学教授，美国国家工程院院士、美国机械工程师学会超级会员、制造工程研究委员会主席（1947年）。李振民，材料科学家，华盛顿大学博士，加利福尼亚大学伯克利分校研究员，罗彻斯特大学教授，1990年10月获国际材料科学界最高荣誉——阿格塔冶金学金质奖章（1947年）。冯绥安，流体力学、航天学专家，美国康奈尔大学博士，得克萨斯州理工学院教授，罗克韦尔公司高级研究员（1949年）。聂华苓，著名女作家（1948年）。陈仕元，计算机科学家，俄亥俄州立大学博士，西雅图大学教授，波音公司太空飞行研究部主任，兰德公司研究员（1948年）。

在台湾的著名学者专家有：

虞兆中，土木工程学家，1929年中大土木系毕业，曾任台湾大学教授，工学院院长、校长，中华工学协会会长，力学会理事长，"中央研究院"评议员等职。许照，电子学家，1929年中大电机系毕业，曾任台湾大学教授、电机系主任，美麻省理工学院教授，"台中大"教务长等职。李国鼎，经济学家，1930年中大物理系毕业，曾任"台原子能委员会"委员、"经济部部长"、"财政部部长"等职，被誉为台经济起飞的设计师。张伯毅，国际著名病理学家，1930年中大医学院毕业，美伊利诺伊大学博士，"中央研究院"院士，曾三度代表美国出席世界癌学会议。赵荣澄，程序控制学家，1946年中大化工系毕业，英国阿斯顿大学化工博士，台湾大学教授。李新民，著名数学家，1939年中大数学系毕业，康奈尔大学哲学博士，曾任"台湾师范大学"及"清华大学"数学系主任、研究所所长、"中大"理学院院长、"中大"校长，"中央研究院"研究员，台数学会理事长，自然科学促进会理事长等职。陈其宽，建筑设计专家，1944年中大建筑系毕业，曾任美哈佛大学建筑系系主任、台东海大学工学院院长等职，曾被评为台杰出建筑师。周广周，机械工程学家，中大机械系毕业，台湾大学教授，台机械工程学会总干事、常务理事、理事长。张锡龄，地质学家，中大地质系毕业，日本东北大学地质学博士，台油矿勘探总公司总地质师，教授，研究员，台地质学会常务理事、理事长。

中央大学21届毕业生中，新中国成立后任南京工学院、东南大学教授的有：

建筑学家陈昌贤教授，土木工程学家沙玉清教授，油脂专家王昶教授（1930年）。土木工程学家徐百川教授，建筑学家张镛森教授（1931年）。数学家马遵廷教授，土木工程学家孙云雁教授（1933年）。体育家、南京体育学院院长徐镳教授，电机工程学家闵华教授（1934年）。土木工程学家丘侃教授（1935年）。电子学家陆钟祚教授（1938年）。电子学家闵咏川教授，机械学家查礼冠教授，农机专家、原江苏工学院副院长高良润教授，机械工程学家潘新陆教授（1939年）。铸造学、材料科学家舒光冀教授，建筑学家刘光华教授，建筑学家龙希玉教授（1940年）。力学家鲍恩湛教授，机械学家黄锡恺教授，热物理学专家孙仁洽教授，建筑学家成竟志教授，化学工程学家张有衡教授（1941年）。化学工程学家刘树楷教授，土木工程学家姚琏教授（1942年）。无线电学家、原南京工学院院长管致中教授，农业机械学家钱定华教授，自动控制学家李士雄教授，数学家高金衡教授（1944年）。无线电学家李嗣范教授，机械学家林世裕教授（1945年）。化工机械专家戴树龢教授，铸造学家容延龄教授，机械学家杨可桢教授（1946年）。热力学家陈景尧教授，动力工程学家章臣樾教授，动力工程学家、原南京工学院副院长王荣年教授（1947年）。电气工程学家周鹗教授，铸造学家苏华钦教授，土木工程学家、南京建筑工程学院院长林醒山教授，物理学家简耀光教授（1948年）。动力工程学家曹祖庆教授（1948年中大机械系研究生毕业）。

以上所举，仅及中央大学毕业生总数的百分之一。8 000多名中大毕业生，在他们毕业以后几十年的生涯中，在全国许多省（自治区）、市、县，在文、理、法、师、农、工、医各界，为振兴中华民族的事业而奋斗，作出了各自的贡献。这些教师、医师、学者、专家、科学家、工程师，生活于全国人民之中，以他们辛勤的劳动，受到了人民的尊敬和怀念，他们的功勋充分地证明了"百年大计，教育为本"论断之英明。

第七节　中大师生的爱国民主革命运动

中央大学成立后的21年，正是中华民族处于生死存亡的历史关头。继承和发扬了南高、东大爱国主义传统的中央大学师生，在中国共产党的领导下，开展抗日爱国民主运动，不怕困难，不怕牺牲，英勇斗争，为战胜日本帝国主义，为中国人民解放事业作出了可歌可泣的英雄业绩。中央大学师生在抗战全面爆发前、全面抗战中和抗战胜利后各个时期的革命活动。概述如下：

一、抗战全面爆发前的抗日救亡运动

在抗日战争全面爆发前十年的几个重大事变中，中央大学师生始终站在斗争的前列，无愧是中华民族的好儿女。

1. 济南惨案

1928年5月3日发生了济南惨案。日寇悍然进攻济南，我国兵民死伤数以千计，交涉公署特派员蔡公时等10余人，被残酷虐杀。中央大学师生得此凶耗，义愤填膺。中共中央大学党支部立即召开会议，讨论发动群众参加全市人民的抗议活动。5月6日上午8时全体学生在体育馆召开"反日出兵大会"，组织了"清理日货委员会"，并决定罢课抗议。会后千余名学生上街游行，到国民政府门前示威。市内金陵大学、安徽公学、五卅公学、东方中学、钟英中学等学生齐来参加行动。他们一路呼喊"对日经济绝交""恢复民众运动"等口号，沿途散发传单，张贴标语。与此同时，全校教职员工也在上午9时召开大会，成立"教职员反日救国运动会"。5月7日下午，中大师生再次上街游行，组织17个小组，每组10人，向全市市民宣传抗日救国，抵制日货的思想。5月8日上午在校内举行报告会，柳诒徵教授讲"甲午战争后之中日关系"，胡铁岩讲"日本对中国经济侵略之政策"。8日下午又分途游行宣传，要求对日宣战和恢复民众运动。当晚，在成贤街宿舍，中大学生、中共南京市委委员王崇典、王澄、中共中大党支部书记齐国庆及余晨华、李昌汾、贺瑞麟等共产党员被捕。9月27日王崇典、齐国庆、余晨华、李昌汾等同志在南京雨花台英勇就义。

2. 九一八事变

1931年9月18日，日本帝国主义驻沈阳军队突然攻占北大营，19日占领沈阳，3个月间日寇就侵占了我国东三省，千里河山，一旦沦丧。而南京国民政府却在"攘外必先安内"的旗号下，对日本帝国主义采取了不抵抗政策。北大营的炮声震惊了全国人民，抗日救亡运动怒潮般高涨起来。22日南京各大学校纷纷罢课，上街宣传抗日。24日南京各界抗日救国会成立，成立大会由中央大学经济系教授叶元龙担任主席。会议发布通电，谴责日本侵华暴行，吁请世界各国主持公道，维护世界和平。9月28日中央大学学生1 000余人同上海赴京请愿的2 000多名学生，冒雨齐赴国民党中央党部和外交部请愿，要求政府出兵抗日。在质问外交部部长王正廷时，王态度傲慢，中大学生怒殴王正廷（见本章第二节）。9月底，南京各校联合成立"首都各校抗日救国会"，中央大学学生汪楚宝（又名汪季琦，中共党员）被推为负责人。此后在10月初、10月20日、11月中旬，中央大学和各校学生，连连举行大会和上街游行宣传。11月26日，中大和南京19校及上海、杭州、苏州、北平等校学生2万余人，在南京公共体育场召开"送蒋北上"大会。会后，万余学生汇集到国民政府门前，坚决要求蒋介石签署出兵日期。学生冒雨坚持等候一夜，次日中午，蒋介石被迫接见学生，表示"决心出兵收复失地"[①]。

12月初，北平大学生"南下示威团"到南京，5日上午在中央大学体育馆集合出发游行示威，呼喊"反对政府出卖东三省！""打倒卖国政府！""被压迫群众联合起来！"等口号，沿途散发传单。途经成贤街浮桥，突被军警拦阻，被捕185人（其中女生32人），被打伤30余人，其余同学折回中央大学。中大学生闻讯立即鸣钟集合，召开大会，汪楚宝在会上大声疾呼"北平同学因示威而被捕，我们应该继续示威！"大家轰然响应，整队出发。中大学生游行到了卫戍司令部，涌进大门。宪兵严阵以待，中大学生在司令部院内，面对机关枪口，席地而坐，群情激昂，高呼立即"释放北平示威同学"等口号，并派代表进行交涉。司令部秘书长答复，被捕同学不在司令部，关押在孝陵卫，已请示上峰，明天上午一定释放。次日果全部放回。

3. 珍珠桥惨案

1931年12月17日，中央大学与南京、北平、上海、济南、天津、武汉、安庆、无锡、苏州、太仓等地学生1万多名，于上午9时上街游行，前往国民党中央党部、国民政府进行总示威。因数日前《中央日报》曾多次诋毁学生的抗日爱国运动，当中央大学和北平、上海学生途经珍珠桥旁的《中央日报》馆时，捣毁了该报编辑部和排字房，当即遭到了军警的血腥镇压。学生重伤30余，当场死亡1人，60余人被捕，造成了骇人听闻的珍珠桥惨案。当晚军警又到中央大学捕人。到女生宿舍逮捕女生王枫、胡济邦未获，因王枫先已闻风，避居中央大学工学院教授顾毓琇家，胡亦不在宿舍。翌日凌晨，大批军队架起机枪，包围中央大学，兵士荷枪实弹冲进校内，分批将外地学生押到下关车站，用专车解送回籍。19日国民政府通令全国，禁止游行示威，学生抗日救国运动暂时被镇压下去。

4. 淞沪战争

1932年1月28日发生了淞沪战争。日本帝国主义侵略军向上海闸北我军驻地发动进攻。第十九路军受全国人民抗日怒潮的鼓舞，不顾反动派的不抵抗政策，奋起抗击，毙伤日军万余人。

[①] 中共江苏省委党史工作委员会、江苏省档案馆：《江苏革命斗争纪略：1919—1937》，第590页，档案出版社，1987年。

在中国共产党领导下,各界人民组织抗日救国会,日商工厂的工人举行总罢工,支援前线。1月30日,中央大学学生500余人,由汪楚宝指挥向国民政府提出质问,并反对政府接受日本帝国主义的无理要求,反对下令解散救国会,反对政府禁止民众组织义勇队和宣传队。1月31日中央大学教授会再次忠告国民政府,必须对日强硬到底,速调海空军力助陆军作战,勿再压制民众抗日救亡运动。2月8日中央大学学生后援队乘车到苏州,同第十九路军取接洽后抵沪。2月10日中央大学教授徐哲东等10余人,在武进组织江南民众抗日自救团,并发起筹募捐献活动支援军队抗日。2月15日又一批学生56人,开赴上海战地工作。4月下旬中共中央大学党支部杨晋豪和学生会负责人汪楚宝被捕,坚持抗日救国的中共中大党支部再度遭到破坏。5月5日国民政府与日本帝国主义签订了屈辱的《上海停战协定》,再一次暴露了国民政府对日寇屈膝求安、对人民血腥镇压的凶恶面目。

5. 一二·九运动

1935年日本帝国主义又制造华北事件,国民政府媚日求和,准备于12月16日成立冀察政务委员会,将河北、察哈尔两省置于中国的行政区域之外,以适应日本帝国主义提出的"华北特殊化"的要求。1935年12月9日,在中国共产党领导下,北平学生6 000余人,冲破军警封锁,举行声势浩大的抗日救国示威游行,提出了"反对防共自治运动""公开宣布(中日)交涉经过""不得任意捕人""停止一切内战和实行言论、集会、结社、出版自由"等要求,但遭到拒绝。游行示威中,学生同前来镇压的军警发生冲突,展开搏斗,30余学生被捕,100多人受伤。当天,中央大学和南京各大学教职员184人,发表对华北问题的宣言,要求维护中国领土和主权的完整。12月中央大学学生救国会、各中等学校自治协会发表《告全国民众书》,响应和声援北平学生抗日救国运动,反对"华北自治"。17日南京大中学校代表在中央大学集会决定次日罢课游行。国民党中央秘书长深夜到中大,威迫学生代表取消游行,未能得逞,次日全市5 000余学生举行抗日示威游行。22日中央大学全体学生,为北平学生抗日爱国运动举行记者招待会,报告北平学生运动真相,呼吁舆论界援助。翌日,中央大学全体学生致电慰问北平学生并发表宣言,吁请一致声援,25日中央大学全体学生开会决定于26日联合全市中等以上学校游行示威,当天蒋介石发布"首都临时戒严令"禁止学生上街,违者"格杀勿论"。26日,南京各校不顾禁令,集队前往中央大学准备游行。中大学生纠察队冲破校方阻挠,鸣钟集合,准备冲出校门,但因学校被国民党宪兵团团包围,无法出校。在中大校外的各校学生仍坚持进行了示威游行。

中共中央大学党支部,在上述时期内连遭破坏。到1934年8月,中共南京市委书记顾衡(东南大学学生,见第三章)被捕牺牲后,在党团组织还没有恢复以前,除留下来的党团员和进步群众组织如世界语协会、新文学研究会、农村经济研究会等外,又逐步建立了中日问题研究会、科学生活社、自然科学研究会、二五剧社等进步社团;又大力发展分散、小型、隐蔽的读书会,团结了许多进步的骨干力量。1936年8月1日,南京各校进步学生30余人开会,正式成立"南京秘密学联"（即南京学生救国会），中央大学学生后文瀚、冯秀藻、薛葆鼎和季钟林等为执委会委员，当时共有100余人参加秘密学联。1937年初发展到二百多人。秘密学联是一个由先进分子参加秘密进行革命工作的抗日救亡组织，在南京的学生救亡运动中，起了领导和骨干作用[①]。

二、全面抗战中的抗日爱国运动

1937年10月，中央大学内迁重庆。中大秘密学联组织"入川同学服务团"，为入川同学提供便利和服务，公告到船日期，帮助同学安排住宿，搬运行李（学校临时宿舍尚未建成，先分散居住），并介绍重庆情况，宣传抗日形势，教唱救亡歌曲，进而组织宣传队、话剧队、歌唱队，团结同学，宣传群众，十分活跃，深受同学欢迎。在迁校后的学生自治会中，秘密学联的一些骨干，被推选为领导成员，并相继被吸收参加了中国共产党。迁校后，中共中央大学党支部书记为孙运仁。中共重庆地下市委，鉴于秘密学联和党支部成为双重秘密组织，为了便于党直接领导群众运动，乃决定解散秘密学联，由党支部通过学生会开展工作。孙运仁毕业离校后，继任者是畜牧兽医系新生熊德邵，旋因升级到成都续学，由黄大明继任。由于一部分同志在抗日救亡运动中出头露面，已经暴露，而一部分新发展的党员易于掩护隐蔽，遂又调整组织，前者编为老支部，后者编为新支部，成立中共中央大学总支委员会，总支书记刘兆丰兼新支部书记，老支部书记雍文远和柏溪分校支部书记廖炎樵为总支委员。

中大国民党区党部和1939年1月成立的三民主义青年团（以下简称"三青团"）中大分部是公开活动的，得到大学当局多方面的支持。

周恩来到校演讲抗战形势，是当时引起轰动的一件大事。

武汉沦陷后，1938年10月，中大学生自治会邀请刚到重庆不久的周恩来到中大来演讲，由法学院院长马洗繁教授主持，农学院梁希教授出面邀集德高望重的老教授们，坐在主席台周围。参加听讲的还有沙磁区各学校、工厂和街道的群众3 000余人。星期日上午8时，中央大学的大食堂内外、窗台、门口、檐下、坡上到处挤满了听讲的群众。周恩来演讲的题目是"第二期抗战形势"。他指出：第一期是敌进我退；第二期是相持阶段，准备反攻；第三期是我进敌退，反攻阶段。周恩来气势磅礴地阐述了毛泽东的持久战思想；指出抗日民族统一战线的伟大意义；批判了"亡国论""速胜论"以及破坏团结抗战的倒退逆流；又令人信服地分析了日寇必败的各种因素，极大地增强了群众抗日必胜的信心和奋起救亡的热情。热烈的掌声多次打断讲话。演讲完毕，会场内外响起了长时间的掌声。听众们纷纷交谈说："还是共产党有办法"，

---

① 李庚：《抗战前南京秘密学联的情况》，刊于东南大学档案馆编印的《革命史料汇编》第3辑，1988年。

"中国有出路,有希望了!"在这次演讲会后,还发展了一批共产党员,有的是上午听了周恩来报告,下午就提出了入党要求;"秘密学联"的积极分子蒋宁、方弛、雍文远、徐传硅、李春辉、杨静、吴宝静等近10人,原本比较成熟,都在这时期参加了中国共产党。

稍后,中央大学当局,为了同进步力量唱对台戏,与重庆大学联合请刚从意大利回国的考试院院长戴季陶来校演讲,对学生进行露骨的、法西斯式的反动叫嚣。演讲进行十分钟后,听众一哄而散,连国民党党员、三青团分子一时弄不清楚也跟着跑了,会场所剩寥寥无几,狼狈不堪。

后来,中大学生自治会又请坚决抗日的冯玉祥将军讲演抗战形势,对国民党消极抗战作出指责。又曾请经济学家马寅初教授讲演,马寅初公开揭露了当时的统治者在国难当头的荒淫生活。国民党、三青团则相继请了陈立夫、张道藩等来校演讲。报告会就这样一来一去、针锋相对地进行着。

1939年第一次反共高潮前后,白色恐怖笼罩着重庆,中央大学的许多班级中,都安插有特务学生,在师生中虽然没有什么市场,背地里竭尽盯梢、跟踪、密报之能事。国民政府社会部、国民党中执委秘书处、卫戍司令部、宪兵司令部等均插足其间。如1939年1月20日教育部部长陈立夫密令中央大学称:据国民党中执委秘书处密报,土木系廿六年(1937年)毕业生陈穆、后文瀚均系皖籍,在校为学生救国会内共党主要活动分子,近由皖北致电该校共党分子、教育系四年级学生蔡若水,嘱其大量吸收同学中之共党及左倾分子,派赴皖北工作,蔡已与该校陈维诚(川人,中文系四年级)共商进行云云,要中央大学详查具报。1935年5月25日,国民党中执委秘书长朱家骅密令罗家伦称,"奉谕闻中大学生自治会为共党把持,该予查明设法改组"云云。时任中执委秘书长的朱家骅所"奉"的,当是蒋介石根据密报而作出的"谕"。同年7月28日,陈立夫又致电罗家伦称,"顷接中央社会部密送关于中央大学左倾团体之调查报告一份",要"严密防范,毋使蔓延"云云。附件中列举的左倾团体活动有:中大文学会举行的高尔基纪念活动;中大中苏问题研究会举行苏联生活相片展览、苏联如何解决民族问题的政治讨论;中苏友协理事长张西蔓来中大召集陈元晖、陶大镛等20余人谈话指示工作等。1941年9月1日,教育部致函中大称,"据重庆卫戍司令部密报,邓颖超和曹孟君(儿童保育院第一分院院长),推动吸收中大、重大、南开、复旦等大学学生赴陕北入学,目前被吸引者已有五百余名等情",要中大严密查明,妥为防范。1944年4月14日,侍卫长俞济时呈委员长蒋的报告称:顷据宪兵司令部密报,中央大学奸伪分子黎连汉、符家钦、张诺志、余泽畔、陈俊逸、陈季子、李福祥、胡三奇、张士焜、闵咏川、温联华等11人,于3月11日午后10时在中渡口静心茶社举行秘密会议,由符家钦主持云云。可见特务系统对中大进步学生活动的内容、人员、时间、地点等均追踪探查,防范甚严。

中共中央大学地下组织,贯彻党的"隐蔽精干、积蓄力量"的方针,将党的力量转到搞好小型读书会、研究会等为主的活动形式,继续推动抗日救亡运动,如组织了地理研究会、文学研究会、妇女问题研究会、政治经济研究会，以及中日问题研究会、中苏问题研究会等。中苏问题研究会举办的"苏联生活照片展览会"，曾引起轰动，展览会设在大食堂旁边，门口插中苏两国国旗。开幕时，沙磁区各大中学校和工厂、农场都来参观，扩大了革命影响。

柏溪分校的中共党支部，要求每个党员都要认真学好功课，取得好的成绩，以获得老师的好感和同学的拥戴。还要求党员为群众做好事，如为新生引路、搬行李，办消费合作社，做好对同学的文具、日用品的供应等。党员陈俊逸则去参加领导学生伙食团，办好食堂。平整大操场时，党员张学礼、林彬森等带头去拉石碾，唱着《大路歌》和其他救亡歌曲，吸引了上百同学一起参加劳动。由于做了许多实实在在的工作，党员在群众中逐渐树立了威信，到1939年末，柏溪中共支部12名党员的周围，团结了一批进步青年。党支部所领导的"柏溪剧社""歌咏队"等，不仅在校内演出，而且还趁赶场天，到柏溪临近的礼家场、童家溪、蔡家场、瓦店子、松树桥、井口、悦来场等场镇，向群众演出《放下你的鞭子》《东北小景》《张家店》等独幕剧、活报剧，歌唱《流亡三部曲》《大路歌》《游击队之歌》等抗日救亡歌曲。各种节目之间，还插上抗日救亡宣传演讲，围观群众很多，影响很大。

党员胡永萱任会长的女同学会，把分校百多位女同学组织起来，开展活动。举办为抗日将士募寒衣的义卖大会，女同学会号召同学每人捐赠一物，如手绢、钢笔、梳子、书签、小包、枕巾、毛巾、毛衣等，参加义卖。义卖会场设在柏溪大饭厅，主席台上摆满了女同学捐赠的物品，分校全体同学都踊跃参加。会长胡永萱先发表了团结抗日人人有责的激愤而又热情的动人演说。义卖物品拍卖时，出现了加价争购的高潮，拉拉队一个劲地喊着"加加加！"往往一元钱的物品，最后加到十几元甚至几十元才售出。气氛热烈，持续到深夜为止。义卖所得全部捐赠抗日前线。

柏溪壁报社的《柏溪壁报》，由白深富、涂家琛负责；史地系的壁报《动向》，由陈俊逸、文宗贵等编辑，都办得很好。逢重大事件或节假日，便出大幅专刊，如讨伐汪精卫叛国出走的专刊，坚持团结抗战、反对妥协投降的专刊，等等，都深受同学的赞许，效果良好。

中央大学训导处为了加强对学生的控制，于1938年6月17日制定了《中央大学导师制试行办法》。在此之前，1937年12月就已颁布过一个《中央大学军事管理规程》，并设立了以陆军中将欧阳新为主任教官的军事管理处（简称"军管处"）。军管处主持军训工作，军管规程对学生的服装、礼仪以至教室、宿舍、操场、野外活动、值星等都有详细具体的规定，甚至连宿舍的床位、食堂的座次，都由军管处编定。遗失招领和各种告白，也要先经军管处登记盖戳，方能张贴于指定地点。《中央大学导师制试行办法》则规定，将学生编为20人一组，每组设导师一人，聘专任教师担任。一年级分组不分院系，二、三、四年级按院系分组，主任导师负责全校训导工作，各学院院长为副主任导师，各系设首席导师一人，学生的任何组织、集会及刊物壁报等，均须由负责人到训导处登记，经核准后始得成立或举办。各组的导师每个月要将本组学生的学行情况，填表报告，由学院汇总呈报学校。这些措施反映了当局对大学生抗日爱国运动的惊恐心态。但这些办法和规程，在学生及教师的抵制、反对、抗议之下，同当时的许多其他制度一样，往往是徒具空文。出壁报要登记吗？学生不理它，照出壁报，而且越出越多。最后连军管处教官在总结军训工作时也写道："在政府试行军训革新教育的策进下，中大首先奉行，故于廿八年（1939年）实施《学校军训新方案》，在沙坪坝划一实验区，重大也在实验之列，颇含示范的意义，结果以客观条件之不善，终未达到预期的目的。"[①] 实验区军训遂于1940年奉令停止。继又实施《专科以上学校修正草案》，同样遭到学生的反对和抵制，当时在中大，军训教官被人轻视，常遭讽刺，致有一名教官也在报上写文章说："军训教官不是人当的。"[②]

1940年皖南事变前后，国民党反共气焰甚嚣尘上，中央大学的中共党组织被迫暂行撤退。中共南方局根据隐蔽精干、积蓄力量的精神，决定在中央大学建立"据点"组织（沿用敌后据点的名称），它是在党领导下的进步青年的地下组织，采取勤学、勤业、勤交友的工作方式，成为进步学生的核心。"据点"建立初期，由刘明章负责，刘毕业后吴佩伦继任。"据点"着重开展群众工作，首先是加强社团活动，如成立沙坪坝学生公社，设立图书室、文娱室等，受到同学们的欢迎；其次派人参加三青团控制的中大校内刊物《太公报》和《中大新闻》，并逐步掌握了这两个刊物，根据"中间姿态，进步内容"的办报方针，向广大学生揭露反动派的黑暗内幕，谴责反动派反共和掀起内战的阴谋，教育和团结了大批青年学生。到1944年下半年，"据点"成员已达百人左右，成为这一时期学运的骨干力量。学校中与中共南方局联系的党员是胡润如、李慕唐。

三、抗战胜利后的民主革命运动

抗战胜利后，从一·二五运动、五·二〇运动到迎接解放，中大的民主革命搞得有声有势，被南京人民誉为"民主堡垒"。在斗争中，中共中大党组织发挥了先锋核心作用，经受了严峻的考验，壮大了自己。

学校由渝返宁后，1946年6月，于潘菽教授家，在中共南京市委大专分党委书记卫永清主持下，成立中共中大支部，罗柄权任书记，有党员约10人。原沦陷区中大支部（又称"临大"支部），也有党员10人。而在此之前，1945年8月，经中共中央南方局批准，正式成立"新民主主义青年社"，简称"新青社"。原中大的"据点"成员百余人，大多数转为新青社社员。时中共中央大学地下党的各项活动，多通过新青社进行。1947年10月，建立党总支，颜次青任总支书记，委员有李慕唐、胡润如、赵宏才等。1948年初，各学院分支部陆续成立。1948年夏、

---

① 《中大军训概述》，刊于《南京大学校史资料选辑》，第374页，1982年。
② 《中大军训概述》，刊于《南京大学校史资料选辑》，第374页，1982年。

冬，敌人组织了两次大逮捕，仅8月19日一天，中大就有93人被特刑庭传讯。党组织一方面组织营救，一方面组织撤退。1948年9月中大总支和"临大"支部合并，李慕唐任总支书记，此时校内党员仅剩23名。后来在组织应变中，发展了一批党员；四一惨案，激发了一批同学要求入党，在迎接解放的斗争中，又有一批师生加入了党的行列；至南京解放时，中大已有共产党员234人。新青社成立后发展社员400余人，其中约200人被吸收入党。1947年，中共南京地下市委鉴于中大爱国民主运动出现了新高潮，但教师中几乎没有共产党员的情况，为适应斗争形势发展的需要，于1947年夏成立"中大校友联谊会"，简称"校联"，作为地下党的秘密外围组织，吸收在大专学校及科研机构中的校友参加。该组织在团结青年教师和科学工作者，支持学生运动、反对迁校、组织应变以及迎接解放等斗争中，做了大量工作。1948年10月，中大教师党支部成立，由黎洪模、宋览海、林醒山三人为委员，黎洪模任书记。黎洪模自"校联"成立开始，即担任"校联"核心小组成员。从此，"校联"的工作直接由中大教师支部领导。至1949年4月南京解放时止，共发展会员60余人，其中约有半数先后被吸收参加地下党。

自1945年8月至1949年4月，中央大学师生的革命活动纪略如下：

1. 毛泽东到中大

1945年8月28日，毛泽东、周恩来、王若飞抵重庆，同国民党进行和平谈判，于10月10日签署了《政府与中共代表会谈纪要》，又称《双十协定》。在渝期间，毛泽东在周恩来陪同下，于9月6日到沙坪坝中央大学教授宿舍，探望师范学院教育系熊子容教授，他们是湖南第一师范学校的老同学。毛泽东由于在抗日战争中的丰功伟绩，在青年学生中享有崇高的威望。毛泽东到中央大学来，被学生发现后，学生们立即互相传呼："毛泽东来了，毛泽东来了。"大批学生纷纷跑到教授宿舍，等待一睹毛泽东、周恩来的风采。当毛泽东从熊子容家告别出来时，同学们在门口向他微笑鼓掌。毛泽东也摘下帽子向大家频频致意。当时处于秘密状态的中共地下党党员和新青社社员，也遥遥地以爱戴敬仰的深情目送毛泽东、周恩来乘车远去。

2. 声援昆明一二·一运动

1945年11月，国民党政府在美帝国主义的支持下，悍然撕毁《双十协定》，进攻解放区。11月25日，昆明大中学校学生6000余人在西南联合大学举行反内战时事晚会，国民党政府派军队包围会场，开枪恫吓，翌日各校联合罢课抗议。12月1日，军警特务至各校殴打学生，投掷手榴弹，杀死南菁中学、西南联大、昆华工校师生4人，制造了一二·一惨案。全国各校纷起声援，中央大学已为新青社掌握的《中大新闻》，当即刊出一二·一惨案真相，震惊了全校学生。中共党员和新青社社员，联系同学，发动群众，进行募捐，表示支持和声援，并发了慰问电。

3. 一·二五运动

1946年1月10日至31日，中国政治协商会议（旧政协）在重庆举行。当时中央大学的学生自治会为三青团分子所控制。中共中大支部和新青社发起改选系科代表，改选后进步力量占优势的系科代表大会，决定成立"游行委员会"。1946年1月25日，中央大学联合重庆沙磁区各校师生，举行万人大游行，到国民政府和政协会议请愿，呼吁停止内战，实行民主。中央大学校长吴有训，各大学教授马寅初、楼光来、张永贵、李旭旦等也参加了游行行列。游行队伍高呼"政协会议只许成功，不许失败""反对内战，实行民主"等口号。在国民政府（政协会场）的门前石柱上贴满了标语、传单。政协各党派代表周恩来、孙科、邵力子、罗隆基、张君劢、莫德惠等都出来会见游行群众，并讲话表态。中国共产党代表周恩来的讲话特别受到欢迎，他说："同学们来到政协会议提出要求，这不仅是你们的要求，而且是全国人民的要求。中国共产党完全同意沙磁区各校同学对政治协商会提出的要求，并愿为之而奋斗。为了制止内战，我们大家要团结起来。"讲话后中央大学壁报联合会记者、经济系学生万骠拿出采访本，请周恩来为中大同学题词。周恩来用钢笔写下了对青年寄予无限希望的话："一代胜似一代，青年是未来的主人。"

这是抗战以来在重庆爆发的一次规模空前的群众性民主运动，有力地配合了昆明的学生运动。

在一·二五运动以后，广大同学迫切感到需要有一个反映自己意志的学生自治会。在1月28日的系科代表大会上决定实行普选，采用公开竞选的方式，产生学生自治会的领导人选，新青社同中大民盟组织联系后，决定由郭亨衢（工学院学生）、武联珠（师范学院学生，女同学会主席）和郭重学（法学院学生）参加竞选。选举结果是，进步力量取得了成功。三青团自此以后再也没能控制学生自治会。这一选举制度一直持续到新中国成立前夕。中央大学的学生自治会和系科代表大会的领导权一直掌握在进步学生手中，为一系列的革命斗争创造了有利条件。

4. 抗议美军强奸北大女生事件

1946年5月到10月，中央大学迁回南京。就在中大复员开学后的1946年12月24日，发生了美军强奸北大女生事件。消息传来，中大学生气炸肺腑，纷纷贴出大字报、标语、壁报，抗议美军暴行。这时中共中大地下党和新青社的负责人赵宏才、李慕唐等通过新青社社员发动群众，召开系科代表大会，决定于1月3日举行抗议示威游行。当天中央大学联合了金陵大学、剧专、音院、东方语专等校同学共3 000余人，举行抗议美军暴行的示威游行，沿途向市民宣传，呼喊"严惩凶犯！""美国佬滚出去！"等口号，并到美国驻华大使馆向司徒雷登大使宣读抗议书。中大学生自治会当晚举行记者招待会，抗议美军暴行，要求美军撤出中国。这次抗暴斗争，促成了南京大专院校的大联合，为以后的各次联合行动打下了基础。

5. 五·二〇运动[①]

抗日战争胜利后，国民党反动派肆意向解放区发动进攻，内战愈演愈烈，军费浩繁，财

---

① 此一部分内容，主要参考《中国现代革命史资料丛刊》中的《五·二〇运动资料》第1、2辑，人民出版社，1983年。

政拮据，经济崩溃，物价飞涨，民怨沸腾。自 1937 年 7 月到 1947 年 7 月十年间，物价上涨 6 万倍，到 1947 年底达十四五万倍，抗战前百元法币能买一头牛，到 1947 年只能买三分之一盒火柴[①]。

1947 年 5 月 6 日，即在五・二〇运动的半个月前，中央大学教授会召开会议，到会教授、副教授、讲师 100 余人。教授会主席郑集在会上报告了为提高教育经费、改善教师待遇，向行政院、教育部交涉的经过，官方均以经费困难为由，未予解决等情形。下午 5 时许，吴有训校长也到会表示，关于经费和同仁待遇，他自应向政府力争。教授会一致通过了《中央大学教授会要求提高教育经费改善教员待遇宣言》（简称《宣言》），该宣言提出了 6 项要求：

（1）请政府决定并施行，全国教育经费最低不少于国家总预算的 15%。

（2）各党派及青年团训练费用，不得由国家教育文化项内开支。

（3）请政府指拨充足外汇，交各学校订购图书、仪器及科学设备，并简化上项各物向国外订购之各种手续。

（4）教员薪津应明文规定，依照物价指数支付。

（5）教授最高薪额，应由 600 元提高至 800 元（系指"底薪"，代表计薪的基数，实发数较此为多）。

（6）如不能达到目的，吾人为国家前途及实际生活计，当采取适当步骤，以求上列议案之有效贯彻。

中大教授会的《宣言》，在社会上引起了很大的反响。5 月 17 日浙江大学学生会的罢课宣言中，也提出了教育经费不少于总预算 15% 的要求。同日，南京市专科以上学校联合会在中央大学学生自治会开会时，除决定 5 月 20 日游行外，并决定提出增加教育经费的要求，全部采用了中大教授会《宣言》中除第六项之外的五项要求。

那时中大学生也生活在半饥半饱的困顿之中，公费学生每月伙食费 2.4 万元，而米价则已突破每石 30 万元大关。中共南京地下党市委书记陈修良在所撰《五・二〇运动和开辟第二条战线》[②]一文中说："中共中央于 1947 年指示华东局，进一步发动学生运动。""中共南京市委召集会议，决定首先由中央大学发动，因为中大是全国有名的大学，学生多，进步力量强，历次运动，其他学校总是以中大为马首是瞻。"他明确指出，发动学生运动，必须和学生的、群众的切身利害结合起来。中共中大地下党组织同新青社根据市委的指示，决定开展反饥饿的运动。经过广泛的宣传和深入的发动，一时间，文昌桥学生宿舍，贴满了呼吁要生存、反饥饿的标语文告。5 月 12 月，中大学生罢课，要求教育部每月给学生增加副食费 10 万元，以后

---

① 于素云、张俊华、周品威编著：《中国近代经济史》，第三篇第十章，辽宁人民出版社，1983 年。
② 陈修良：《五・二〇运动和开辟第二条战线》，刊于中共南京市委党史资料征集编研委员会办公室、南京市档案局编：《南京党史资料》第七辑，第 4—10 页，南京工学院出版社，1984 年 2 月。

每月按米价调整,并准备将本学期的膳费,按2月份伙食标准,吃光为止,膳费吃光,问题还不获解决,就举行反饥饿大游行。5月13日派代表交涉未果,当晚举行系科代表大会,以103票对13票通过继续罢课的决定。5月15日,中大、音院、剧专等校学生4000余人举行了反饥饿大游行,三校主席团9人领导先行,9时30分队伍进入教育部大院,红色警备车呼啸而至,武装宪警团团围住。10时10分,教育部部长朱家骅对学生训话道:"你们这种行为是违法的。"训毕匆匆上楼,拒不出面。11时20分学生遂又整队赴行政院,王云五副院长接见。王允借下月份半个月的副食费。学生要求不作借支,并要王签字保证,王不允,僵持至下午5时。学生整日粒米未进,在行政院内展开宣传,雕梁画栋的行政院大楼,四壁遍布标语、漫画,"行政院"三字金匾上贴着"民瘦炮肥"四字,朱红漆柱用粉笔写上"朱门酒肉臭,路有冻死骨"的对联。数千学生高唱《苦命学生》《为什么?》《你这个坏东西》等歌曲。这一天金陵大学未能参加,次日(16日)金大学生700余人,也举行了饥饿大游行。

5月16日,中大召开第七次系科代表大会,决议:17日起继续罢课;正式成立南京市专科以上学校联合会,并力促成立全国学生联合会;要求增加教育经费和公费。

5月14日,浙江大学学生听闻中央大学的"吃光运动",当即举行签名活动,响应中大。16日派出晋京代表团一行6人,由沪转京,出发时,千余学生前往车站送行,火车待发时,大家齐唱《你这个坏东西》等歌曲,高呼口号,情绪至为热烈。5月19日,上海8校派代表29人,会同浙大代表一起到南京请愿。其中交大5人、复旦5人、暨南5人、同济5人、上医3人、幼专2人、吴淞商船学校2人、音专2人,上海各大学学生7000余人,集会送行至车站,沿途高呼"反对内战""向炮口要饭吃"等口号,上海学生代表团于上午11时乘车抵南京。这一天,中央大学举行第8次系科代表大会,决定5月20日游行时,增加反内战口号。同一天,中央大学、金陵大学又同从苏沪杭到宁的交通大学、同济大学、复旦大学、暨南大学、浙江大学、英士大学、上海医学院、上海音专、幼专、机械学校、商船学校、苏高工建训班、苏州社会教育学院、浙大研究所等校代表集会,中央大学学生朱成学为主席,组成"京沪苏杭16校挽救教育危机联合会",决定采取统一行动。

大学生的反饥饿、反内战斗争,得到社会上广泛的响应,也得到了学校教授们的支持。当时,有个别人说什么"吃光"二字不"雅"。中大农学院梁希教授就直截了当地指出这种褊狭的错误,他认为:大学生喊着要吃饭是唤出了全国饥饿者的要求。现在的知识分子,已不像民初士大夫阶级那么讲究风雅了,现在是"对不对"而不是"雅不雅"的问题。他还呼吁:"要就是生,要就是死,苦难的子女们,勇敢些,前途是有希望的……"历史系主任贺昌群教授对同学的要求深表同情,并以深邃的历史眼光,提醒同学道:"目前的国内情形,并不比北洋军阀时代为佳,北洋军阀都是些没有知识的粗野货,而现在学生运动的对象是比较狡猾的。他们当中有的也曾干过学生运动,不过中途变节了。"他提醒同学明了这一点,让他们加以缜密注意,并说感情用事容易失败,冷静理智始可成功。

当然，学生运动在蓬勃发展，反动派也在加紧采取镇压措施。5月17日，内政部发布禁止罢工、罢课及请愿游行的训令。5月18日，国民政府公布《维持社会秩序临时办法》六条。蒋介石在同一天发表"整顿学风、维护法纪"的谈话，谈话中说："最近中央大学与金陵大学等校一部分学生，因公费生膳食问题，或因学校本身细故而罢课请愿，竟至包围公署，妨害公务，行同暴徒。"宣称："国家何惜乎有如此之学校？亦何惜于如此恣肆暴戾之青年？"公然表示"将采取断然之处置"，警告青年"勿为奸人之阴谋所陷害"，其镇压正义的学生运动的狰狞面目，已暴露无遗。同一天，教育部饬令所属，查明滋事分子，分别主从，从严惩处，为首者一律开除学籍。卫戍司令部布告称："奸匪潜伏，煽惑民众，鼓动学潮，扰乱秩序，破坏行政，危害国家，执法以绳，决不姑宽。"5月19日，卫戍司令官张镇致电中大校长吴有训晓谕学生守法遵纪，不得再有聚众请愿游行示威之举动。吴校长和教授会于当日下午6时召集学生谈话，教授会主席郑集劝学生以学业为重，赶紧复课。吴有训校长也作了类似的劝导。

吴有训向以"在安定中求进步、在进步中求安定"为治校方针，并主张民主治校，学术民主。为了办学，他希望安定；为了人民，他要求进步。作为中央大学的校长，他不得不出来劝阻学生的行动；作为一个爱国的、正直的学者，他又对师生的困苦，怀着深切的同情。他曾经说过："学生个个身强力壮，志向远大，勇于面对现实，但现实又这么腐败混乱，叫他们怎么能不愤慨，怎么能不激动？"他就在这种矛盾的痛苦的心情中，参加了这次大会。在这次大会上，面对全校师生，他无限感慨地说道："我不但没有做官的命，更没有做官的骨头！我是来办学的，学校是研究学术的地方，不是政争的地方。"最后他喊出了"一切党派退出学校"的呼声。这一口号，实际上是针对国民党、三青团的，因为当时只有他们是公开活动的。这就大遭国民党当局之忌。但由于吴有训的学问道德，众所推崇，在师生中、在社会上均有很大影响力，教育部不敢公开免去他的校长职务，后遂采取调虎离山的方法，派他去美国考察。

在5月20日前夕，山雨欲来风满楼，一场革命同反革命尖锐斗争的暴风雨，不可避免地来到了。

5月20日，京沪苏杭16校学生发布《挽救教育危机联合大游行宣言》，称："我们要把政府忽视文化教育、摧残学生健康的措施，向全中国、全世界人士控诉。"该宣言指责："政府一再声称要提倡教育，爱护青年，但是事实上所表现的却是一连串痛心的事实，教育经费在全国总预算中不到百分之四，以致酿成了今日整个教育危机，图书仪器缺少，教授为柴米油盐操心，学生普遍地受着贫血、肺痨的袭击，这真是民族的大悲剧！""我们大声疾呼，我们不要自相残杀的内战，我们要饭吃，要图书，要仪器，要教授，要安定的生活！""我们坚决声明，我们将与全国学生手挽手，坚强地奋斗下去，不达目的，誓不罢休！"，该宣言最后提出京沪苏杭四地区学生的5项要求（内容与中央大学教授会《宣言》提出的大体相同）。

5月20日晨9时，中央大学校本部同学在大操场集合，这时传来消息，丁家桥医学院被军警包围不能前来，继闻音院、剧专、金大均被武装军警严密封锁监视。主席团宣布先去为金大解围。队伍绕操场一周,出西门,经保泰街至鼓楼。鼓楼岗四周,军警宪特密布,如临大敌,阻拦通往金大去路,金大学生冲出校门,为宪兵所阻,发生冲突,一学生当场被捕,枪声四起。至10时20分始与中大队伍会合。中大二部及其他各校也都陆续赶到。大队绕鼓楼一周,沿中山路南行,情绪愈益高昂。此时,珠江路口,已被宪警400余人封锁,布置着水龙、催泪瓦斯,各商店紧闭店门,行人纷纷逃避,车辆被迫停驶。10时50分,游行队伍的主席团、沪苏杭代表团为先导,中大殿后,行抵封锁线,主席团派代表交涉,请让大队通过,军警称奉令不准通过。队伍里高呼:"中国人不打中国人!""宪警和学生团结起来!""警察拿出良心来!"主席团交涉未果,决定冲过封锁线,主席团一马当先,大队跟着冲过去,流血惨案便发生了。警察特务汹涌扑打上来,抢夺撕毁各队旗帜、漫画、标语。拿水龙头对准学生冲击,冲得同学跌倒在地,爬起来再向前闯。队伍冲过三分之一,这时警察抢开大棒,冲进隔断在后的队伍,逢人便打。女生赵海伦被十几个警察围打,头部、胸部、两肘、两膝受伤,倒在马路上,有警察跳起来踩踏其身,造成其严重内伤。另一女生赵之巽头部受木棍打击跌倒在地,警察五六人还用脚踢她。孙淑伦同学被铁器猛击,腿部骨折,躺在加油桶旁,鲜血汩汩不止。黄斌同学为援救女同学,右肋被木棍猝击,立刻呕血昏厥。合计被打者至少500余人,其中被打伤流血者50余人,重伤8人。中外记者2人因替学生解围,同遭殴击。珠江路口施暴,历时2小时之久。冲越珠江路封锁线的队伍到达国府路(今长江路),这里的封锁线更益严密坚固,第一道是骑兵队,高头大马、威风凛凛、杀气腾腾,第二道是着玄色军服的防护团,第三道是全副美式装备的青年军,第四道是武装宪兵,第五道是机关枪队,机枪斜置各商店门口,向街心构成密集火网。另外还有两队骑宪兵守候在国民大会堂停车场里。为避免牺牲,大队决定在国府路停下,与随时可以冲过来践踏学生的骑兵队,面对面地相持了6个小时。下午2时,天气突变,乌云四起,雷声大作,暴风雨袭来。同学们手挽手高唱《团结就是力量》等歌曲。雨过后,沿街住户送水给同学喝,中央大学工友将餐车、茶车开来,主席团请大家用膳,全体同学表示"不达目的誓不进餐",高呼"反对内战""抗议政府暴行""抗议政府屠杀学生"。宣传股展开街头演讲,解释游行意义,请市民声援,群众报以热烈掌声。3时许,卫戍司令部派人与主席团联系,约至参政会,但主席团代表中途被带至司令部。代表对治安当局的违法行为极为愤慨,提出质问,该部参谋长称:"就宣布戒严令而言,流血而死也是不管的。"代表慷慨陈词,提出4项要求:①释放被拘捕同学;②受伤同学由卫戍司令部负担医药费;③对死者负完全责任,并严惩凶手;④撤退武装宪警。接着又会见参政会秘书长邵力子,他代表政府完全接受所提要求,并允许将请愿书及反对内战、反对请愿法等要求转达全体参政员和国民政府。至6时许,骑宪队、警察、防护团等三道防线奉命撤退,同学整队按原定路线经国府路、碑亭巷、成贤街回到中央大学。这时大雨再度袭来,沿途沉痛而愤怒的口号声,震天撼地,响彻云霄。晚7时半抵大礼堂。队伍绕礼堂前广场两周,站齐。同学一致要求惩凶、除奸,为受伤同学报仇,抗议政府暴行。主席简短致词后,大队散去。这一天,学生重伤、轻伤共123人,被捕28人,被殴打侮辱者不计其数，造成了震惊中外的"五·二〇"血案。

而国民党《中央日报》却于5月21日发表卫戌司令部代司令张镇在记者招待会上的书面谈话，卑劣地倒打一耙，称："阻止学生前进者完全是徒手宪兵与警察""学生队伍挽臂搭肩，一拥而上，秩序因而混乱"，学生"乃纷纷以书写标语之铁质油墨罐及旗杆，并向附近商店夺取木棒，向徒手宪警攻击。截至下午四时止，已查明警察、宪兵受伤者28人，余在续查中；学生亦有10余名受伤，唯以学生持有铁罐、旗杆等作为武器，故实际受伤者，宪警当较学生为多"云云。首都警察厅特别警备大队则在《报告取缔"五·二〇"游行经过呈文》中指称："我员警秉承上峰意旨，打不还手，骂不还口"，"但学生变本加厉，肆意殴打，致东区员警等15人均被打伤，三人伤势最重，而游行学生在蜂拥狼奔中，自相践踏亦受伤多人"。中大学生自治会公开驳斥了这种愚蠢的谎言，声言墨写的谎言，掩不住血写的事实！血债还得用血来偿还，要求立即严惩凶犯张镇！

五·二〇运动前后，中央大学学生社团组织风起云涌，为数众多，有《大公报》《贵洲》《新声》《中国学生报》《文法月刊》《涟漪》《金刚石》《大风》《新文艺》《明报》《且未评论》《学习报》《插曲》《鸣报》《正潮》《锄》《主潮剪报》《中流导报》《T、Z、T》《法律》《兽中王》《春秋风》《政报》《周闻》《风云杂志》《天公报》《公论》《力刊》《立真报》《政声》《中大人报》《指数月刊》《达社壁报》《大学周报》《山洪》，以及工学院的《化社》《水社》《航社》《电社》《土社》等等。学术团体有自然科学研究会、政治科学研究会、历史研究会、经济研究会、化学研究会、涟漪研究会、文学研究会、中国边疆建设研究会、文海研究会、友谊法学研究会、正声学术研究会、基本教育研究会、三社众学会、法律科学研究会、经济学社、东山社、法律学社、中大教育研究会、中国边疆问题研究会等等。此外还有级会、系会26个，中学校友会24个，同乡会29个。其他还有钟山合唱团、白雪国乐社、松柏服务社、基督教团契、青年会、青年军同学联谊会、杂拌英文社、珠红球队、服务社、扶社、自动社、巩社、锄社、金刚石社等等。以上仅是登记在册的社团。至于拒不登记的社团，分散小型的读书会、读书小组，以及时起时停的壁报等当数倍于此，不计其数。这些社团当然有左、中、右之分，其中大部分社团在中大地下党和新青社的领导下，起了团结大多数同学、反对反动统治的作用，也有少数反动社团起着破坏作用。

"五·二〇"惨案发生后，平津、武汉等地大学立即通电声援，全国共有60多个大中城市的学生游行、罢课，全国各界纷纷抗议、声援。郭沫若致函同学称："中国就靠你们生出了希望。反动派已经在你们的力量面前发抖了。"柳亚子题词道："我完全同意你们的行动。"马寅初于5月25日在中大礼堂演讲，听众挤满了大礼堂，马寅初分析了经济危机，指出这一切都是内战造成的恶果，鼓励大家坚持要求"德谟克拉西"。叶圣陶发表《驳利用论》，冯玉祥将军在美国发表《告全国同胞书》，李济深、何香凝发表《致全国军政人员书》，同声谴责国民党反动派的倒行逆施。全国各地大中小学教员、文化工作者、科学工作者以及首都电厂、永利铔厂、上海的纺织女工等都纷纷向中大学生自治会来信、来电、捐款慰问并表示声援。连国民党豫北前线一群低级军官和士兵、国民政府的一群小公务员、一群国民党下级工作人员也都发来了慰问信。世界学联作出决议支持中国学生运动,并派出代表访问京沪平津学生。

中央大学学生会于 5 月 21 日,召开系科代表大会,成立"五·二〇血案处理委员会",提出撤销《维持社会秩序临时法》,严惩张镇、韩文焕(首都警察厅厅长)、东区警察局局长及动手打人之凶手;治安当局向同学道歉;赔偿同学一切物质、身体及精神上之损失;保证同学的安全,不得随意逮捕;以及 10 万元副食费标准等要求。9 月 3 日,邵力子与有关方面迭经磋商,才同意赔偿学生医药、损失等费用 46 976 240 元,由邵力子将支票送交吴有训校长转致学生会。

5 月 26 日,河南大学加入联合会,组成京沪苏杭豫 5 区 19 校学联,发表为抗议政府摧残教育、剥夺人权致行政院备忘录。并定 26 日到 31 日为抗议政府暴行宣传周,发动全国人民一致团结起来,反内战、反饥饿、反迫害! 5 月 28 日,各校联合宣传组,乘车出发,在夫子庙、新街口、太平路、三牌楼、玄武门、丹凤街、珠江路、鼓楼等处宣传、演讲。5 月 31 日上午,警备司令部发出戒严令,晚,警备司令部派人来中央大学,交出一纸黑名单,刘庆云训导长代表校方,当即拒绝,后经各方奔走交涉,始将戒严令撤销。中央大学第 11 次系科代表大会决定,为了避免遭受疯狂的无人性的杀害,将原定 6 月 2 日的游行,改为召开大会,哀悼为内战死难的军民,并从 6 月 3 日起休止罢课。

国民党中央政治委员会在讨论如何处理"五·二〇"学潮时,有个委员肖铮称:"此次南京学潮,系由中大学生多方鼓动而起。中央大学已成学潮大本营。据传中大学生尚派遣学生代表前往上海及北平。故中央大学实为此次学潮中心所在。"其实不尽其然,五·二〇运动,始于 3、4 月间的生活斗争,到 5 月间发展为反内战的政治斗争,五·二〇血案发生后,发展为波澜壮阔、声势浩大、震撼全国的反饥饿、反内战、反迫害运动。固然,中央大学师生处于斗争的前列,表现得坚决顽强、机智勇敢,发挥了中坚力量的作用,更重要的是反饥饿、反内战、反迫害,是全国人民共同的心愿,因此在同一时期内,全国 60 多个城市的学生都行动起来游行罢课,投入斗争。在全国,被捕学生 2 000 余人,在武汉,被打死学生 3 人。3、4 月间,全国 9 个省 38 个城市发生了抢米风潮[①]。甚至于国民党中央训练团编余将校官 400 余人也在 5 月 12 日赴中山陵哭陵,提出"活着要吃一碗饭,死时要有一块板"的要求。

周恩来在《全国大反攻,打倒蒋介石》一文中讲到这次学潮时说:"蒋介石出席参政会时,南京中央大学学生到礼堂闹起来,使蒋介石下不了台。蒋介石遭到人民反对,政治上破了产。"

毛泽东在他撰写的新华社 1947 年 5 月 29 日发表的评论《蒋介石政府已处在全民的包围中》

---

① 北京师范大学历史系、中国现代史教研室编:《中国现代史:下册》,第 3 编第 2 章第 4 节,第 297 页,北京师范大学出版社,1983 年。

中指出："无论在军事战线上，或是在政治战线上，蒋介石政府都打了败仗。""中国境内已有了两条战线。蒋介石进犯军和人民解放军的战争，这是第一条战线。现在又出现了第二条战线，这就是伟大的、正义的学生运动和蒋介石政府之间的尖锐斗争。"5月23日新华社的时评《蒋介石的末路》中还指出："中国近代只有三次群众运动可以和今天（按：指五·二〇运动）相比较，就是1919年的五四运动、1925年的五卅运动和1935年的一·二九运动。"这就是中国共产党和毛泽东对于五·二〇运动的崇高评价，也是中大学生革命运动史上最光辉的一页。

从此时起，到1948年五·二〇运动一周年间，全国各地反饥饿、反内战、反迫害运动此起彼落，愈益广泛深入。在中央大学内，各种活动和斗争时起时落，连绵不绝。1947年5月24日，中大教授会募捐慰问学生，并向政府递交抗议信。8月，中央大学和南京大中学生2 200余人在市内开展助学劝募活动，共得助学金2.2亿余元。8月27日，中央大学学生千余人签名反对教育部保送青年军入学。11月，中大学生会改选理事会，投票所被砸，系科代表大会开会时，又被特务学生破坏，学生罢课抗议，校方下令停止系科代表大会活动。12月，中大学生自治会刊物《中大新闻》被勒令停刊。12月22日校方对系科代表大会常设委员8人，给以停学处分。（这一时期中，吴有训校长出国考察；刘庆云训导长辞职后，沙学浚任训导长；教务长高济宇辞职后，周鸿经任教务长。在南京解放前夕，沙、周两人逃离南京。）12月30日，中大学生成立"抗议学校无理措施院系联合会"，2 000余学生在校内游行抗议。1948年1月3日，中大学生成立"争取自治院系联合会"。2月14日，中大学生及南京市26校的2 000余学生参加义卖助学，连续三天，得助学金5亿余元。4月11日，中大自费学生成立"请贷联合会"，全体自费生100余人，在请愿未果、食堂停伙后，宣布绝食，并发表绝食宣言。20日，中大学生将"争取自治院系联合会"改组为"学生院系自治联合会"，并出版《中大周报》，行使学生自治会的权利。院联会决定罢课三天，声援平津蓉沪同学，并支持本校自费生请贷斗争。5月1日到8日，南京大中学联举行纪念五四周年活动。1日，各校工友、同学、教授欢聚一堂在中大举行劳动晚会，蔡翘教授演讲"科学工作者应有态度"。2日，在玄武湖举行万人大合唱，晚上在中大校友会堂，召开社会科学座谈会，涂长望教授演讲"科学与民主"。3日，在金大举行文艺晚会，张西曼、范谦忠教授演讲。4日，举行五四纪念会，张西曼、贺昌群、陈耀东、潘菽及同学300余人参加，讨论"五四与民主"；并举办五四史料展览、漫画木刻展览及自然科学座谈会；晚上在中央大学举行营火晚会。5日，各大学轮流举行史料展览和文艺晚会。6日，在中大举行歌舞晚会。8日，在中大举行戏剧晚会。

5月15日，中央大学、交通大学号召全国学生于5月20日罢课一天，以纪念五·二〇运动周年。5月20日，南京大中学生在纪念五·二〇大会，发表"反扶日、反卖国、反迫害"宣言。21日，在中大操场举行五·二〇运动周年纪念晚会，梁希教授在会上发表讲演，说"光明即将来到了"。晚会进行中，特务捣毁会场，被当场抓住示众。夜间，中大学生廖景亚、李孝纯及金大学生孙桂钧、靳亮等4位同学被特务抓进国民党青年部。22日上午，金大、中大学生包围青年部，金女大学生亦前往支援，当局被迫释放了被捕学生。三校同学宣誓，实行大联防，任何一校或一人，遭受迫害，誓与共患难，同生死。

以上，就是中央大学五·二〇运动始末的梗概。由于党的正确领导和新青社积极发挥了骨干作用，团结了广大师生，取得了伟大的胜利，整个运动进行得有理有节，高潮迭起，犹如一首雄壮的、充满激情的交响曲。中央大学师生在运动中，经受了锻炼，提高了觉悟，他们为人民革命事业作出的贡献，将永载史册。

6. 四一惨案

1949年4月1日，中央大学和南京市大专院校的学生、工人，为了争取生存，反对假和平，举行万人游行请愿。上午9时，在中央大学操场集合出发。校务维持委员会常务委员胡小石教授，为保护同学的安全，一直乘车随行。游行队伍呼喊着"反对征兵征粮征实""反对发行大钞""反对假和平"和要求"实行代总统七项诺言""提高师生员工待遇""全面公费"等口号，几乎走遍了南京的每一个角落，于下午2时，在金陵大学操场结束。当各校同学的队伍各自返校时，剧专同学60余人，乘校车途经白下路大中桥时，遭到事先埋伏的军官收容总队的袭击，他们手执木棍、扁担、砖头，跳上卡车，毒打学生，全车同学无一幸免，女同学更遭百般凌辱。继而又将同学十几个、二十个地用麻绳捆在一起。政治大学学生闻讯，立即备医药乘车前往救护，也被埋伏在那里的军人打得骨折血流，有的被打昏倒地，政大司机陈祝三被当场活活打死。继而又开来一车宪兵，将被捆绑的37位同学解往卫戍司令部。

凶讯传到中央大学，中大学生千余人，立即集合出发，前往总统府请愿，要求制止暴行，解救剧专、政大同学。当中大学生在总统府门前等候答复时，有一卡车警察，约50余名，开进总统府，随后开来三卡车军人，手持木棍、铁器、石块，下车后即冲到总统府前围殴中大学生，学生欲进入总统府，则总统府大门紧闭。前有布置好的警察，手持皮鞭抽打，后有大批军人围殴，许多学生被殴打致伤。建国法商学院学生闻讯赶到，也被从车上拖下，一一施以毒打。在总统府大门口发生的这一惨绝人寰的暴行，闻者莫不愤慨。中央大学重伤同学共47人，其中，物理系四年级学生程履绎于2日下午6时不治身死，电机系二年级学生成贻宾于19日上午8时不治身死。在黎明前最黑暗的时刻，国民党反动派这种令人发指的滔天罪行，说明它已濒临绝境和必然覆没的命运。而中央大学广大同学为打倒反动派、迎接解放的英勇斗争，四一烈士用鲜血和生命所谱写的丰功伟绩，将永远成为鼓舞后人为振兴中华而英勇奋斗的典范。

本章结语

一、中央大学跨十四年内战、十四年抗日战争和人民解放战争三个历史时期。国民政府办这所大学，其原意是为了培养维护旧制度、旧政权所需要的人才。但是，由于这个政权一贯坚持对外投靠帝国主义、对内剥削压迫人民的政策，由于中国共产党的领导和中共中大地下组织的斗争，由于中国知识分子所具有的反帝、反封建的传统，他们的目的未能得逞，且事与愿违。抗战胜利后，中大相反变成了反对国民党统治的第二条战线的生力军，广大师生都积极参加了迎接解放的斗争。新中国的诞生，为中国的高等教育事业创造了无限广阔的前景。

二、中央大学是在东南大学、第四中山大学的基础上建立和发展起来的，几经调整、充实，在抗日战争中迅速地壮大起来，成为我国规模最大的综合大学。其学科之完备、师资之雄厚、培养学生之众、拔尖人才之多，均居我国之前列，对社会的发展作出了较大的贡献。20 世纪 30—40 年代造就的 8 000 余名大学生，其中的大部分在 50 年代以后我国的社会主义建设中，发挥了重要的作用。

三、学科建设是大学主要的基本建设。中央大学的文、理、法、工、农、医、师七大学院，不断进行系科、学科的调整、充实、发展和提高，有的系科虽几经周折，几易其名，办了又停，停了又办，走过弯路，但在实践中终于摸索出学科建设和发展的道路。例如，在工学院，逐步形成了以机、电、土、建、化工为主干系的格局，而在土木系的基础上，又创建了水利工程系，在机械系的基础上，又发展了航空工程系。又如理学院的地学系，几经调整，变成了地理、地质、气象三个系，学科的领域从地面延伸到了天上地下，并使这三个方面都成了我国的学科基地。中央大学学科设置得比较完备、合理和具有发展的前景，就是通过不断地调整、实践而逐步形成的。

四、教师是振兴学校、培养人才和带动学科建设的依靠。中央大学致力于延聘博学潜修、造诣精湛的学者专家，无真才实学者，虽高官推荐，亦敢于谢绝。各院系人才济济，多为蜚声海内之士。教授队伍结构有时呈倒金字塔形，有时呈蜂腰形，教授、副教授约占 40%，且均亲临教学、科研第一线。往往一个有才学的教授，就能带动一个学科，如聘留美的罗荣安教授来校主办机械特别研究班，从而为我国开创了第一个航空工程系；如聘徐悲鸿为艺术系系主任，中西画家毕至，使中大成为美术家的大本营。办学以广延人才为首，名者云集，遂使国内青年慕名来求，被录取者多是十里挑一、百里挑一的优秀青年。学校由是而兴，人才由是而出，学科由是而盛。

五、中央大学 21 年的历史，绝非一帆风顺，而是历尽坎坷曲折，途多艰难险阻。就国家环境来说，时正处于日寇压境、中华民族面临生死存亡之际。就学校内情来说，除罗家伦任职较长外,校长更迭频繁,且有政客充数;派系纷争,内耗严重;经费短绌,备受困扰。中央大学在这样的环境条件下,竟能发展壮大而臻于鼎盛,究其原因,除抗战迁校一步到位,损失较小,教学工作迅速得以恢复,以及校处首都、陪都,易获天时地利之利等主客观原因以外,最根本的原因是中央大学师生具有炽烈崇高的拯救中华、振兴中华的爱国主义精神,具有反帝反封建、爱科学爱民主的革命传统。正是在这种革命精神的鼓舞下,广大师生都能奋不顾身、勇往直前,排除万难去争取胜利。爱国主义是中国近现代高等教育史中最值得珍惜和继承的传统,也是中国高等教育显著的特色之一。

附录

东南英华

——被选为中国科学院院士（学部委员）、中国工程院院士的两江、南高、东大、中大、南工师生

一、被选为中国科学院院士（学部委员）的学生

周　仁　著名冶金学家、陶瓷学家。1910年毕业于南京两江师范学堂，美国康奈尔大学机械工程学硕士。历任南京高等师范学校教授，上海南洋大学机械系主任、教务长，中央大学教授、工学院院长，中央研究院工程研究所所长，中国科学院工学实验馆馆长，上海冶金陶瓷研究所所长，中国科学院华东分院副院长，上海科技大学校长，上海金属学会理事长，上海硅酸盐学会理事长，中国金属学会理事长，中国科学院技术科学部委员、常委等职。

吴有训　著名物理学家、教育家。1920年毕业于南京高等师范学校数理化部，美国芝加哥大学物理学博士。历任第四中山大学副教授兼物理系主任，清华大学及西南联大教授、物理系主任、理学院院长，中央大学校长，上海交通大学教授、校务委员会主任，华东军政委员会教育部部长，中国科学院近代物理研究所所长，中国物理学会会长，中国科协副主席，德国自然科学院学会会员，中国科学院数理化学部委员、常委、主任，中国科学院副院长等职。

金善宝　著名育种专家。1920年毕业于南京高等师范学校农科，美国康奈尔大学农学硕士，明尼苏达大学研究员。历任浙江大学、中央大学、江南大学教授，南京大学农学院院长，南京农学院院长，中国农业科学院副院长、院长、名誉院长，中国农学会副理事长，中国作物学会理事长，全苏列宁农业科学院通讯院士，美国农业服务基金会永久荣誉会员，中国科协副主席，中国科学院生物学部委员等职。

恽子强　著名化学家。1920年南京高等师范学校数理化部毕业，先后在河南、广东、东北、上海等地从事教育工作和革命工作，1943年后任延安自然科学院副院长，晋察冀工业专门学校校长，华北工学院副院长，中国科学院办公厅副主任，中国科学院东北分院副院长，中国化学会副理事长，《化学通报》主编，中国科学院数理化学部委员、常委、副主任等职。

冯泽芳　著名棉花科学家、农业教育家。1921年毕业于南京高等师范学校农业专修科，美国康奈尔大学硕士、博士。历任中央棉产改进所副所长，中央农业实验所棉作系主任，中央大学农学院教授、农学院院长，南京农学院教授，中国农业科学院棉花研究所所长，中国科学院生物学地学部委员等职。

伍献文 著名水生生物学家。1921年毕业于南京高等师范学校农业专修科，法国巴黎大学博士。历任中央研究院动植物研究所研究员，中央大学教授、生物系主任，中央研究院动物研究所副所长，中央研究院院士，中央研究院评议员，中国科学院水生生物研究所所长、名誉所长，中国科学院武汉分院院长，中国海洋湖沼学会副理事长、名誉理事长，中国鱼类学会理事长、名誉理事长，中国科学院地学部（后改为生物学部）委员等职。

王家楫 著名原生动物学家。1921年毕业于南京高等师范学校农业专修科，1924年东南大学农科毕业，美国宾夕法尼亚大学博士，美国耶鲁大学动物系研究员。历任中央大学教授，中央研究院动植物研究所研究员、所长，中央研究院院士，中国科学院水生生物研究所所长，中国科学院中南分院副院长，中国科学院生物学地学部委员等职。

杨惟义 著名昆虫学家。1921年毕业于南京高等师范学校农业专修科，1925年东南大学农科病虫害系毕业，曾去法、英、德等国考察并从事研究工作。历任江西国立中正大学教授、无锡江南大学教授、江西农学院院长、中国科学院江西分院副院长、中国科学院生物学地学部委员等职。

严济慈 著名物理学家、教育家。1923年毕业于南京高等师范学校数理化部，同年获东南大学物理系学士学位，法国巴黎大学硕士、博士。历任第四中山大学、大同大学、中国公学、暨南大学教授，北平研究院物理研究所所长，镭学研究所所长，中央研究院院士，中国物理学会理事长，中国科学院办公厅主任兼应用物理研究所所长，中国科学院东北分院院长，中国科协书记，中国科技大学副校长、研究生院院长，中国科技大学校长，中国科协副主席、名誉主席，《科学通报》《中国科学》主编，中国科学院数理化学部委员、常委、主任，中国科学院副院长等职。

柳大纲 著名无机化学家、物理化学家。1924年毕业于南京高等师范学校数理化部，1925年东南大学化学系毕业，美国罗彻斯特大学研究院博士。历任中央研究院化学研究所研究员，大夏大学教授，中国科学院物理化学研究所研究员、副所长，中国科学院化学研究所所长、名誉所长，中国化学会副理事长，《化学通报》主编，中国科学院数理化学部委员等职。

吴学周 著名物理化学家。1924年毕业于南京高等师范学校数理化部，1925年东南大学化学系毕业，美国加州理工学院博士，德国达摩城高等工业学院客座研究教授。历任中央研究院化学研究所研究员、所长，交通大学及上海医学院教授，中国科学院上海物理化学研究所所长，中国科学院长春应用化学研究所所长，中国科学院环境科学委员会副主任、环境化学研究所所长，中国科学院数理化学部委员、常委等职。

赵忠尧 著名原子核物理学家。1924年毕业于南京高等师范学校数理化部，1927年东南大学化学系毕业，美国加州理工学院哲学博士，曾在德国哈罗大学物理研究所及麻省理工学院做研究工作。历任清华大学、云南大学、西南联大、中央大学教授，中央大学物理系主任，中国科技大学近代物理系主任，中国高能物理研究所所长，中国物理学会副理事长，中国核学会名誉理事长，中国科学院数理化学部委员、常委等职。

施汝为 著名磁学家。1924年毕业于南京高等师范学校工艺专修科，1925年东南大学物理系毕业，美国伊利诺伊大学硕士、耶鲁大学物理系博士。历任中央研究院物理研究所研究员，清华大学、广西大学、大同大学、中央大学教授，中国科学院物理研究所研究员、所长、名誉所长，中国物理学会副理事长兼秘书长、党组书记，中国科学院数理化学部委员等职。

张肇骞 著名植物学家。1926年东南大学农科生物系毕业，留校任助教、讲师，后历任广西大学、浙江大学、江西中正大学教授，燕京大学兼任教授，中国科学院植物研究所和华南植物研究所研究员、副所长、代所长，中国科学院生物学地学部委员等职。

何增禄 著名高能物理学家。1919年考入南京高等师范学校数理化部学习，后任南开大学助教，1929年获东南大学学士学位，1933年获美国加州理工学院硕士。历任浙江大学副教授，山东大学、浙江大学、清华大学教授，20世纪50年代曾在苏联杜布纳联合核子研究所工作，回国后任清华大学教授，中国科学院数理化学部委员。

王葆仁 著名高分子化学家、有机化学家。1926年毕业于东南大学化学系，英国伦敦大学皇家科学院博士，德国慕尼黑高等工业大学客籍研究员。历任同济大学教授、化学系主任、理学院院长，浙江大学化学系主任、教务长，中国科学院化学研究所副所长，中国科技大学高分子化学与物理系主任，中国石油化工学会副理事长，中国科学院化学部委员等职。

陆学善 著名晶体物理学家。1928年中央大学物理系毕业，英国曼彻斯特大学博士。历任北平研究院镭学研究所研究员，暨南大学教授、物理系主任，中国科学院应用物理研究所副所长、代所长，中国物理学会秘书长，中国科学院数理化学部委员等职。

袁见齐 著名矿床地质学家。1929年毕业于中央大学地学系，历任唐山工学院、云南大学、唐山铁道学院教授，北京地质学院教授、系主任、副院长、院长，北京地质大学校长，中国地质学会副理事长，中国科学院地学部委员等职。

余瑞璜 著名X光晶体学家、金属物理学家。1929年中央大学物理系毕业，英国曼彻斯特大学博士。历任清华大学、北京大学、北京师范大学、吉林大学教授，吉林大学物理系主任、校学术委员会副主任，中国科学院数理化学部委员等职。

黄文熙 著名水工结构学家、岩土工程学家。1929年毕业于中央大学土木工程系，美国密歇根大学博士。历任东北大学教授，中央大学水利工程系教授兼系主任，中央水利实验处研究员、土工室主任，南京大学、华东水利学院、清华大学教授，水利电力部水利科学研究院副院长，中国水利学会副理事长，中国水力发电学会副理事长，中国土力学及基础工程学会理事长，中国科学院技术科学部委员、常委等职。

盛彤笙 著名兽医学家。1932年中央大学动物系毕业，德国柏林大学医学博士、兽医学博士。历任江西省立兽医专科学校、西北农学院、中央大学教授，西北兽医学院院长，中国科学院西北分院筹委会副主任，中国畜牧兽医学会副理事长、名誉理事长，中国农业科学院学术委员会副主任，中国科学院生物学地学部委员、常委等职。

魏　曦　著名微生物学家。1933年中央大学医学院（上海医学院）毕业，上海医学院博士，曾在美哈佛大学微生物研究所工作。历任上海雷士德研究院研究员，上海医学院教授、微生物系主任，大连医学院教授、系主任，中国医学科学院流行病学微生物学研究所所长，中国微生学会副理事长，中国科学院生物学地学部委员等职。

任美锷　著名地貌学家、海洋沉积学家。1934年毕业于中央大学地理系，英国格拉斯哥大学博士。历任中央大学教授，南京大学教授、地理系主任，中国科学院南京地理研究所所长、海洋研究所研究员，中国地理学会副理事长、名誉理事长，中国海洋学会副理事长，中国科学院地学部委员等职。

徐克勤　著名矿床学家、岩石学家。1934年毕业于中央大学地质系，美国明尼苏达大学硕士、博士。历任中央大学、南京大学地质系教授兼系主任，中国地质学会副理事长，中国矿物岩石地球化学学会副理事长，中国科学院地学部委员等职。

徐冠仁　著名作物遗传育种学家。1934年毕业于中央大学农艺系，美国明尼苏达大学博士、研究员。历任中央大学副教授，中国农业科学院原子能农业应用研究室主任、中国农业科学院原子能农业应用研究所副所长、所长，北京农业大学农艺系教授、系主任，中国科学院遗传研究所研究员，中国原子能农学会理事长，中国科学院生物学部委员、常委、副主任、代主任等职。

蔡　旭　著名小麦育种及栽培学家。1934年毕业于中央大学农艺系，曾去美国康奈尔大学、明尼苏达大学进修。历任北京大学农学院副教授，北京农业大学教授、农艺系主任、副校长兼研究生院院长，中国农学会副理事长，中国作物学会副理事长，中国科学院生物学部委员等职。

高怡生　著名天然有机化学家。1934年毕业于中央大学化学系，英国牛津大学博士。历任中央大学讲师，北平研究院药物研究所副研究员，中国科学院上海药物研究所研究员、副所长、所长、名誉所长，中国科学院化学部学部委员等职。

黄耀曾　著名有机化学家。1934年毕业于中央大学化学系。历任中央研究院助理研究员，上海第一医学院讲师，中国科学院上海有机化学研究所研究员、副所长，上海科技大学、华东师范大学、华东化工学院教授，美国诺特丹大学客座教授，中国化学会常务理事，中国科学院化学部学部委员等职。

任新民　著名火箭专家。1934年9月至1937年6月在中央大学化学工程系学习，1940年重庆兵工学校大学部毕业，美国密歇根大学工程力学博士，纽约州立大学布法罗分校讲师。历任华东军区军事科学研究室研究员，哈尔滨军事工程学院教授、火箭武器教研室主任，国防部第五研究院一分院液体火箭发动机设计部主任、一分院副院长，第七机械工业部副部长、部科技委员会主任、部高级技术顾问，中国宇航学会理事长，国际宇航科学院院士，中国科学院技术科学部委员等职。

侯学煜　著名植物生态学家、地植物学家。1937年毕业于中央大学农化系，美国宾夕法尼亚州立大学硕士、博士、副研究员。历任中国科学院植物分类研究所研究员，南京大学教授，中国生态经济学会副理事长，中国自然资源研究会理事长，中国科学院生物学部委员、常委等职。

杨澄中　著名实验核物理学家。1937年毕业于中央大学物理系，英国利物浦大学博士。历任中国科学院近代物理研究所副研究员、物理研究所研究员、近代物理研究所所长，中国科学院兰州分院副院长，中国核物理学会理事长，中国科学院数学物理学部委员、常委等职。

陈学俊　著名工程热物理学家、热能工程学家。1939年毕业于中央大学工学院机械工程系，美国普渡大学硕士。历任交通大学教授，西安交通大学教授、机械系主任、工程热物理研究所所长、副校长，中国科学院技术科学部委员等职。

鲍文奎　著名作物遗传育种学家。1939年毕业于中央大学农艺系，美国加州理工学院博士。历任中国农业科学院作物育种栽培研究所研究员、室主任、副所长，北京农业大学教授，中国科学院生物学部委员等职。

朱　夏　著名石油地质学家。1940年毕业于中央大学地质系，曾赴瑞士苏黎世高等理工学院进修。历任浙江省地质调查所副所长，华东工业部地质处副处长，新疆及青海石油大队总工程师，华东地质研究所所长，江苏石油勘探指挥部总工程师，地质部石油地质研究所负责人，中国科学院地学部委员、常委等职。

王世真　著名核医学家。1939年4月至1940年7月在中央大学理学院化学系任研究助理，美国艾奥瓦大学硕士、博士、研究员。历任中国协和医学院教授，中国医学科学院研究员、室主任、副所长，首都核医学中心主任，中国核医学会理事长，中医学会核医学会主任委员，中国科学院生物学部委员、常委等职。

王德宝　著名生物化学家。1940年毕业于中央大学农业化学系，美国华盛顿大学博士，霍普金斯大学研究员。历任中国科学院生理生化研究所副研究员、中国科学院上海生物生化研究所研究员、中国科学院生物学部委员等职。

黄纬禄　著名自动控制专家。1940年毕业于中央大学工学院电机系，英国伦敦大学帝国学院硕士。历任国防部五院研究所所长、总体部主任，航空航天工业部二院副院长、部总工程师、部科技委员会副主任，国际宇航科学院院士，中国科学院技术科学部委员等职。

朱显谟　著名土壤学家、土地资源开发与整治学家。1940年毕业于中央大学农业化学系。历任江西地质调查所室主任、中国科学院土壤研究所研究员、西北水土保持研究所研究员、中国科学院地学部委员等职。

吴汝康　著名古人类学家、人体解剖学家。1940年毕业于中央大学生物系，美国华盛顿大学硕士、博士。历任大连医学院解剖系教授、系主任，中国科学院古脊椎动物与古人类研究所研究员、副所长，中国解剖学会理事长、名誉理事长，中国科学院地学部委员等职。

嵇汝运　著名有机化学家、药物化学家。1941年毕业于中央大学化学系，英国伯明翰大学博士、研究员。历任中国科学院上海药物研究所副研究员、研究员、副所长，中国药学会副理事长，上海医科大学、中国药科大学教授，中国科学院化学部委员等职。

业治铮 著名沉积学家、海洋地质学家。1941年毕业于中央大学地质系，美国密苏里州大学硕士。历任中国科学院南京地质研究所副研究员，长春地质学院教授、系主任、教务长，地质部华东地质研究所所长，中国海洋地质学会理事长，中国科学院地学部委员等职。

童宪章 著名石油开发专家。1941年毕业于中央大学物理系，曾赴美国石油公司进修。历任玉门油田副总工程师、西北石油管理局主任工程师、石油部采油主任工程师、北京石油勘探开发科学研究院总工程师、中国科学院技术科学部委员等职。

吴传钧 著名经济地理学家、人文地理学家。1941年毕业于中央大学地理系，英国利物浦大学博士。历任中国科学院地理研究所副研究员、研究员、副所长，自然资源综合考察委员会副主任，中国科学院地学部委员等职。

陆元九 著名陀螺及惯性导航学家、自动控制专家。1941年毕业于中央大学工学院航空工程系，美国麻省理工学院博士、副研究员、研究工程师。历任中国科学院自动化研究所研究员、副所长，航空航天工业部控制器件研究所所长、部总工程师，中国惯性技术学会副理事长，国际宇航科学院院士，国际宇航联合会副主席，中国科学院技术科学部委员等职。

陶诗言 著名天气学家、动力气象学家。1942年毕业于中央大学地理系，历任中国科学院地球物理研究所副研究员、研究员，大气物理研究所副所长，中国地理学会副理事长、理事长，联合国世界气象组织中国首席代表，中国科学院地学部委员等职。

刘有成 著名有机化学家。1942年毕业于中央大学农业化学系。英国利兹大学博士，美国西北大学与芝加哥大学博士后研究员。历任兰州大学化学系教授、系主任，甘肃省化学会理事长，中国化学会常务理事，美国、英国、瑞士化学会会员，中国科学院化学部委员等职。

颜鸣皋 著名材料科学家。1942年毕业于中央大学工学院机械系，美国耶鲁大学硕士、博士。历任北京工业学院教授、系主任，621研究所室主任、总工程师、副所长，中国金属学会常务理事、中国工程联合会执行委员、中国科学院技术科学部委员等职。

朱光亚 著名理论物理学家、原子核物理学家。1941—1942年就读于中央大学物理系，美国密歇根大学博士。历任北京大学、吉林大学教授，中国科学原子能研究所研究员，第二机械工业部核武器研究所副所长、研究院副院长，国防科学技术委员会副主任、主任，中国科协副主席、主席，中国核学会副理事长，中国科学院数学物理学部委员等职。

汤定元 著名红外物理学家。1942年毕业于中央大学物理系，美国芝加哥大学硕士。历任中国科学院应用物理研究所、半导体研究所副研究员、研究员，中国科学院上海技术物理研究所研究员、副所长、所长，中国光学学会副理事长，中国科学院数学物理学部委员等职。

杨立铭 著名理论原子核物理学家。1942年毕业于中央大学工学院机械系，英国爱丁堡大学博士。历任清华大学、北京大学副教授、教授，中国核物理学会理事长，中国科学院数学物理学部委员等职。

林同骥 著名空气动力学家。1942年毕业于中央大学工学院航空工程系，英国伦敦大学博士，美国华盛顿大学研究员。历任中国科学院力学研究所副研究员、研究员，七机部207所、701所研究员，中国科学院力学研究所副所长，中国力学会副理事长，中国空气动力学会副主任委员，亚洲流体力学学会副主席，中国科学院数学物理学部委员、常委等职。

戴念慈 著名建筑学家，建筑设计大师。1942年毕业于中央大学工学院建筑系。历任建筑工程部设计院主任工程师、总建筑师，建筑科学研究院总建筑师，城乡建设环境保护部副部长、建筑部顾问、高级建筑师，中国建筑学会理事长，中国科学院技术科学部委员等职。

高　鸿 著名分析化学家。1943年毕业于中央大学化学系，美国伊利诺伊大学博士。历任中央大学、南京大学副教授、教授，南大环境科学研究所所长，中国化学会分析化学委员会副主任，中国科学院化学部委员、常委等职。

汪闻韶 著名水利工程学家。1943年毕业于中央大学工学院水利工程系，美国艾奥瓦州立大学硕士，伊利诺伊理工学院博士。历任水电部南京水利实验处工程师、北京水利水电科学研究院高级工程师、水利部技术委员会委员、中国科学院技术科学部委员等职。

郑国锠 著名植物细胞学家。1943年毕业于中央大学博物系，美国威斯康星大学博士。历任兰州大学植物系教授、系主任,中国细胞生物学会副理事长,中国科学院生物学部委员等职。

陈家镛 著名化学工程学家、湿法冶金学家。1943年毕业于中央大学工学院化学工程系，美国伊利诺伊大学硕士、博士，麻省理工学院博士后研究员，杜邦化学工业公司研究工程师。历任中国科学院冶金研究所研究员、副所长，中国有色金属学会副理事长，中国科学院化学部委员等职。

钱　宁 著名泥沙运动学家、河床演变学家。1943年毕业于中央大学工学院土木工程系，美国加州大学伯克利分校博士、副研究工程师。历任中国科学院水工研究室研究员、水利水电科学研究院河渠研究所副所长、清华大学教授、中国科学院技术科学部委员等职。

薛社普 著名细胞生物学家、实验胚胎学家。1943年毕业于中央大学博物系，美国华盛顿大学研究院博士。历任大连医学院副教授，中央卫生研究院副研究员，中国医学科学院、中国医科大学副研究员、研究员，中国解剖学会理事长，中国生殖生物学会副理事长，国际解剖学联合会理事，中国科学院生物学部委员等职。

冯　康 著名数学家、计算机科学家。1944年毕业于中央大学工学院电机系，先后在复旦大学、清华大学任教，1951年前往苏联科学院数学研究所进修。历任中国科学院数学研究所副研究员、计算技术研究所研究员、计算中心主任，中国计算数学会副理事长、名誉理事长，中国计算机学会副主任委员，中国科学院数学物理学部委员、常委等职。

吴良镛 著名建筑学家、城市规划学家。1944年毕业于中央大学工学院建筑系，美国匡溪艺术学院硕士。历任清华大学讲师、副教授、教授、建筑系主任，中国建筑学会副理事长，中国城市科学研究会副理事长，中国城市规划学会理事长，国际建筑师协会副主席，中国科学院技术科学部委员等职。

胡聿贤 著名地震工程学家。1941—1942 年于中央大学工学院土木工程系学习，1946 年于西安交通大学毕业，美国密歇根大学博士。历任中国科学院土木建筑研究所副研究员、研究员，国家地震局工程力学研究所研究员、副所长、所长，中国地震工程联合委员会副主席，国家地震局工程地震研究中心主任，中国科学院技术科学部委员等。

高由禧 著名气候学家、高原大气物理学家。1944 年毕业于中央大学地理系。历任中央研究院助理研究员，中国科学院地球物理研究所副研究员，兰州地球物理研究所副所长、研究员，兰州高原大气物理研究所所长，中国科学院地学部委员等职。

黄葆同 著名高分子化学家。1944 年毕业于中央大学化学系，美国纽约布鲁克林理工学院博士，普林斯顿大学研究员。历任中国科学院长春应用化学研究所研究员、副所长，大连理工大学兼职教授，中国科学院化学部委员等职。

李德生 著名石油地质学家。1945 年毕业于中央大学地质系。历任玉门油矿地质室实习员，中国石油公司上海勘探室助理地质师、延长油矿主任地质师，玉门矿务局及川中矿务局总工程师，大庆油田及胜利油田地质指挥所副指挥，任丘油田研究院技术负责人，石油科学研究院总地质师、高级工程师，中国科学院地学部委员等职。

刘东生 著名地质学家。1945 年就读于中央大学地质系。历任地质部工程师，中国科学院地理研究所副研究员、研究员，中国科协书记处书记，中国环境科学协会副理事长，中国科学探险家协会主席，中国第四纪研究委员会主任，中国科学院地学部委员等职。

夏培肃 著名计算机专家。1945 年毕业于中央大学工学院电机系，英国爱丁堡大学博士。历任清华大学副教授，中国科学院数学研究所、近代物理研究所、计算技术研究所副研究员、研究员，中国计算机学会常务理事，中国科学院技术科学部委员等职。

梁晓天 著名有机化学家、天然产物结构学家。1946 年毕业于中央大学工学院化学工程系，美国华盛顿大学博士，哈佛大学博士后研究员。历任中国医学科学院药物研究所副研究员、研究员，有机合成研究室副主任、主任，中国化学会理事长，中国质谱学会理事长，中国科学院化学部委员、常委等职。

闵恩泽 著名石油学家、催化化学家。1946 年毕业于中央大学工学院化学工程系，美国俄亥俄州立大学硕士、博士，美国芝加哥全国铝酸盐公司高级化学工程师。历任北京石油炼制研究所催化剂工艺组组长，石油科学研究院催化剂研究室主任、主任工程师、院副总工程师、总工程师，石油化工研究院副院长、总工程师，中国石油学会副理事长，中国石油化工总公司学位委员会主任，中国科学院化学部委员、常委等职。

冯端 著名固体物理学家。1946 年毕业于中央大学理学院物理系。历任中央大学、南京大学助教、讲师、副教授、教授，固体物理研究所所长，南京大学研究生院院长，南京大学固体微结构物理国家重点实验室主任，中国物理学会常务理事、中国科学院数学物理学部委员等职。

楼南泉 著名物理化学家。1946年毕业于中央大学工学院化学工程系。历任中国科学院大连化学物理研究所助理研究员、副研究员、研究员、副所长、所长，中国科学院化学部委员等职。

张广学 著名昆虫学家。1946年毕业于中央大学农学院。历任中国科学院动物研究所助理研究员、副研究员、研究员、所学术委员会主任，中国植物保护学会常务理事，中国科学院生物学部委员等职。

陆婉珍 著名分析化学与石油化学家。1946年毕业于中央大学工学院化学工程系，美国伊利诺伊大学硕士，俄亥俄州立大学博士。历任石油部石油炼制研究所副总工程师、总工程师，全国色谱学会常务理事，中国科学院化学部委员等职。

赵仁恺 著名核动力工程专家。1946年毕业于中央大学工学院机械系。曾先后在南京永利宁化工厂、化工部化工设计院、第二机械工业部（现为中国核工业集团公司）工作。他还是中国核学会理事、中国核能动力学会副理事长、中国科学院技术科学部委员。

张存浩 著名物理化学家、激光化学家。1947年毕业于中央大学化学工程系，美国密歇根大学硕士。历任中国科学院大连化学物理研究所副研究员、研究员、副所长、所长，中国化学会常务理事，中国科学院化学部委员、常委等职。

戴元本 著名粒子物理学家。1947年考入中央大学物理系，1952年毕业于南京大学，1952年起在南京工学院任助教、讲师，1959年进入中国科学院数学研究所攻读研究生。历任中国科学院数学研究所理论物理研究室助理研究员、副研究员、研究员、室主任、所学术委员会主任，中国科学院理论物理研究所研究员，中国科学院数学物理学部委员等职。

郭燮贤 著名物理化学家、催化化学家。1942年就读于中央大学工学院电机系，1947年在中央大学化学系任助理，后历任中国科学院大连石油研究所助理研究员、副研究员、室主任、副所长、研究员，中国科学院化学部委员等职。

尹文英 著名昆虫学家。1947年毕业于中央大学生物系。历任中国科学院水生生物研究所助理研究员，上海昆虫研究所助理研究员、副研究员、研究员，中国昆虫学会会员，美国纽约科学院会员，中国科学院生物学部委员等职。

王业宁 著名物理学家。1945年考入中央大学物理系学习，1949年南京大学毕业后在南京药学院任教，历任南京大学助教、讲师、副教授、教授，中国科学院固体物理研究所与固体缺陷开放实验室学术委员会副主任，中国材料学会理事，中国科学院数学物理学部委员等职。

章 综 著名晶体学家、磁学家。1948年进入中央大学物理系学习，1952年南大物理系毕业，1959—1962年在苏联科学院进修。历任中国科学院物理研究所研究员、副所长，中国科学院数学物理学部副主任、主任，中国物理学会常务理事，中国科学院数学物理学部委员等职。

孙曼霁 著名生化药理学家。1948—1951年在中央大学（1949年更名为南京大学）医学院学习，1954 年毕业于第五军医大学。历任军事医学科学院毒物药物研究所研究实习员、助理研究员、副研究员、研究员、研究室主任，中国药理会生化药理学会理事，中国科学院生物学部委员等职。

经福谦 著名动高压物理学家、内爆动力学家。1948 年进入中央大学物理系学习，1952 年毕业于南京大学。历任中国工程物理研究院工程师、研究员、副所长、所长、院科技委员会副主任，中国物理学会理事、常务理事，高压物理专业委员会主任，中国力学学会理事及爆力学专业委员会主任，中国科学院数学物理学部委员等职。

孙 枢 著名沉积学家、沉积大地构造学家。1950 年进入南京大学地质系学习，1953 年毕业于南京大学。历任中国科学院地质研究所研究实习员、助理研究员、副研究员、研究员、副所长、所长，中国科学院环境科学局局长，国家自然科学基金委员会副主任，中国地质学会副秘书长，中国石油学会副理事长，中国矿物岩石地球化学学会副理事长，第三世界科学院院士，中国科学院地学部委员等职。

刘盛纲 著名电子学家。1955 年毕业于南京工学院无线电工程系。历任南京工学院助教，成都电讯学院（现为电子科技大学）讲师、副教授、教授、副院长、院长、校长，中国电子学会副理事长，IEE 学会会员，中国科学院技术科学部委员等职。

闵桂荣 著名工程热物理学家、空间技术专家。1956 年毕业于南京工学院动力系，苏联科学院动力研究所。20 世纪 80 年代领导和主持了我国卫星总体研究和设计工作，担任回收型摄影定位卫星的总设计师，历任中国空间技术研究院研究员、航空航天部技术委员会副主任、中国科学院技术科学部委员、中国工程院院士等职。

齐 康 著名建筑学家。1952 年毕业于南京大学工学院建筑系，历任南京工学院讲师、副教授、教授，南京工学院副院长，东南大学建筑研究所所长，国务院学位委员会评议组成员，中国建筑学会常务理事，中国城市科学研究会理事等职。1990 年被评为设计大师，1993 年当选为中国科学院技术科学部委员（院士）。

赵宗燠 著名化工专家，被誉为"中国人造石油之父"。1930 年毕业于中央大学化学系。1939 年获德国柏林工科大学化学工程博士学位。同年回国。曾任重庆北碚合成汽油厂厂长兼同济大学教授、资源委员会沈阳化工厂厂长、天津化学公司总经理兼总工程师。新中国成立后，历任东北工业部化工局总工程师、石油部生产技术司总工程师、石油部科技委员会副主任、石油化工科学研究院总工程师、中国科学院化学部委员。

闵恩泽 著名石油化工催化剂专家，被誉为"中国催化剂之父"。1946 年中央大学化工系毕业，1951 年获美国俄亥俄州立大学博士学位。1980 年当选为中国科学院院士，1994 年当选为中国工程院院士，1993 年当选为第三世界科学院院士。主要从事石油炼制催化剂制造技术领域的研究，是我国炼油催化应用科学的奠基者、石油化工技术自主创新的先行者、绿色化学的开拓者，在国内外石油化工界享有崇高的声誉，获得 2007 年度国家最高科学技术奖。同年获"2007年度感动中国人物"。

袁道先 著名岩溶地质学家，水文地质学专家。1944—1946年就读于重庆青木关中央大学附中。1952年毕业于南京地质探矿专科学校。国土资源部岩溶地质研究所所长、研究员。1958年后，相继任山东、云南、广西地质局水文地质大队，重庆南江水文地质大队技术负责人、总工程师、原地矿部岩溶地质研究所所长、西南师范大学（西南大学前身之一）研究员等职。现任联合国教科文组织岩溶中心学术委员会主任。1991年当选为中国科学院院士。

陈鉴远 著名化学工程专家。1940年毕业于中央大学化工系。1948年获美国艾奥瓦大学硕士学位，1950年获锡拉丘兹大学博士学位。1989年获国家设计大师称号。化学工业部技术委员会副主任、高级工程师。1993年当选为中国科学院院士。为满足我国"两弹"、火箭和其他国防化工产品的需要做出了重大贡献。

郭令智 著名地质学家。1938年毕业于中央大学地质系。南京大学教授。1982—1987年曾任南京大学副校长、代校长、校务委员会主席及校顾问。1993年当选为中国科学院院士。我国板块构造和地体构造研究开拓者之一，长期从事中国南部和东南部区域大地构造研究，取得重要成果。

朱起鹤 著名分子反应动力学家。1947年毕业于南京中央大学化工系。1951年获美国加利福尼亚大学伯克利分校化学系博士学位。1951年春回国后曾在燕京大学和北京大学化学系任教。1952年冬调到哈尔滨军事工程学院，长期担任物理教学工作，曾参加核反应堆设计和多项激光应用项目。1978年初调高能物理研究所，负责超导磁体、超导微波腔和激光加速等科研项目。1981年调化学所，负责创建分子反应动力学实验室。先后研制成6台具有国际水平的利用分子束和激光的大型实验装置，获中国科学院科技进步奖一等奖和二等奖各一项，并用这些装置开展多方面的科研工作。1995年当选为中国科学院院士。

李季伦 著名微生物学家。1948年毕业于中央大学生物系。中国农业大学生物学院教授。1995年当选为中国科学院院士。在研究固氮酶催化机制过程中，证实HD形成是固氮酶的通性，而且是绝对依赖N_2的；论证了伴随固氮酶催化还原N_2生成NH_2的同时，有两个主要的放H_2反应。在研究微生物次生代谢产物过程中发现由玉米赤霉菌所产生的玉米赤霉烯酮也是高等植物的一类与发育密切相关的新型激素，由胶孢镰刀菌所产生的串珠镰刀菌素是克山病的主要致病因子。还在我国成功地开发了赤霉素($GA3$和$GA4+7$)、玉米赤霉醇、马杜霉素、阿维菌素和伊维菌素等农用发酵产品。

胡宏纹 著名有机化学家。1946年毕业于中央大学化学系。1959年获苏联莫斯科大学化学系副博士学位。南京大学教授。1995年当选为中国科学院院士。从事有机合成化学研究。首先用顺磁共振谱证明芳醛肟脱氢二聚体在氯仿中加热时分解成亚胺氧自由基，并研究了亚胺氧自由基与苯乙烯类似物和共轭二烯的加成反应以及与酚类的取代反应。

王德滋 著名岩石学家。1950年毕业于南京大学地质系。南京大学地球科学系教授。

1997年当选为中国科学院院士。长期从事火山岩与花岗岩研究。

童秉纲 著名力学家。1950年毕业于南京大学机械工程系。1953年哈尔滨工业大学力学专业研究生毕业。中国科学院研究生院教授。1997年当选为中国科学院院士。在非定常空气动力学领域，结合国家航天工程的需要率先开拓和发展了一套从低速直到高超声速的动导数计算方法，并发展了以有限元方法为主体的计算气动热力学；建立了模拟鱼类运动的三维波动板理论，对鱼类形态适应的内在机制作出了完整解释；在钝体尾迹的涡运动机理、可压缩性旋涡流动结构、二维涡方法等研究领域均取得重要进展。

二、被选为中国科学院院士（学部委员）的教师

陆志韦 著名心理学家。美国芝加哥大学哲学博士。历任南京高等师范、东南大学、燕京大学教授，燕京大学校长，中国科学院心理研究所所长等职。

竺可桢 我国地学、气象学宗师。美国哈佛大学博士。历任南高、东南大学、中央大学教授，中央研究院院士，浙江大学校长，中国科学院副院长兼地学部主任，中国地理学会理事长，中国气象学会理事长，全国科协副主席等职。

秉　志 著名生物学家，我国动物学的创始人和奠基人。美国康奈尔大学哲学博士，韦斯特解剖学与生物学研究所研究员。历任南高、东南大学、厦门大学、中央大学、复旦大学教授，中国科学院水生生物研究所、动物研究所研究员，中国动物学会首任理事长等职。

叶企孙 著名物理学家。美国哈佛大学博士。历任东南大学、清华大学教授，清华理学院院长兼物理系主任，中央研究院总干事，清华大学校务委员会主席，中国物理学会副理事长、理事长等职。

茅以升 著名桥梁专家。美国卡耐基理工学院博士。历任东南大学教授、首任工科主任，河海工科大学校长，北洋大学校长，唐山工程学院院长，中国交通大学（现西南交通大学）校长，中央研究院院士，铁道研究所所长，铁道科学院院长，中国土木工程学会理事长，中国科协副主席，美国国家工程科学院外籍院士等职。

赵承嘏 著名植物化学、有机化学家。瑞士日内瓦大学理学博士。历任东南大学、协和医学院教授，北平药物研究所研究员兼所长，中国生物学会主席，中央研究院评议员，中国科学院药物研究所所长等职。

陈焕镛 著名植物学、植物分类学家。美国哈佛大学森林学硕士。历任东南大学、金陵大学、中山大学教授，中山大学植物系主任，广西大学经济植物研究所所长，中国科学院华南植物研究所所长等职。

钱崇澍 著名植物学家。美国芝加哥大学、哈佛大学研究员。历任金陵大学、东南大学、北京农业大学、清华大学、厦门大学、复旦大学教授，中国科学院植物分类研究所所长、植物

研究所所长，中国植物学会理事长等职。

戴芳澜 著名真菌学家。历任东南大学、金陵大学、清华大学、北京农业大学教授，德意志民主共和国通讯院士，中国科学院真菌研究所所长、微生物研究所所长，中国植物病理学会理事长等职。

陈　桢 著名动物学家。美国哥伦比亚大学硕士。历任东南大学、北京师范大学、中央大学、西南联大、北京大学、清华大学教授，中国科学院动物研究所室主任、所长，中国动物学会会长等职。

胡经甫 著名生物学家。美国康奈尔大学博士。历任东南大学、东吴大学、燕京大学教授，中国动物学会会长，中央研究院评议员，军事医学科学院教授等职。

张景钺 著名植物学家。美国芝加哥大学博士。历任中央大学副教授，北京大学教授、理学院院长，西南联大教授，中国植物学会副理事长等职。

郑万钧 著名林业科学家。东南大学助教，法国图卢兹大学科学博士。历任云南大学、中央大学教授，中大森林系系主任，南京林学院副院长、院长，中国林业科学院副院长、院长，中国林学会理事长等职。

秦仁昌 著名植物学家。历任东南大学助教，中央大学讲师，云南大学教授，中国科学院研究员，中国植物学会副理事长、名誉理事长等职。

李四光 著名地质学家、古生物学家，我国地质力学的创始人。英国伯明翰大学博士。历任北京大学教授，中央大学教授、代校长，中央研究院地质研究所所长，中央研究院院士，中国科学院副院长，全国地质工作计划委员会主任，中国科学院古生物研究所所长，地质部部长，中华全国自然科学专门委员会主席，中国科协主席，世界科学工作者协会执行委员会副主席，苏联科学院院士等职。

童第周 著名生物学家、实验胚胎专家、教育家。留法博士，英国剑桥大学及美国耶鲁大学研究员。历任山东大学、中央大学、同济大学、复旦大学教授，中央研究院院士，山东大学副校长，山东大学海洋研究所所长、动物研究所所长，中国科学院生物学部主任，中国科学院副院长等职。

梁　希 著名森林学家。日本东京农科大学森林学士，复去德国撒克逊森林学院进修。历任北京农业专门学校教授、浙江大学农科主任、中央大学农学院院长、南京大学校务委员会主席、新中国首任林业部部长、中华林学会理事长、中华农学会理事长、中华科普协会主席、中国科协副主席等职。

潘　菽 著名心理学家。美国芝加哥大学哲学博士。历任中央大学教授、南京大学教务长、南京大学校长、中国科学院心理研究所所长、中国心理学会理事长等职。

张钰哲 著名天文学家。美国芝加哥大学博士。历任中央大学教授、中央研究院天文研究所所长、中国科学院研究员、中国科学院紫金山天文台台长、中国天文学会理事长等职。

涂长望　著名气象学家。英国伦敦大学硕士。历任清华大学、浙江大学、中央大学教授，中央气象局局长，中国气象学会副理事长，中国科协书记等职。

蔡　翘　著名生理学家。美国芝加哥大学哲学博士。历任中央大学、复旦大学、上海医学院教授，中央大学、南京大学医学院院长，军事医学科学院副院长，中国生理学会副理事长、理事长、名誉理事长等职。

王应睐　著名生物化学家。英国剑桥大学哲学博士，英国医学研究会研究员。历任中央大学教授、上海生物化学研究所所长、中国科学院上海分院院长、中国生物化学学会理事长等职。

袁翰青　著名化学家。美国伊利诺伊大学哲学博士。历任中央大学、北京大学教授，商务印书馆总编辑，中国科学技术情报所代所长及顾问，中国化学会秘书长，中国科技情报学会副理事长等职。

严　恺　著名水利工程专家。荷兰代尔夫特科技大学土木工程师学位。历任中央大学教授、水利工程系系主任，华东水利学院副院长、院长，南京水利科学研究所所长，河海大学名誉校长，中国水利学会理事长，中国海洋工程学会理事长，中国大坝委员会主席，国际水文计划中国国家委员会主席等职。

徐芝纶　著名力学、弹性力学专家。美国麻省理工学院土木工程硕士、哈佛大学工程科学硕士。历任浙江大学、中央大学、上海交通大学教授，华东水利学院教务长、副院长等职。

邓叔群　著名植物病理学家。美国康奈尔大学博士。历任岭南大学、金陵大学、中央大学教授，沈阳农学院副院长，东北农学院副院长，中国科学院应用真菌研究所及微生物研究所副所长等职。

方　俊　著名大地测量、地球物理学家。留学德国。历任中央大学、同济大学教授，中国科学院测量制图研究所所长、测量与物理研究所所长，中国测绘学会副理事长，中国地球物理学会副理事长等职。

吴中伦　著名林业科学家。中央大学农学院技术员，美国耶鲁大学林学硕士、林克大学林学博士。历任林垦部工程师、总工程师，中国林学会副理事长，中国林业科学院副院长等职。

张文佑　著名地质学家。历任北京大学、中央大学教授，中国地质学会副理事长，中国石油学会副理事长，中国大地构造学会副理事长，中国科学院地学部常委等职。

陈荣悌　著名化学家。1944—1945年任中央大学助教，美国印第安纳大学博士，美国西北大学教授，芝加哥大学研究员，回国后任南开大学教授。

周同庆　著名物理学家。东南大学附中学生，美国普林斯顿大学哲学博士。历任北京大学、清华大学、中央大学教授及物理系系主任，上海交通大学理学院院长，复旦大学教授等职。

高济宇　著名化学家。美国伊利诺伊大学博士。历任中央大学教授，南京大学教授及理学院院长、教务长、副校长，中国化学学会副理事长等职。

庄长恭　著名有机化学家。美国芝加哥大学博士。历任中央大学教授及理学院院长、中央研究院化学研究所所长、台湾大学校长、中国科学院有机化学研究所所长等职。

张致一 著名动物学家。中央大学医学院助教，美国艾奥瓦大学博士、副研究员。回国后任中国科学院海洋研究所研究室主任、中国科学院动物研究所研究员及副所长等职。

罗宗洛 著名植物生理学家。日本北海道帝国大学农学博士。历任中央大学、中山大学、浙江大学教授，中央研究院院士，台湾大学代理校长，中国科学院上海植物研究所所长，中国植物学会理事长等职。

翁文波 著名地球物理学家。英国伦敦帝国理工学院博士。曾任中央大学教授，后长期在石油部门工作，任石油部石油勘探开发科学研究院总工程师，中国地球物理学会副理事长，中国石油学会副理事长等职。

张钟俊 著名自动控制学家。历任中央大学、重庆大学、上海交大教授及电信研究所所长、中国自动化学会副理事长、中国系统工程学会副理事长等职。

汤飞凡 著名微生物学家。曾在美国哈佛大学从事细菌学研究，回国后在中央大学医学院任副教授、教授、细菌学系系主任，后任英国国立医学研究所研究员。在昆明任国立中央防疫处处长期间，首创我国微生物研究基地。新中国成立后曾任卫生部生物制品研究所所长、中国微生物学会理事长、中国科学院菌种保藏委员会主任、全国生物制品委员会主任等职。

赵九章 著名气象学家。德国柏林大学博士。历任清华大学、西南联大、中央大学教授，气象研究所所长，中国科学院地球物理研究所所长，中国气象学会理事长等职。

曾昭抡 著名化学家。美国麻省理工学院科学博士。历任中央大学教授及化工系主任、北京大学化学系主任、西南联大教授、中国化学学会会长、北京大学教务长、高教部副部长、中国科联主席、中国科学院化学研究所所长等职。

张宗燧 著名理论物理学家。曾在英国剑桥大学学习，在丹麦、瑞士、美国等地工作。历任中央大学、北京大学、北京师范大学教授，中国科学院数学研究所研究员、物理室主任等职。

吴学蔺 著名金属学、机械工程学家。美国卡耐基大学硕士。历任昆明中央机器厂工程师、中央大学机械系教授、上海钢铁公司总经理、一机部三局总工程师、中国科学院长春机械研究所副所长、中国科学院南京天文仪器厂厂长兼总工程师等职。

刘敦桢 著名建筑历史学家。留学日本。历任中央大学教授，中央大学建筑系主任、中央大学工学院院长、南京工学院建筑系系主任等职。

杨廷宝 著名建筑设计家。美国宾夕法尼亚大学硕士。历任中央大学教授，南京工学院建筑系系主任、建筑研究所所长，南京工学院副院长，中国建筑学会理事长，国际建筑师协会副主席等职。

钱钟韩 著名热工学家、自动控制学家。留学英国。历任浙江大学、西南联大、中央大学教授，中央大学工学院代院长，南京大学工学院院长，南京工学院教务长、副院长、院长兼自动化研究所所长，东南大学名誉校长，江苏省科协主席等职。

时　钧　著名化学工程学家。美国麻省理工学院硕士。历任中央大学教授及化工系系主任，南京工学院教授及化工系系主任，南京化工学院教授、系主任，中国化工学会常务理事，中国石化总公司顾问等职。

黄汲清　著名地质学家。瑞士浓霞台大学博士。历任中央大学兼职教授，中央研究院院士，中国地质科学院教授、副院长、名誉校长，苏联科学院外国院士等职。

钱临照　著名金属物理学家。历任中央大学兼职教授、中国科学院物理研究所研究员、中国科技大学副校长、中国电子显微镜学会理事长、中国科学史学会理事长等职。

傅承义　著名地球物理学家。美国加州理工大学博士。历任中央大学兼职教授、中国科学院地球物理研究所研究员及副所长、中国地球物理学会副理事长等职。

侯光炯　著名土壤学家。历任中央大学兼职教授，西南农学院教授、土壤农化系主任等职。

汪胡桢　著名水利工程学家。1917年毕业于南京河海工科专门学校，美国康奈尔大学硕士。历任中央大学、浙江大学教授，导淮委员会工务处设计组主任工程师，华东水利部副部长，佛子岭水库总指挥，三门峡水库总工程师，水利部北京勘测设计院总工程师，北京水利水电学院院长，中国水利学会副理事长等职。

谢家荣　著名矿床学家。美国威斯康星大学硕士。历任东南大学、清华大学、北京大学、北京师范大学、中央大学教授，中央研究院院士，全国地质工作计划指导委员会副主任、地质矿产总工程师，地质矿产研究所副所长，中国地质学会秘书长、理事长，石油部顾问等职。

李春昱　著名大地构造学家、区域地质学家。德国柏林大学博士。历任四川地质调查所所长、中央大学教授、中央地质调查所所长、地质部华北地质局总工程师、地质部北方总局总工程师、中国地质科学院地质研究所研究员等职。

胡世华　著名数理逻辑学家、计算机科学家。德国明斯特大学博士。历任中央大学、北京大学教授，中国科学院数学研究所研究员、研究室主任，中国科技大学教授，中国科学院计算技术研究所研究员、室主任，北京计算机学院院长、名誉院长等职。

朱壬葆　著名生理学家。英国爱丁堡大学博士。历任中央大学医学院、上海第一医学院教授，军事医学科学院研究员兼生理系主任，中国生理学会常务理事，总后勤部医学科技委员会常委，军事医学科学院学术委员会副主任委员，学位评定委员会主任委员等职。

俞建章　著名古生物学家、地层学家。英国布里斯托尔大学博士。历任中央大学教授、兼职教授，中国科学院地质研究所研究员，长春地质学院教授、地质勘探系主任、科研部主任、副院长等职。

陈永龄　著名大地测量学家。德国柏林工业大学博士。历任中央大学教授、岭南大学理学院院长、华南工学院副院长、武汉测绘学院副院长、国家测绘总局总工程师、测绘科学研究所所长、中国测绘学会副理事长等职。

周惠九 著名金属材料学家、热处理专家。美国伊利诺伊大学及密歇根大学硕士。历任中央大学、上海交通大学教授，西安交通大学教授、金属材料及强度研究所所长、校学术委员会主任，中国机械工程学会副理事长，热处理学会副理事长，材料学会理事长等职。

毕德显 著名电子学家。美国加州理工学院博士。历任中央大学、大连大学教授，解放军通信兵技术学院负责人，雷达工程学院副院长，通信工程学院副院长等职。

夏坚白 著名大地测量学家、天文测量学家。英国伦敦皇家科技学院工程师，德国柏林工科大学博士。历任中央大学教授，同济大学教授、校务委员会主任委员、副校长，武汉测绘学院教授、副院长、院长等职。

郑作新 著名鸟类学家。美国密歇根大学博士。历任中央大学教授，中国科学院动物研究所研究员，北京自然博物馆副馆长兼自然历史研究所所长，中国动物学会理事长，中国鸟类学会理事长，中国野生动物保护协会副会长，世界雉类协会副会长、终身会长等职。

周志宏 著名冶金专家、金相热处理专家。美国卡耐基工学院硕士，哈佛大学博士。历任中央大学副教授、教授，同济大学教授、系主任，上海交通大学教授、系主任、副校长、学术委员会主任、校顾问，中国机械工程学会热处理学会理事长、名誉理事长，上海宝山钢铁总厂副首席顾问等职。

斯行健 著名古植物学家。德国柏林大学博士。历任中央大学教授，南京地质研究所研究员，中国科学院古生物研究所（今南京地质古生物研究所）研究员、代理所长、所长等职。

冯纯伯 著名自动控制学家。1950年毕业于浙江大学电机系。1958年毕业于列宁格勒工业大学电机系，获技术科学副博士学位。1994年为俄罗斯联邦自然科学院外籍院士。东南大学教授、研究生院副院长。在系统建模方法及自适应控制系统研究方面，根据对信号进行预处理的方法，提出一种消除最小二乘辨识中的偏差的新方法，建立了一套完整的系统建模新方法，可用于开环及闭环动态系统辨识、降阶建模、集元辨识、频率特性辨识等。

陈星弼 著名半导体器件物理学家、微电子学家。1952年毕业于同济大学电机系，后在厦门大学、南京工学院及中国科学院物理研究所工作。1956年开始在成都电讯工程学院工作。1980年在美国俄亥俄州立大学做访问学者。1981年加利福尼亚大学伯克利分校做访问学者、研究工程师。1983年任电子科技大学微电子科学与工程系系主任、微电子研究所所长。曾先后被聘为加拿大多伦多大学电器工程系客座教授，英国威尔斯大学天鹅海分校高级客座教授。在新型功率(电力电子)器件及其集成电路这一极其重要领域中，作出了一系列重要的贡献与成就。

贺　林 著名遗传生物学家。1986年毕业于南京铁道医学院（现东南大学），1991年获英国西苏格兰大学博士学位，1992年在英国爱丁堡大学完成博士后研究，1995年在英国MRC爱丁堡人类遗传学研究所完成高年资研究者工作，1996年起为中国科学院研究员，先后担任上海生命科学中心（上海脑研究所）、上海生理研究所、上海生命科学研究院营养科学研究所室主任，2000 年起任上海交通大学教授、Bio-X 中心主任，2007 年起同时担任复旦大学生物医学研究院院长。2010 年当选第三世界科学院院士。

杨焕明 世界杰出的基因组学家。现为 EMBO（欧洲分子生物学组织）外籍成员，EAGLES（欧洲全球生命科学促进会）副主席，IGBC（联合国教科文组织国际政府间伦理委员会）中国代表，曾任中国科学院北京基因组研究所所长。1952 年 10 月出生于浙江温州乐清市。1978 年毕业于原杭州大学（现浙江大学），1982 年于原南京铁道医学院（现东南大学）获硕士学位，1988 年获丹麦哥本哈根大学博士学位。在"人类基因组计划"全球科学伟业中，中国承担了 1% 的任务，杨焕明就是领衔者。2007 年，当选为中国科学院院士。

三、 被选为中国工程院院士的师生

丁衡高 著名惯性技术和精密仪器专家。1952 年毕业于南京工学院机械系。后任中国科学院光学精密机械研究所助理研究员。1957 年赴苏联列宁格勒精密机械及光学仪器学院学习。1961 年在列宁格勒精密机械及光学仪器学院获苏联技术科学副博士学位。1961 年回国。1962 年参加中国人民解放军，历任国防部第五研究院二分院室副主任、主任，七机部第一研究院设计所副所长、所负责人，国防科工委科技部副局长、副部长、研究员。1985 年 3 月至 1996 年 11 月任国防科工委主任。

韦　钰 著名电子学家。1961 年南京工学院无线电工程系毕业，1965 年南京工学院无线电工程系研究生毕业，1981 年获联邦德国工业大学电子学博士和"波歇尔"奖章。历任南京工学院教授、东南大学教授、生物医学工程系主任、副校长、校长兼研究生院院长，国家教委科技委员，中国电子学会理事，中国高等教育学会副会长，国家教委副主任等职。1994 年当选为中国工程院院士。

文伏波 著名水利学专家。1948 年毕业于中央大学工程学院水利工程系毕业。长期从事长江水利水电建设事业，先后参加了荆江分洪工程设计及施工、汉江杜家台分洪工程的设计、汉口丹江口水利枢纽初步设计等工程。历任水利部长江水利委员会长江流域规划办公室设计科、水工室、设计室、施工处技术员、工程师、副科长、科长、副处长。

吴中伟 著名水泥混凝土专家，我国首批材料科学博士生导师。1940 年毕业于中央大学土木工程系。1945 年入美国丹佛材料研究所进修，1946 年回国。1951 年合作研制成功混凝土引气剂。曾任中央大学副教授、研究员。新中国成立后，历任建筑工程部建筑材料科学研究院总工程师、副院长，武汉建筑材料工业学院副院长兼清华大学教授，中国硅酸盐学会、中国建筑学会第三届常务理事，中国土木工程学会第三、四届常务理事，《硅酸盐学报》主编等。第三届全国人大代表。

周　镜 著名岩土工程专家，铁路路基土工技术主要开拓者之一。1947 年毕业于上海交通大学。1949 年毕业于美国俄亥俄州立大学，获硕士学位。历任中国铁道科学研究院铁道建筑研究所所长、中国铁道科学研究院研究员等职。长期从事土的基本性质、路基稳定和软土地基处理技术的研究。他提出了按黄土结构力学性质确定路堑边坡坡度的原则、第二滑动面计算衡重式挡土墙上墙土压力的方法及挡土墙后滑动面出现范围的判别式；主持静力触探应用技术研究。他为推动土力学及岩土工程专业的发展做出了重大贡献。

姜泗长 中国著名耳鼻咽喉科专家和创始人之一。1933 年毕业于北平大学医学院。曾任中央大学医学院耳咽喉科主任、副教授。1947 年入美国芝加哥大学医学院学习。1949 年回国。历任南京大学医学院副教授，西安第四军医大学耳鼻咽喉科学教研室主任、教授、附属医院副院长，解放军总医院、军医进修学院耳鼻咽喉科主任、教授、副院长，中华医学会理事、耳鼻咽喉科学会主任委员，国务院学位委员会第一届学科评论组成员，总后勤部卫生部医学科技委员会副主任委员。

胡海涛 著名工程地质与环境地质专家。1946 年毕业于中央大学。地质矿产部环境地质所研究员。20 世纪 50 年代，负责进行三峡工程坝区、坝段、比选工程地质勘察，提出《长江三峡水利工程枢纽初步设计要点阶段工程地质勘察报告》，推荐三斗坪坝址为三峡工程设计坝址。参与撰写《长江三峡工程地质地震论证报告》。60 年代中期，主持青藏铁路选线及站场供水的水文工程地质调查，成果获科学大会奖。80 年代初，负责广东核电站规划选址的区域稳定性研究。90 年代，主持并参与黄河大柳树坝址工程地质论证研究。学术上继承发展了李四光教授提出的"安全岛"学术思想，建立了区域地壳稳定性的理论和方法；并提出了"地下水网络"学说。

倪光南 著名计算机专家。1961 年毕业于南京工学院。中国科学院计算所研究员，曾任联想集团首任总工程师。作为我国最早从事汉字信息处理和模式识别研究的学者之一，提出并实现在汉字输入中应用联想功能。主持开发的联想式汉字系统，较好地解决了汉字处理的一系列技术问题，于 1988 年获国家科技进步奖一等奖，所在企业亦由计算所公司改名为联想集团。随后又主持开发了联想系列微型机，于 1992 年获国家科技进步奖一等奖，此后联想微机成为联想公司的主要业务。

伦世仪 著名发酵工程专家。1954 年毕业于南京工学院。1954—1985 年分别在南京工学院、无锡轻工业学院先后担任助教、讲师和副教授，1986 年至今为无锡江南大学（原无锡轻工学院）教授、博士生导师。在无锡轻工业学院发酵工程系主任任期内，主持创建成功国内首个国家级发酵工程重点学科点。在发酵工程高效生物反应器的研究和比拟放大、氨基酸及有机酸的代谢调控技术和流加发酵过程的优化控制等领域取得了显著成效，并在工程应用中获得多项成果。

任继周 中国现代草原科学奠基人之一，国家草业科学重点学科点学术带头人。1948 年毕业于中央大学畜牧兽医系。历任甘肃农业大学副教授、教授、草原系主任、副校长，甘肃省草原生态研究所所长，中国草原学会第一、二届副理事长，国务院学位委员会第一、二届农学评议组成员。其对草原学深有研究，20世纪60年代提出"草原综合顺序分类法"和草原生产能力评定的新单位——畜产品单位。

陆孝彭 著名飞机设计专家。1941年毕业于国立中央大学（重庆）。洪都航空工业集团研究员、飞机总设计师、科技委名誉主任。陆孝彭长期从事航空事业，主持、参加设计我国第一架歼教1教练机、强5系列超音速强击机和世界上最轻的超音速歼击机歼12。曾主持变后掠技术重大课题研究，在气动布局、机翼优化设计、驱动机构和飞控系统方面取得突破。

时铭显 著名化学工程与装备专家。1952年毕业于南京大学化工系。1956年毕业于北京石油学院获硕士学位。中国石油大学（北京）教授。长期从事多相流动与分离工程的研究，尤其是高温气固分离技术的研究。

唐明述 著名无机非金属材料专家。1956年毕业于南京工学院。南京工业大学教授。长期从事混凝土工程寿命的研究。多次获得国家及省部级奖励，"碱集料反应"获1987年国家自然科学奖二等奖。

黄熙龄 著名地基基础工程专家。1949年毕业于中央大学土木系，20世纪50年代初赴苏联留学。历任中国建筑科学研究院地基基础研究所所长，中国建筑科学研究院副总工程师，中国建筑学会理事、中国建筑学会地基基础专业委员会主任委员、中国土木工程学会土力学与基础工程分会副理事长，中国建筑科学研究院顾问总工程师，建设部科学技术委员会委员，院学位评定委员会委员，建研地基基础工程有限责任公司首席专家。

曾德超 著名农业工程与农业机械化专家。1942年毕业于国立中央大学（重庆）机械工程系。1948年获美国明尼苏达大学农业工程硕士学位。担任中国农业大学教授。在国内外首先建立土动剪强、动摩擦方程和切土动力模型，以此为导线编撰了第一本机械土壤动力学专著，为土方机械耕挖加工领域的技术进步提供了基础。

薛禹胜 著名稳定性理论及电力系统自动化专家。1963年毕业于山东工学院。1981年，获中国电力科学院硕士学位。1987年，获比利时列日大学博士学位。东南大学兼职教授。国网电力科学研究院名誉院长，国电自动化研究院总工程师。

王士雯 著名老年心脏病学和老年急救医学专家。1955年毕业于中央大学医学院。1984—1985年去美国哈佛大学医学院和加州大学医学院深造心血管病理，获心血管病理博士后证书。原解放军总医院老年心血管病研究所所长。是我国新兴学科老年医学的奠基人之一，我国第一个老年医学博士生培养点和唯一的老年医学博士后流动站的学术带头人，长期致力于老年心脏病和老年急救医学的临床、科研和教学工作。

张涤生 著名整复外科、显微外科、美容外科和淋巴医学专家，中国整复外科事业的创始人之一。1941年毕业于中央大学医学院。毕生致力于整复外科事业的开创和发展，为中国整复外科医学跻身于国际先进行列作出了卓越的贡献。任中国康复医学会修复重建外科专业委员会主任委员，中华医学会整形外科学会副主任委员，中华医学会显微外科学会顾问，上海市整复外科研究所名誉所长、教授，上海交通大学医学院终身教授。

吕志涛 著名结构工程专家。1961年毕业于南京工学院土木工程系，1965年6月南京工学院结构工程研究生毕业后留校从事土木建筑结构工程领域的教学、科研工作和工程实践。任教育部科学技术委员会委员，全国预应力混凝土学会副理事长，国际建筑FRP学会理事，中国土木工程学会理事，江苏省土木建筑学会理事长，东南大学学术委员会主任等职，是我国预应力学科的学术带头人。

陆钟武 著名冶金热能工程与工业生态学专家。1950年毕业于大同大学化学工程系(前3年在中央大学)。1953年毕业于东北工学院冶金炉专业研究生班(前2年在哈尔滨工业大学)。任东北工学院院长、沈阳市科协主席、东北大学冶金热能工程学科博士生导师、中国金属学会副理事长。

钟训正 著名建筑学家，1952年毕业于南京大学建筑系。东南大学教授。长期致力于建筑教学、创作和研究工作。任中国建筑学会理事、中国建筑师学会名誉理事、江苏省土木建筑学会副理事长。

顾冠群 著名计算机网络专家。1962年毕业于南京工学院。东南大学教授、校长。曾任江苏省科协主席。从事计算机、计算机网络、计算机集成制造系统（CIMS）方面的研究和教学工作。作为主要成员研制成功我国第一台晶体管积分机。

黄其励 著名蒸汽工程专家。1968年南京工学院研究生毕业。华北电力大学能源与动力工程学院教授、博士生导师，中国工程院院士，国家电力公司东北公司总工程师。在锅炉低负荷断油稳燃、调峰运行、各种燃烧方式的浓淡燃烧等技术领域有显著贡献。

刘大钧 著名作物遗传育种专家。1949年毕业于南京金陵大学农学院。1959年获莫斯科季米里亚捷夫农学院副博士学位。南京农业大学教授。长期从事小麦新技术育种、外源抗病基因发掘与优异种质创新研究。

李幼平 著名电子和通信技术专家，我国核武器电子学领域的主要学科带头人。1957年毕业于南京工学院无线电系。长期从事核武器电子系统技术研究，在无线电遥测、遥控和引爆控制系统的研究中颇有建树。2011年受聘为东南大学全职教授。

李　玶 著名的地震构造专家。1947年毕业于中央大学。曾任中国地震局地质研究所研究员，国家地震局和地质研究所学术委员会委员，北京大学地质系、中国科学院研究生院兼职教授。在地震构造方面的研究为中国许多重大工程的地震危险性评价提供了重要的科学依据。

李德毅 著名指挥自动化和人工智能专家。1967年毕业于南京工学院无线电系；1983年于英国爱丁堡赫瑞-瓦特大学获博士学位；1994—1995年于美国哈佛大学进修。任中国电子系统工程研究所副所长，国家自然科学基金委员会信息科学部主任，软件工程国家重点实验室学术委员会主任，信息科学与技术国家实验室副理事长，中国电子学会副理事长，中国人工智能学会副理事长。

戴复东　著名建筑学与建筑设计专家。1952年7月毕业于南京大学（现东南大学）建筑系。同济大学建筑与城市规划学院名誉院长、教授、博士生导师，国家一级注册建筑师，中国建筑学会名誉理事，上海建筑学会名誉理事。

孙忠良　著名微波毫米波技术专家。1960年毕业于南京工学院无线电工程系，并留校任教。长期从事毫米波技术领域的科学研究和人才培养。东南大学毫米波国家重点实验室主任，电磁场理论与微波技术学科负责人。

张乃通　著名通信技术专家。1956年毕业于南京工学院无线电系；1956年10月到1958年8月在清华大学无线电系进修。哈尔滨工业大学通信所名誉所长、教授、博士生导师。哈尔滨工业大学无线电系、航天学院、通信技术研究所主要创建人之一，为中国国防和航天以及其他专用通信技术和设备的研究和发展作出了重大的贡献。

徐寿波　著名综合能源工程、技术经济学家。1955年毕业于南京工学院动力系，1960年毕业于苏联科学院能源研究所，获技术科学副博士学位。中国"能源科学技术"的重要开拓者，是我国综合能源工程学和能源技术经济学的主要奠基人。北京交通大学综合能源与技术经济研究所所长，物流研究院院长、教授、博士生导师。

孙　伟　著名土木工程材料研究专家。1958年7月毕业于南京工学院工业与民用建筑专业即留校任教。长期致力于土木工程材料领域的教学、科研与人才培养工作，主要研究各类土木工程新材料，重点是生态环保型高性能混凝土、高性能与超高性能纤维增强水泥基复合材料的基本理论和应用技术。曾任东南大学土木工程系建筑材料教研室副主任、主任，土木工程系副主任，材料科学与工程系主任。

黄培康　著名电子技术专家。1956年毕业于南京工学院。历任航天二院科技委副主任、研究员，中国航天科工集团公司科技委顾问、研究员。是我国雷达目标特性领域的专家和学术带头人。

程泰宁　著名建筑学专家、中国工程设计大师。1956年毕业于南京工学院。中国联合工程公司总建筑师、中联·程泰宁建筑设计研究所主持人，中国建筑学会学术工作委员会委员，中国国际工程咨询公司专家委员会委员。长期致力于中国现代建筑发展道路的探索，在设计中努力把现代建筑理念和东方文化结合起来。

张耀明　著名太阳能利用技术研究专家。1965年毕业于上海同济大学，毕业后分配至南京玻璃纤维研究设计院，1993—1995年任该院副院长，1995—2001年任该院院长。任南京市科协主席、东南大学太阳能技术研究中心主任、东南大学中材天成太阳能联合研究中心主任、南京中材天成新能源有限公司董事长等。

黄　卫　著名交通运输工程专家。1982年毕业于南京工学院土木工程系。历任东南大学交通学院院长、东南大学常务副校长、江苏省建设厅厅长、江苏省副省长、国家住房和城乡建设部副部长、北京市副市长、东南大学教育部ITS工程研究中心主任、新疆维吾尔自治区副主席。是我国大跨径桥梁钢桥面铺装和智能运输系统技术的主要开拓者之一，长期从事高速公路和大跨径桥梁桥面铺装设计理论与方法、工程建设管理、智能交通运输系统等领域的科研与教学工作。

缪昌文 著名建筑材料专家。1982年1月毕业于南京工学院建筑材料与制品专业，1982年2月进入中国水利水电科学研究院工作，1984年7月起到江苏省建筑科学研究院工作。其间1986年1月至1987年1月赴丹麦留学。东南大学材料科学与工程学院教授，江苏省建筑科学研究院有限公司董事长，高性能土木工程材料国家重点实验室主任兼首席专家。长期从事土木工程材料理论研究与工程技术应用研究。

于俊崇 著名核动力专家。中共党员，哈尔滨工程大学教授、博士生导师。1940年12月出生于江苏滨海，1965年7月毕业于南京工学院，他一直从事核反应堆工程研制及设计研究工作，在核反应堆热工水力和安全等方面有很深造诣。其作为主要技术负责人，在负责策划、组织工程设计，支持关键技术攻关等方面发挥了关键作用，并作出了重大贡献。他曾获多项国家级和部级科技进步奖，2005年受聘哈尔滨工程大学核安全与仿真技术国家级重点实验室学术委员会主任，2006年获全国"五一"劳动奖章。2009年，当选为中国工程院院士。

四、中国科学院外籍院士中的中大学生

吴健雄 国际著名实验原子核物理学家。1934年毕业于中央大学物理系。美国哥伦比亚大学教授，美国物理学会副会长、会长，美国国家科学院院士，英国爱丁堡皇家学会荣誉会员。1994年6月当选为中国科学院外籍院士。

冯元桢 生物力学开创者及奠基人，有"生物力学之父"美誉。1937年考入中央大学航空系，1941年获学士学位并留校任教，同时攻读研究生，1943年毕业获硕士学位。毕业后即赴美加州理工学院留学，1948年获博士学位。先后任加州理工学院、加州大学圣地亚哥分校教授。加州大学华裔学者协会理事会创会理事兼顾问团主席。在生物力学、航空工程、连续介质力学等领域有重要成就。曾出任世界生物力学组织主席、美国生物医学工程学会主席等职。美国国家科学院院士、美国国家工程院院士、美国国家医学院院士、台湾"中央研究院"院士、中国科学院外籍院士。2000年获美国科学最高荣誉"美国国家科学奖章"，为首位获此殊荣的生物工程学家；2007年获地位堪比诺贝尔奖的"拉斯奖"（Russ Prize）。

综上所录，东南大学建校一百多年来所培养的学生中，有130余名被选为中国科学院院士（学部委员）、中国工程院院士；任课教师中，有70余名被选为中国科学院院士（学部委员），合计200余名。

后记

一、在本书的编写过程中，严济慈先生曾给予热情的鼓励和支持，并亲为作序，特致衷心的感谢。严老是20世纪20年代东南大学最早的毕业生，著名的物理学家，当今东南大学校务委员会名誉主任，是东南大学创建、演变和发展壮大的最好见证人。

二、《东南大学史》第一卷，记叙了我校1902—1949年的历史。众多老校友亲为审稿，他们是吕叔湘教授、袁孟超教授、钱钟韩教授、胡乾善教授、徐百川教授、高良润教授、时钧教授、管致中教授、鲍恩湛教授、王荣年教授、周鹗教授、简耀光教授、潘谷西教授、孙文治教授、章未教授等。他们对书稿的立意、结构、史实、文字等方面，都提出了许多很宝贵的意见，敬致谢意。特别是原南京工学院院长管致中教授，本书四易其稿，他就审阅、修改了三遍。

三、在搜集资料和编写的过程中，校党委和韦钰校长经常给予指导和鼓励。中国第二历史档案馆、南京图书馆、南京大学高教研究所、南京大学图书馆、海内外的众多校友，以及校长办公室、党委宣传部、档案馆、图书馆、出版社、电教中心、建筑系摄影室，校友会的李奉吉同志、刘先觉教授、洪振华教授等鼎力相助，给予方便，提供了大量珍贵的史料。我校高教研究所的同志，从制订编写计划、拟订大纲、搜集资料到组织审阅，均尽力支持，谨一并表示由衷的感谢。

四、本书的第一章，由黄一鸾同志编写；绪言、第二章、第三章，由朱斐同志编写；第四章，由吴人雄同志编写。

五、由于我们的水平所限，时间匆促，人手较少，错误、缺点在所难免，敬请海内外校友和全校师生员工多予批评、指教。

编　者

1990年12月

再版后记

今年是东南大学建校110周年。党办和宣传部的同志找到我说，学校希望再版我主编的《东南大学史（第一卷）》，说实在的，开始我是有些犹豫的。这部书是二十多年前，根据时任校长韦钰同志嘱托，由我和吴人雄、黄一鸾同志编写，南京工学院老院长管致中同志主审，东南大学出版社出版的。由于时代的局限、史料的缺乏及笔者水平能力等种种因素，这本书是留有不少缺憾和不足的。可尽管如此，出版后还是颇受欢迎，在社会上也引起一定关注，因为毕竟是第一部比较系统全面介绍百年东大历史的出版物。以后，在1994年又再版一次。现在存书已尽，仍索求不断，大约也是学校建议再版的原因吧。

转眼二十年过去了，中国发生了令世界瞩目的沧桑巨变。经济社会的发展进步、观念认识的转变提升、政治禁锢的减少、资讯媒体的开放，都使得今天的人们能够以更开阔的视野、更从容的心态看待历史，能够更加实事求是地评价历史事件，客观地臧否历史人物。而新史料的不断发现、新的研究成果不断问世，也为重新回顾评价中国高等教育发展史、重新编写校史提供了更好的环境和更优越的条件。这些年，我是一直希望能重新修订校史，补上早年缺憾的。只是岁月不饶人，如今，当初一道工作的吴人雄同志、管致中同志、黄一鸾同志都已先后故去，我也已入耄耋之年，纵有此壮志，亦力不从心了。唯寄希望年轻同志能继续东大校史研究工作，早日成就一部内容更翔实、研究更深入、评述更准确的《东南大学史》。

感谢学校党委的左惟副书记、党办的时巨涛主任、宣传部的施畅副部长，是他们促成了本书的再版。感谢出版社的江建中社长、戴丽副社长（也是本书的责任编辑），他们在很短的时间里赶印出了这本书，而且装帧更精美、印刷更考究，给人焕然一新的感觉。还有许多关心和帮助本书再版的同志，我也在这里一并致谢了。

本次再版，增补了少量照片和50余位90年代后入选两院院士的我校师生简介，其他除极个别人名、地名、事件、时间等明显史实疏漏的补正及文字错误的修订外，基本保持了初版原貌。

朱　斐

2012年4月于南京进香河寓所

图书在版编目（CIP）数据

东南大学史. 第一卷，1902—1949/朱斐主编. —3版. —南京：东南大学出版社，2022.4
 ISBN 978-7-5766-0062-9

Ⅰ. ①东… Ⅱ. ①朱… Ⅲ. ①东南大学–校史–1902–1949 Ⅳ. ① G649.285.31

中国版本图书馆CIP数据核字（2022）第050891号

责任编辑　戴丽 陈淑　责任校对　子雪莲　装帧设计　皮志伟　责任印制　周荣虎

东南大学史 第一卷（1902—1949）（第3版）
Dongnandaxue Shi Diyijuan (1902—1949) (Di-san Ban)

主　　编	朱　斐
出版发行	东南大学出版社
社　　址	南京四牌楼2号
邮　　编	210096
电　　话	025-83793330
网　　址	http://www.seupress.com
电子邮件	press@seupress.com
经　　销	全国各地新华书店
印　　刷	上海雅昌艺术印刷有限公司
开　　本	787 mm×1092 mm　1/16
印　　张	16.25
字　　数	388千
版　　次	2022年4月第3版
印　　次	2022年4月第1次印刷
书　　号	ISBN 978-7-5766-0062-9
定　　价	130.00元

本社图书若有印装质量问题，请直接与营销部调换。电话（传真）：025-83791830